国家社会科学基金项目成果（课题编号：15BJY073）

分工与分工演化视角下
劳动密集型产业集群升级研究

张 纯/著

中国时代经济出版社
China Modern Economic Publishing House

图书在版编目（ＣＩＰ）数据

分工与分工演化视角下劳动密集型产业集群升级研究/
张纯著．—北京：中国时代经济出版社，2018.12

ISBN 978-7-5119-2833-7

Ⅰ.①分… Ⅱ.①张… Ⅲ.①劳动密集型产业－产业
结构升级－研究－中国 Ⅳ.①F121.3

中国版本图书馆CIP数据核字（2018）第282400号

书　　名：分工与分工演化视角下劳动密集型产业集群升级研究
著　　者：张　纯

出版发行：中国时代经济出版社
社　　址：北京市丰台区玉林里25号楼
邮政编码：100069
发行热线：（010）63508271　63508273
传　　真：（010）63508274　63508284
网　　址：www.cmepub.com.cn
电子邮箱：sdjj1116@163.com
经　　销：各地新华书店
印　　刷：北京虎彩文化传播有限公司
开　　本：787mm×1092mm 1/16
字　　数：268千字
印　　张：12
版　　次：2018年12月第1版
印　　次：2018年12月第1次印刷
书　　号：ISBN 978-7-5119-2833-7
定　　价：69.00元

前　言

在对代表性劳动密集型产业进行调研的基础上，结合文献资料总结归纳了我国劳动密集型产业集群升级的规律与特征。并在分工与分工演化的视角下，通过构建"分工—市场—制度"研究框架，对劳动密集型产业集群升级滞缓现象展开系统性研究：利用探索性因素分析及结构方程模型测度劳动密集型产业集群升级的效果；运用层次分析法探究影响产业集群升级的中观和微观指标体系，并对这些指标体系的重要性程度进行排序；从社会网络的视角，运用阶层回归分析法探究影响产业集群升级的具体因素；从集群创新能力提升的视角，运用"创新环境—创新资源—创新意识—创新活动—创新能力—创新绩效"的分析框架，厘清劳动分工、创新能力与产业集群升级之间的内在联系，探寻推动劳动密集型产业集群升级的路径；在分工与分工演化情境下，对集群企业合作伙伴选择的博弈过程进行探讨，尝试对劳动密集型集群的自我进化过程做出合理阐释。

当前，我国劳动密集型产业集群升级面临的主要问题是，全球价值链分工低端状态与国内区域分工趋同导致分工锁定，市场分割与无序竞争并存导致市场锁定，集群治理失衡、社会资本价值低端化、企业家精神缺失与政府职能错位导致的制度锁定。必须从分工与分工演化的角度，对劳动密集型产业集群的价值链分工与区域分工进行重新定位，实施错位发展战略，克服分工锁定，推动产业结构升级；必须重视创新，打破市场分割，建设"共生共荣"的集群生态系统，克服市场锁定，推动产业组织升级；必须进行制度改良，进一步转变政府职能，提升企业家创新精神，克服制度锁定，推进制度升级。以分工优势、市场优势与制度优势，构建劳动密集型产业集群升级的新机制，增进集群竞争活力，推进我国的高端工业化进程。

参加本课题研究的成员有：陈莎莉、解敦亮、刘冰峰、梁祺、李海东、王影、杨建仁、彭文治。

目　录

第一章 导 论

第一节 研究背景

一、现实背景

在中国改革开放的初期，低要素成本的比较优势发挥了巨大的引擎作用。"两头在外，中间加工"的出口导向型战略，为国内闲置过剩的生产力与生产资源开发了新的市场。出口带动经济高速增长，有效缓解产能过剩与国内需求不足之间的矛盾，创造就业机会，增进社会福利，并获取开放经济中的溢出效应。

随着国际分工的不断深化与价值网络的重构，经济发展水平相差悬殊的国家之间形成了垂直分工，而产品内垂直分工极大地拓展了专业化分工的深度与广度。从生产工序的角度看，任何产品都同时存在着劳动、资本、知识、技术相对密集的生产环节，随着信息成本、运输成本、关税壁垒的不断降低，国际垂直专业化分工可以实现将要素密集度不同的各价值环节布局于相应要素充裕的国家或地区，以保证每一环节均获得最低的要素投入价格，进而降低最终产品的平均成本，最大化获取专业化生产与分工利益。要素相对价格与规模经济因而成为产业链分解、生产零散化的重要推手，最终形成产品价值创造体系的全球性布局。

时下流行的全球价值链理论正是对这种以产业链分解、生产零散化为特征，整合全球性资源而勃兴的产品价值创造体系的高度抽象与集中反映。全球价值链（Global Value Chain，GVC）被定义为产品在全球范围内，从概念设计到使用直至报废的全生命周期中所有价值创造的活动范围，包括对产品的设计、生产、营销、分销及对最终用户的支持与服务等。全球价值链形成的驱动力来源于生产者和采购者两方面。换句话说，全球价值链在空间上的分离、重组和正常运行是在生产者或者采购者的推动下完成的。发展中国家大多参与的是采购者驱动型全球价值链，拥有强大品牌优势和销售渠道的跨国公司通过全球采购和贴牌生产（OEM）等方式组织起来的商品跨境流通网络，形成强大的市场需求，拉动那些奉行出口导向战略的发展中国家与地区的工业化，如 20 世纪 50 ～ 60 年代的日本，

70～80 年代的韩国、中国台湾与东南亚诸国，以及 90 年代以来的中国。

全球价值链的地理分布上呈现"大区域离散"，"小地域聚集"的特征。一方面，价值链片段化导致其中各价值环节在全球垂直分离；另一方面，分离出去的各价值链环节一般呈高度地理聚集，使地方产业集群成为全球价值链在区域经济中的重要载体。地理上的临近性降低了交易成本与生产费用，专业化分工催生了集群的规模经济，学习效应加速了知识积累、新技术的推广，产业集群已成为各国经济增长的发动机与创新源泉。以产业集群化发展为特征的地方经济崛起成为区域经济发展的新模式，受到各国政府及学术界的广泛关注。早在 1998 年，"竞争战略之父"哈佛大学教授迈克尔·波特（MICHAEL E.Porter）就作出了世界经济版图已由产业集群所统治的论断。

卡普林斯基和莫里斯区分了产业集群嵌入全球产品价值创造体系的两条道路：低端和高端。低端道路是以低工资、低价格、简单技术、高污染、大量的资源浪费为代价参与国际市场并获得竞争力；高端道路是通过采用新技术、不断调整并改进产品与生产过程、增加产品附加值来构建自身实力，从而获取竞争力。通过对中国许多传统产业集群的研究发现，在国内需求不足的约束下，谋求集群发展的前提就是融入全球价值链，并不介意低端融入还是高端融入。从短期来看，便捷的低端嵌入方式有利于接受外部的技术扩散，获得稳定的销售渠道，并取得较高的经济收益；然而从长期来看，对集群的升级特别是创新产生了很大的副作用，采购者驱动型全球价值链中的大部分价值增值都流向了市场销售和品牌化等流通领域，只有极少量的价值增值流向生产领域。

原因在于，产品内垂直分工的不断细化使得全球价值链日趋复杂，内部环节不断增多，交易的可标准性不断降低，交易费用激增，通过提升价值链中单个环节的效率从而提升整个价值链的收益变得十分有限，因此需要系统性协调价值链中各个环节的活动。这种系统性协调就是价值链治理，即价值链驱动者通过采购网络、生产网络与销售网络对参与者实施影响与控制的过程。全球价值链的治理是通过非市场机制来协调价值链参与企业间的相互关系与制度机制，因此参与各方的权力并不均衡。代工企业只从事生产流程中特定阶段的专业化生产，供应最终产品的零件或部件，零部件可以进行贸易却不具备独立的消费价值，只有与其他企业生产的零部件整合为最终产品时，才能提供完整的消费价值。因此从纵向看，参与专业化分工、数量庞大的各国供应商之间是基于互补性资源的合作关系，不同环节的企业之间维持相互信任的机制是制定和执行各种规则和标准。在领导厂商的协调下，通过全球价值链规则和技术标准的运转，才能将全球生产和贸易的离散性片段区域有机地联结起来。

表面上看，全球价值链使各国经济紧密联系、彼此相互依存，但在这种交互关系中，流动的只是产品，要素流动相对凝固，国际技术外溢十分有限，经济一体化水平较低。依据李嘉图的比较优势理论，分工和专业化生产条件下的国际贸易可以实现共赢。然而在基于要素合作的全球价值链上，价值分配并非取决于价值创造，而是取决于生产关系，即参与专业化生产的供应商与价值链主导厂商之间的市场势力。全球产能过剩与国际市场垄断，成为领导厂商挤压初级产品、半成品价格，重新分配利润并维持利润的硬条件。领导企业一方面要求承包企业改进生产过程，另一方面也会不断寻找新的供应商。随着技术水平的不断提高，生产环节进入壁垒是经济学专业术语，这个不能拆开，不能改，不断降低，越来越多的发展中国家参与到全球价值链的生产组装环节，对于那些不能开发出特殊的专门技术并据以收取经济租金的厂商、地区和经济体而言，都会置身于激烈的市场竞争之中，身不由己地参与一场"成本逐底竞标赛"。

以纺织业为例，在发达国家纷纷放弃纺织品生产环节后，实行了40年之久的全球纺织品配额于2005年1月全面取消，现在差不多完全是发展中国家之间的市场份额争夺战，恶性价格竞争导致贸易条件不断恶化，没有任何一家企业生产效率的提高，能够达到足以抗衡价格下降的程度。对发展中国家而言，首要问题不在于是不是、要不要加入全球经济，而是如何以实现收入增长的方式加入经济全球化。对发达国家而言，面对2008年金融危机后产业空心化所带来的经济衰退，都急于寻找振兴经济、促进增长的出路，开始重新审视实体产业在国民经济命脉中不可替代的作用与地位，过低的制造业比重无法长期支撑庞大的虚拟经济，欧美发达国家的全球领导力、影响力遭到严重质疑与削弱。随着欧美再工业化进程的深入推进，中、美、欧三大制造业板块将由互补型的垂直分工关系逐步转变为替代型的水平分工关系，对我国劳动密集型产业集群升级造成极大挑战。

二、理论背景

（一）集群升级研究的兴起

早在20世纪70年代，经济发展的地理集聚现象就吸引了人们的关注，形成新产业区理论。新产业区理论认为，产业区的发展，很大程度上归因于该产业区内企业研发机构、大学与创新机构等组成的区域创新网络，当产业区从低成本竞争优势转向创新能力提升，其实质上就实现了产业区升级；而产业区升级，也就是区域创新网络升级。进入20世纪90年代以后，迈克尔·波特用"产业集群"描述这种经济发展的地理集聚现象逐渐获得了国际的普遍认可。随着学术界对集群研究的不断深入，集群发展的潜在风险逐步暴露出来。著名的汽车城底特律衰落为"老工业区"，澳大利亚Stytia地区繁荣的钢铁工业败落，揭示出产业集群在形成及发展过程中，也滋生着问题与不稳定性，由此产生的潜在负面影响成为集群衰退的"导火索"，而集群衰落会导致集群内企业转移或者消亡，进而影响区域经济发展。

Tichy（1998）提出集群生命周期理论，认为集群如同生命体一样，存在一个由生到死的过程，这个过程包括集群形成、持续增长、饱和与转型、衰退、死亡或复兴成长等一系列阶段。Porter（1998）指出并不是所有产业集群都具有长期的竞争力，技术中断、需求变化和集群内在僵化等原因会导致集群丧失竞争力，可能出现衰退。Gereffi（1999）在对东亚服装产业集群的研究中首次提出了集群升级概念；Kishimoto（2001）从价值的角度将产业集群升级定义为集群放弃低附加值的活动而转向高附加值的活动。关于发展中国家集群产业集群升级的路径，一条路径是Gereffi（1999）提出的由OEA（Original Equipment Assembly，原件组装）到OEM（Original Equipment Manufacture，原件制造），到ODM（Original Design Manufacture，原创设计制造），再到OBM（Original Brand Manufacture，自有品牌制造）的途径实现升级；另一条路径是Humphrey & Schmitz（2002）在全球价值链视角下提出的，将产业升级由低级到高级划分为四个层次，即为工艺流程升级（process upgrading）、产品升级（product upgrading）、功能升级（functional upgrading）与链条升级（inter-sectoral upgrading）。迄今为止，这两种升级路径依然代表着发展中国家劳动密集型集群升级的主流模式。

全球化趋势推动全球经济共同发展的同时，也造成了权力关系和利益分布的不平衡。发展中国家的劳动密集型产业集群往往面临着"专业化模式"（Specialization pattern）、"低端锁定"（Low-end locking）和"路径依赖"（Path dependency）等问题（T.Ciarli，2002），集群升级（Industrial upgrading）问题因而备受关注。鉴于集群经济的巨大优势，许多地方政府将"集群"视为一种重要的战略工具来解决区域经济发展问题。

（二）分工与分工演化研究

分工是人类社会发展进步的主要促进因素。从最初的自然分工发展到社会分工，再到当前的产业分工、企业分工、产品分工，分工日趋细化与复杂，分工效率理论也随之不断深化。分工效率思想的演进历程大致可分为三个阶段：第一阶段是从专业化优势角度解释分工效率，如李嘉图的比较优势理论；第二阶段是从规模经济角度解释分工效率，如马歇尔的外部规模经济理论；第三阶段是进入现代经济社会以后，随着生产迂回程度的不断提高，传统分工所形成的差异化在人类劳动之间产生了强烈的联系需要，分工效率的实现不再直接源于分工本身，而是越来越多地依赖于不同目的劳动之间的协同，换言之，效率的高低主要取决于分工之后的协同与合作，协调最终成为分工经济的基础。

按照分工的不同属性，可以把分工划分为不同类型，而分工形式的差异决定了生产组织方式的差异，进而决定了企业组织创造价值的生产方式不同。按照分工发生的历史顺序，可将其分为自然分工和社会分工；按照经济与技术的关系，可分为技术分工和经济分工；按照分工的技术特征，可分为有机分工和混成分工；按照分工主体之间的联系，可分为横向分工、纵向分工和混合分工；按照分工的层次，可分为一般分工、特殊分工和个别分工；按照分工与专业化的精细发展程度，可分为产业分工、产品分工、零部件分工、工艺分工和生产服务分工等（张仁德、王昭凤，2003）。至于产业内分工、企业内分工、产品内分工以及其他一些分类方法，都是在以上分类基础上的细化。

随着经济的发展，分工也在进行着不同形式的发展演化。马中东（2016）从技术分工、社会分工、产业分工、区域分工与国际分工五个方面对分工及其演化进行了阐释。企业内的分工链条由技术水平决定，又被称为技术分工；社会分工是技术分工的外化，取决于企业内部的组织成本与交易费用的高低，当内部组织成本高于外部交易成本时，企业会选择外包生产，从而形成社会分工；产业分工是社会分工的宏观形式，当某种产品的生产技术相对成熟时，生产企业数量众多、生产规模庞大，使得该产品处于专业化生产状态，从而形成了产业分工；当该产业的价值链分工片段化，不同的价值片段聚集于不同区域时，就形成了区域分工与区域产业集群；当不同的价值片段分布在不同的国家时，就形成了国际分工与全球价值链。

产业集群是专业化分工的产物，是企业为降低专业化分工产生的交易费用和获取分工生产的报酬递增的一种空间聚集形式；而产业集群的发展又进一步促进了技术分工、社会分工、产业分工与区域分工的深化。

第二节 问题的提出

国内关于产业集群升级的研究，多试图在全球价值链理论基础上探寻中国劳动密集型产业集群升级的对策研究，并结合代表性产业进行实证分析。王益民等（2007）认为全球价值链存在着一种战略隔绝机制，使得依托跨国公司战略空间集聚效应所形成的产业集群具有内在的封闭性，地方根植性和地方产业关联被弱化。刘奕、夏杰长（2009）认为契约嵌入缺乏本地联系，最容易导致竞次发展，最不利于集群升级。为了分享融入全球价值链的益处，发展中国家的产业集群有时不得不"降级"以满足价值链治理者的要求。在认识到中国产业集群只是全球价值链上的一个子系统，无论嵌入什么样的价值链，也不管嵌入能给集群带来何种升级机会，利益都不会从嵌入中自动产生，升级也不会自发实现，甚至连价值链治理者促进发展中国家产业集群升级的意愿都是值得怀疑的，国内学者将集群升级的研究视角转移到国内价值链（张少军、刘志彪，2009）的培育上。

所有上述研究成果及其制定的相关政策，对促进我国劳动密集型产业集群的发展发挥了重要作用，对本课题的研究也具有重要借鉴价值。然而这些研究大多以静态的描述性与规范性分析为主，与数据相结合的定量研究还不够深入；同时，由于分工难以度量，大多数理论研究都没有将分工现象纳入正面观察和分析视野，其理论体系中的生产函数都是"黑箱"，以产品为基本分析单位，忽视产品内分工现象，使经济理论对当前我国劳动密集型产业集群存在的问题，诸如战略趋同、低技术锁定、创新惰性、价格扭曲、竞次竞争、悲惨增长等现象，提供的理论解释表现出局限性。

一、研究目的

本书在结合代表性产业的基础上，总结归纳我国劳动密集型产业集群升级的规律与特征，在分工与分工演化的视角下对劳动密集型产业集群升级滞缓现象进行系统性研究，探寻导致该问题的深层次原因。当前，我国劳动密集型产业集群升级面临的主要问题是，全球价值链分工低端状态与国内区域分工趋同导致分工锁定，市场分割与无序竞争并存导致市场锁定，集群治理失衡、社会资本价值低端化、企业家精神缺失与政府职能错位导致的制度锁定。必须从分工与分工演化的角度，对劳动密集型产业集群的价值链分工与区域分工进行重新定位，实施错位发展战略，克服分工锁定，推动产业结构升级；必须重视创新，打破市场分割，建设"共生共荣"的集群生态系统，克服市场锁定，推动产业组织升级；必须进行制度改良，进一步转变政府职能，提升企业家创新精神，克服制度锁定，推进制度升级。以分工优势、市场优势与制度优势，构建劳动密集型产业集群升级的新机制，增进集群竞争活力，推进我国的高端工业化进程。

二、研究范围与概念界定

（一）劳动密集型产业集群的界定

在经济全球化的今天，产业集群作为一种区域性的产业组织，已经成为学术界和实践界广为关注的一个研究主题。哈佛大学产业竞争力研究领域的知名教授迈克尔·波特是较早对产业集群概念给予清晰界定的学者，并且他对产业集群所下的定义也得到了国内外学界的普遍认可。波特认为，产业集群是指在特定的领域中，同时具有竞争和合作关系，且在地理上集中，有交互关联性的企业、专业化供应商、服务供应商、相关产业的厂商，以及相关的机构（波特，2003）。现有的实证研究表明，产业集群对促进区域经济的发展以及产业创新能力、全球竞争力的提升发挥着极为重要的作用，并且这一结论已经得到理论界和实践界的普遍认同，这也进一步促进了产业集群的快速发展，进而形成了"块状经济"版图。

产业集群作为一种复杂的经济组织形式，学者们从不同的角度对其进行了细致的分类，这对我们加深对产业集群的认识和理解极为有益。结合研究需要，我们将重点介绍三种具有代表性的产业集群分类。

第一种是根据产业集群所属产业性质，可以将产业集群划分为传统产业集群、高技术产业集群、资本和技术结合型产业集群。其中，传统产业集群具体包括制鞋、纺织、服装、饮料、食品、五金制品、玩具、陶瓷制品、家具等。这类传统产业集群的突出特征是以中小微企业为主，投入较少，行业用工数量大，产品科技含量和附加值较低。

第二种是从产业集群的发育程度来看，产业集群又可以分为初级型产业集群、成长型产业集群和现代产业集群。其中，初级型产业集群中的企业规模普遍偏小，以小微企业为主，生产的产品档次偏低，整个行业的创新能力偏低，企业间的产品同质化程度高，以低成本、低价格为主要竞争手段。例如，以景德镇、德化、潮州为代表的日用陶瓷产业集群，浙江永康的五金、诸暨的袜业等为代表的"一乡一品、一县一业"的产业集群。

第三种是从产业集群的内在形成机制来看，产业集群又可以划分为内源传统型产业集群、内源品牌型产业集群、外商投资型产业集群（陈佳贵、王钦，2005）。其中，内源传统型产业集群的典型特征就是产业内集聚了大量的劳动密集型工业部门，如浙江嵊州的领带集群、河北清河的羊绒产业集群等。

综合上面所提到的产业集群分类，我们可以对劳动密集型产业集群有一个大概的认识，即从广义上来讲，劳动密集型产业集群包括劳动密集型服务业集群和劳动密集型制造业集群；从狭义上来讲，劳动密集型产业集群主要是指制造业集群，而这也恰好是当前学术界研究最为集中的领域。也就是说，在未对劳动密集型产业集群进行严格界定的情形下，劳动密集型集群通常聚焦于制造业，是指劳动密集型和技术含量比较低的企业集聚而成的产业集群。

（二）劳动密集型产业集群升级的内涵

产业升级是产业结构演进的一般规律和产业发展的内在要求（李景海，2011），其核心内容在于价值创造，通过产品、工艺、流程、功能等层面的创新来实现产业集群的长期持续增长。产业升级包括宏观和微观两个层面。在宏观层面上，产业升级反映了产业由区域价值链向全球价值链的嵌入；在微观层面上，产业升级反映了集群内企业自主创新能力的增强、产品附加值的提升等。

对于劳动密集型产业集群来说，产业升级主要意味着劳动密集型产业向资本、技术、知识密集型产业升级，传统低技术产业向高新技术产业升级，低附加值产业向高附加值产业升级（孙佳，2011）。从产业升级的内涵可以看出，劳动密集型产业集群的升级不仅体现了传统产业由价值链的低端向高端序列顺向演进的过程（宋维佳、王军徽，2012），而且还凸显了技术创新或技术进步在产业升级过程中所发挥的动力性作用。

三、研究意义

本书将在分工与分工演化的视角下，遵循分工演化的规律，结合代表性产业，从技术分工、社会分工、产业分工、区域分工与国际分工等不同层面，渐进式地对劳动密集型产业集群升级进行深入、系统的研究，其研究意义在于：

（1）拓宽劳动密集型产业集群升级研究的视角。在全球价值链视角下，产品区段全球分工生产是一个"双赢"的过程（Krugman）；但在分工视角下，我们发现产品内国际分工深化可能是不经济的，至少中国遭遇垂直分工深化、片段化的负面影响，并且这种负面效应已明显大于生产效率的提高。将分工现象纳入正面观察和分析视野后，能得到与国外主流集群升级理论不同的研究结果，更有利于我们认清发展中国家劳动密集型产业集群在升级过程中所面临的问题与阻碍。

（2）从分工与分工演化的视角对现有理论进行修正，不仅能丰富集群升级理论研究内涵，还能大大增强该理论的解释力，使其更好地符合发展中国家的真实情况，对劳动密集型产业集群升级将产生重要的理论指导意义。

（3）在经济全球化背景下，中国出现的竞次行为是全方位的，原本创新、进步的竞争过程，却不断演变为一个"看谁比谁便宜、谁比谁更能支付更低成本"的竞次过程（袁剑，2005）。竞次发展从表面上看来，是企业战略趋同、产品同质化所致，究其深层原因，则是集群竞争片面重视规模经济，忽略了分工与专业化的经济性，导致集群内分工不足、大量的企业做着同样的事情。因此，本课题的研究可以为我国政府改善微观竞争环境、调整产业政策提供理论参考，从而促进劳动密集型产业集群升级，推动我国的高端工业化进程。

第三节 研究内容、研究方法与技术路线

一、研究内容

本书的研究内容包括在结合代表性产业的基础上，总结归纳我国劳动密集型产业集群升级的规律与特征；查阅相关文献，从分工与分工演化的视角讨论劳动密集型产业集群升级效果的测度；设计问卷题项，结合调查实证，借助信度与效度检验讨论因变量的构成；探究影响劳动密集型产业集群升级的具体因素，建立评价劳动密集型集群升级的中观、微观指标体系；厘清劳动分工、创新能力与集群升级之间的内在联系，寻找推动劳动密集型产业集群升级的路径；在分工与分工演化情境下，对集群企业合作伙伴选择的博弈过程进行探讨，尝试对劳动密集型集群的自我进化过程作出合理阐释；在以上研究的基础上，从政府、集群、企业三个层面探讨劳动密集型集群升级的对策，为政府促进集群升级的区域产业政策提供一定的理论依据与实践参考。

二、研究方法

本书所采用的研究方法如下。

（1）文献研究

通过对产业集群、分工效率、社会网络、创新能力等领域相关文献的收集、整理和分析，厘清劳动分工、创新能力与集群升级研究的现状、不足与未来的发展趋势，并对主要理论产生和运用的实际背景进行比较分析，在此基础上形成本研究的基本思路，即明确研

究目的、研究对象和研究内容，确定研究变量和可以采用的研究方法。

（2）探索性案例研究

在文献研究基础上，经过理论预设，有针对性地选择30家代表性劳动密集型产业集群企业进行探索性、半结构化的访谈，收集相关数据资料，并选择几家典型案例做探索性案例研究，在案例内和跨案例数据分析的基础上，形成初始的理论构想，并提出初步的概念模型和研究命题。

（3）问卷调查

在文献研究和探索性案例研究的基础上，形成本研究的调查问卷初稿，通过与学术界、企业界和相关政府部门的咨询和探讨，进一步通过预测试对题项进行纯化，形成完善的调查问卷。《劳动密集型产业集群升级评价指标体系调查问卷》的课题组邀请行业专家、企业家和政府相关人员对其进行打分，从而获得对劳动密集型产业集群升级影响因素客观而全面的评价。《劳动密集型产业集群升级调查问卷》发放于珠三角地区的本土劳动密集型产业集群企业，问卷发放分两次进行：第一次进行小样本问卷调查对测度量表进行调整和修正，并形成正式的调查问卷；第二次正式发放问卷，全面了解劳动密集型产业集群的创新能力和升级潜力等方面的数据，用于下一步的统计分析。问卷调查主要通过课题组直接走访、委托企业研究机构、"问卷星"等多种途径进行发放和回收。

（4）统计分析

在问卷调查的基础上，本研究通过统计软件和来实证子研究二、三中的研究假设。子研究二基于分工与分工演进的理论解释，从竞争优势视角将劳动密集型产业集群升级的测量归纳为五个子维度，并结合调查实证，借助信度和效度检验验证其合理性，为讨论因变量的构成提供实证参考。子研究三运用层次分析法探究影响产业集群升级的中观和微观指标体系，并对这些指标体系的重要性程度进行排序；从集群创新能力提升的视角，运用"创新环境—创新资源—创新意识—创新活动—创新能力—创新绩效"的分析框架，厘清创新能力与产业集群升级之间的内在联系；第三，从社会网络的视角，运用阶层回归分析法探究影响产业集群升级的具体因素，为劳动密集型产业集群升级对策的提出奠定扎实的实证基础。

三、技术路线

课题研究的技术路线如图1.1所示，具体步骤如下。

第一步，研究设计方案；

第二步，将研究目标细化分解，制定研究子课题；

第三步，以研究目标为导向，遵循理论研究与实证研究相结合的路线，以产业经济学、国际贸易学、管理学、新制度经济学以及新兴古典经济学等学科理论为基础，对国内外现有相关研究成果进行综述和规范研究，建立分工与分工演化视角下劳动密集型产业集群升级研究的理论基础。在对代表性劳动密集型产业集群进行调研的基础上，在分工与分工演化视角下对劳动密集型集群升级的结构维度进行测量，并对劳动密集型集群升级进行综合评价；最后结合规范研究与实证研究结论，提出促进劳动密集型产业集群升级的对策，从而形成分工与分工演化视角下劳动密集型产业集群升级的研究体系；

第四步，请专家对初步研究成果进行论证，根据专家意见进行修正或完善；

第五步，撰写专著，形成研究成果，提交出版，如图1.11所示。

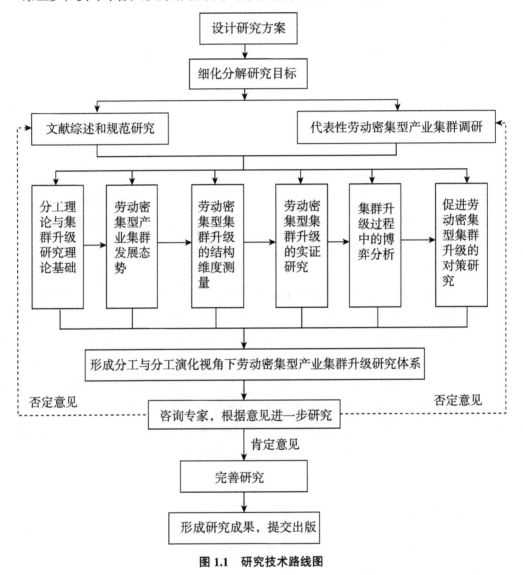

图1.1　研究技术路线图

第二章　文献综述

本书对影响力较大的分工与分工演化理论、产业集群升级理论研究成果进行分析、归纳、提炼和总结，认为现有文献可以分为三大方面：首先是产业集群升级理论及其发展脉络，然后是分工与分工演化理论基础与发展脉络，最后归纳出分工与分工演化和集群升级关系研究的理论基础。现有研究的不足之处在于分析视角的孤立性，缺乏系统性，应当构建容纳分工与分工演化、创新能力、集群升级在内的系统性分析框架，并从微观的角度强化实证分析，才能进一步丰富劳动密集型产业集群升级的研究成果，强化其应用价值。

第一节　产业集群升级理论基础及发展脉络

产业集群现象在世界范围内十分普遍，集群表现出的强劲竞争力引起许多国家与地区公共政策制定者的关注，发展产业集群已成为工业政策研究的重要内容之一。本书从产业集群的形成发展机理、集群治理、集群创新能力、集群升级等方面对劳动密集型产业集群升级研究文献进行了梳理与归纳。

一、产业集群形成机理的理论回顾

早在 19 世纪末，英国经济学家阿尔弗雷德·马歇尔在《经济学原理》一书中就识别了产业集群现象，并从外部经济的角度阐述了产业集群形成的原因，却没有得到学术界的重视。一直以来，追求规模经济和利润最大化的大型公司、巨型公司甚至跨国公司占据了主流经济学的研究视野，中小企业的发展遭到忽视。直到 20 世纪 70 年代末，发达国家普遍遭遇经济衰退时，某些中小企业集聚的地区，如意大利东北部和中部地区、美国硅谷地区却表现出惊人的增长势头，学术界由此开始追踪产业集群理论的渊源与发展脉络，影响较大的理论有外部规模经济理论、产业区位理论、地域生产综合体理论、增长极理论、新产业区理论、竞争优势理论以及新地理经济学的工业聚集理论。

（一）外部规模经济理论

马歇尔（1890）将相关部门的企业在特定地区形成的集群称为产业区（industrial district），并把这种"因许多性质相似的小型企业集中在特定的地方而获得"的经济利益称为外部经济。他的理论贡献在于发现了企业聚集形成外部规模经济的重要原因：劳动力市场的共同分享（labor force pooling），中间产品的投入与分享，技术外溢（technology spillover）。这些通过聚集而获得的经济利益是地理上分散布局的产业无法企及的。聚集于一个区位的企业越多，就越有利于汇集企业生产所需的劳动力、资金、能源、运输及其他专业化资源。此类生产要素的供给数量越多，投入品供给的专业化程度越高，生产效率就越高，产业的发展或增长将引起区域内部生产厂商平均成本整体下降，令企业更具竞争力。除了阐释技术、劳动等要素的外部规模经济，马歇尔还提出了工业区概念与工业区理论。

马歇尔（1919）在《产业和贸易》一文中，进一步论述了产业集群的潜在效率问题，认为集群的形成与该地区的地理、历史、政治、文化等特性有密切关系。一旦选择了产业集群这种组织模式，因为集聚的外部规模经济，集群成员将节约大量的生产成本和交易成本。马歇尔的外部规模经济理论具有先创性，对产业集群理论发展影响深远。

（二）产业区位理论

德国经济学家阿尔弗雷德·韦伯（1909）在《工业区位论》一书中，从微观企业区位选择的角度对产业集群的形成机理进行解释，将产业集群的集聚因素归结为技术设备的发展、劳动力组织的发展、市场化因素和经常性开支成本等四个方面的原因。随着技术设备专业化功能的不断提升，技术设备之间的相互依赖性会促使企业集聚；劳动力的高度分工要求建立完善的劳动组织，而劳动组织的专业化有利于企业集聚；市场化因素最大限度地提高批量购买和出售的规模，甚至"消灭中间人"；企业集聚共用煤气、自来水等基础设施，从而节约了经常性开支成本。韦伯以等差费用曲线作为分析工具来确定产业集聚程度，认为实际支付运费最小的地点将成为工业集聚区位，从而提出"最小运输成本理论"。韦伯还从运输和劳动力两个不同的方面去分析产业集群能够达到的最大规模，建立了完整的工业区位理论体系，旨在指导企业投资区位的选择。20世纪30年代凯恩斯革命以前，政府干预尚不盛行，传统的古典经济理论仍然占据着主流，因此韦伯认为产业集群的产生是自下而上的，是通过企业对集聚好处的追求而自发形成的。

经济学家Barton（1976）指出，地理上的集中，一方面会带来竞争，刺激企业革新；另一方面会使商品制造者、供给者与顾客间的信息传播更为顺畅，大量创新正是由于正确了解顾客需求以及供给上的特殊问题而产生的。

（三）地域生产综合体理论

1930到1936年，苏联进入社会主义建设加速期，查波罗什工程、贝加尔沿岸综合工程等大型项目相继建成，在总结这些建设成就的基础上，科洛索夫斯基、涅克拉索夫、彭德曼以及苏联科学院的研究人员提出了地域生产综合体理论。

地域生产综合体是指在一个工业点或一个完整的地区内，根据地区的自然条件、经济地理位置以及运输条件，有计划地安置各企业，促进各企业间的经济联系，从而获得特定的经济效果。地域生产综合体内各组成部门可分为四类：（1）经营类，即反映地域生产综合体发展方向的专门化企业，是综合体的核心；（2）关联类，即与专门化企业有前后向联系的企业；（3）依附类，即利用专门化企业的废料进行生产的企业；（4）基础设施，即为各类企业提供一般性生产条件的多种设施，包括生产性基础设施、社会性基础设施及结构性基础设施。

从概念描述中，可体会到地域生产综合体具备产业集群的性质，以及企业间正式稳定的投入产出关系。它的早期理论来源是韦伯的产业区位论，强调企业区位优化、交通成本和本地生产要素价格之间的关系，考虑与企业区位决策有关的空间交易成本，不仅包括运输费用，还增加了通信以及协调管理的成本。综合体建设完全由国家投资，自上而下的产业集群形成机制尤为明显，考虑形成综合体的关键产业联系，相关的距离费用最小化。综合体内的企业依赖垄断地位获取超额利润，研发经费和成果也往往由大企业控制，不排斥灵活专业化生产，但综合体本质上是静态的、封闭的，规划结果常常与预期相去甚远，多年的实践经验证明其作用非常有限。

（四）增长极理论

法国经济学家弗郎索瓦·佩鲁（1950）在《经济空间：理论与应用》一文中，首次提出增长极的概念。如果把发生支配效应的经济空间看作力场，那么位于这个力场中推进性单元就可以描述为增长极。受熊彼特影响，佩鲁认为，经济发展的主要推动力是技术进步与创新，将那些规模较大、增长速度较快、与其他部门的相互关联效应较强的产业称为推进型产业，通过后向、前向连锁效应带动其他部门的增长，最终实现区域发展均衡。借喻磁场内部运动在磁极最强这一规律，他将这种区域经济增长的极化现象称为增长极。

佩鲁的增长极理论是一种发展理论，不是区域经济发展的地理组织模式，后来许多国家以增长极理论来指导区域开发实践，则与佩鲁的一些同事和学生所起的作用分不开，尤其是布德维尔·希金斯赋予该理论地域性，将该理论改造为区域经济发展的一种模式。在1957年的《区域经济规划问题》和1972年的《国土整治和发展极》等著作中，布德维尔对"经济空间"做了开拓性的系统阐释，正式提出"区域发展极"概念，指出增长极是在城市区配置不断扩大的工业综合体。外部经济促使推进型产业在空间上的聚集，并与现有的城市经济紧密结合在一起，成为引导区域经济进一步发展的地理"增长中心"。在区域发展初期，投资应当集中于增长中心，促使增长由中心向外围扩散。

瑞典经济学家缪尔达尔对增长极的运行机制作了补充论述，在1957年的《经济理论和不发达地区》和1968年的《亚洲戏剧：各国贫困问题考察》等著述中，他提出了"地理上的二元经济结构"论，指出社会经济发展过程是一个动态的各种因素（包括产出收入、生产、生活水平、制度和政策等六大因素）相互作用、互为因果、循环积累的非均衡发展过程。不同地区间的经济发展差距会引起"累积性因果循环"，使发达地区发展更快，落后地区发展更慢，最终形成发达地区和不发达地区并存的二元经济结构。这种二元经济结构，使生产要素在地区之间的流动形成回波效应与扩散效应。在市场机制作用下，回波效应总是先于并大于扩散效应，因此缪尔达尔提出，政府应当积极地干预而不是消极等待增长极的"扩散效应"。这种国家干预主义占上风的政策主张，也即"诱导的增长极"，正是缪尔达尔增长极理论的精髓所在。

德裔美国发展经济学家赫希曼（1958）在《经济发展战略》中提出"核心区—边缘区"理论，指出任何区域都可以分为核心区和边缘区，核心区是社会经济活动的积聚区域，边缘区受其影响并围绕它进行分布，核心区与边缘区之间的社会经济联系被称作极化效应与涓滴效应。一方面核心区从边缘区吸收生产要素，在材料、技术、产品、社会文化体制等方面产生大量创新；另一方面，这些创新又源源不断地从核心区向外扩散，引导边缘区的经济活动、社会文化结构、权力组织和聚落类型的转换，从而促进整个区域经济系统的发展。与缪尔达尔相比，赫希曼更强调增长极对其他地区的带动作用，政府对增长极的发展应采取谨慎的干预政策，这是促进涓滴效应生成的必要条件。

约翰·弗里德曼（1966）在《区域发展政策》一书中提出的核心—边缘理论，将增长极理论向动态化、系统化推进。他认为发展来源于少数几个"核心区"，其余所有地区都构成"外围区"，它们的发展依赖于核心区。核心区通过支配效应、信息效应、心理效应、现代化效应、联动效应和生产效应等六种反馈效应来巩固对外围区的支配地位。随着区域经济的增长，区域经济结构由互不关联、非平衡发展的结构演变为彼此联系的、平衡发展的系统结构，区域间的经济差距逐渐缩小。

从20世纪50年代至70年代初，增长极理论被广泛应用于经济实践，许多学者在实践中总结分析有关增长极理论的政策与经验。这一阶段的代表人物有艾萨德（1960，1975）、威廉姆森（1965）、弗里德曼（1966）、胡佛（1972）、利奥伊德（1977）、英蒂盖特（1977）以及布朗（1978）等，其中以艾萨德的贡献最为卓著。他亲自参与区域规划与开发工作，根据空间交易成本和地理距离以及相关企业间的投入产出关系，按照满足目标规划的条件进行区位分析，最终决定集聚区域，为国家干预区域经济提供了可具操作性的政策理论和方法，奠定了区域经济学的理论基础。

（五）新产业区理论

新产业区理论的研究始于20世纪70年代对"第三意大利"现象的关注。意大利社会学家Bagnasco（1977）首先关注意大利东北部和中部地区的发展，并提出"第三意大利"的概念。美国学者Piore & Sabel（1984）在《第二次产业分工》一书中，较为系统地分析了"第三意大利"和德国南部一些地区，认为大量中小企业在柔性专业化（flexible specialization）基础上实现的集聚促进了这些产业区的发展。欧洲创新小组（1985）对欧洲15 国的典型产业区（包括"第三意大利"）和美国硅谷地区进行调研，认为区域发展与大量企业在地域空间上聚集与区域内的社会人文环境密切相关。这些工业区的特征和马歇尔在19 世纪末所描述的产业区有着惊人的相似之处，但又具有某些新的特征，引起了研究者的极大兴趣，并将这些地区归结为"新产业区"。

Scott（1992）将新产业区定义为基于合理劳动分工基础上的生产商在地域上集结成网，并与本地的劳动力市场密切相连的产业组织在地域空间上的表现形式。Pyke 和 Sengenberger（1992）认为新产业区的主要特征是中小企业占绝大多数的社会经济综合体，区域内的社会、政治、经济等空间紧密相连。欧洲创新小组（1986，1991，1993，1997）、Piore & Sabel（1984）、Saxenian（1991，1994）认为发达国家的"第三意大利"、德国的巴登—符腾堡、英国的剑桥工业区、美国加利福尼亚的硅谷地区等都是典型的新产业区。Park & Markusen（1995）、王缉慈（1994）、李小建（1997）、盖文启（2000）坚持认为发展中国家也存在着新产业区。按照王缉慈（1998）和李小建（1997）的观点，中国的高新产业开发区（如北京的中关村地区）、发达的乡镇企业集聚区（如浙江温州、金华等地区）和外向型的经济加工区（如广东东莞、江苏昆山等地区），正在形成新产业区。

新产业区的形成与传统的工业集聚区有很大不同。传统的产业集群理论以工业化为时代背景，强调企业之间建立在一体化基础上的物质联系，聚集的目的是为了节约运输成本，取得外部规模经济。而新产业区理论的提出，与新技术革命引起的生产方式变革有着密切联系，与后工业化时期及信息社会相对应。Garofoli G.（1992）指出新产业区一般都分布在中等城市的近郊区或大都市的远郊区，劳动力高度的易获得性、劳动力高度的社会流动性、劳动力之间高密度的面对面交流是其典型特征。而另有一些学者 Scott（1988）、Storper & Scott（1992）将新产业区看作大量专业化中小企业在集聚过程中形成的"柔性生产综合体"（Flexible Production Complex），是后福特主义（Post-Fordism）的产物。韩国经济学家 Park S. O.（1994，1995）指出新产业区内的柔性生产系统与大宗生产系统并存，是贸易导向性的新生产活动以一定的规模在一定的空间范围内集聚。以合同为基础的生产网络与本地根植性是新产业区在组织结构方面的重要特征，也是它能够保持持续创新活力的奥秘之一。

Hayter（1997）将新产业区归纳为两种类型：（1）大量中小企业为主的产业区，如"第三意大利"和北欧的一些区域；（2）以大企业为核心的中小企业聚集区。而 Park S.O.（1994）提出九种类型的新产业区，即马歇尔式产业区、中心辐射型新产业区（2 类）、卫星式产业区、高级中心辐射型产业区、高级卫星型产业区（2 类）和首创高技术产业区（2 类），这种划分方法将发展中国家的许多新兴发展区纳入研究视野，对发展中国家的新产业区研究具有非常重要的理论指导意义。

新产业区理论是 20 世纪 90 年代西方发达国家研究区域经济发展的重要理论工具，伴随着"后福特主义""产业群"和"区域崛起"而慢慢形成，从企业与社会经济环境之间的互动关系入手研究企业集群的空间结构，更强调学习创新和区域社会文化环境对集群发展的重要性。虽然不够完善，但有助于中国纠正当时过度强调组建企业集团的偏向，转而重视企业之间结成的生产网络、生产网络的地方根植性，对我国劳动密集型产业集群的发展与成长具有重要的理论指导意义。

（六）竞争优势理论

美国哈佛商学院教授迈克尔·波特是当今世界最有影响的战略管理学家之一，开创了企业竞争战略理论，并引发了美国乃至世界的竞争力讨论热潮。1990 年波特在《国家竞争优势》一书中提出，决定一国或一个地区的竞争优势主要取决于市场需求、生产要素条件、相关支持产业、企业战略等四个因素，以及机遇和政府两个附加因素，并在此基础上构建了国家竞争优势的"钻石"模型。1998 年波特在哈佛《商业评论》上发表了《企业集群和新竞争经济学》一文，将产业集群纳入竞争优势理论的研究框架，用"钻石"模型对产业集群现象进行了系统分析。

波特认为产业集群是在某一特定领域内互相联系的、在地理位置上集中的公司和机构的集合，它包括一批对竞争起重要作用的、相互联系的产业和其他实体，向下延伸至销售渠道和客户，向侧面扩展到辅助性产品的制造商，以及与技能技术或投入相关的产业公司，提供专业化培训、教育、信息研究和技术支持的政府和其他机构。集群是一种能在效率、韧性方面创造竞争优势的空间组织形式，所产生的持续竞争优势源于该区域的知识、联系及激励，企业可以从集群内已经建立的各种联系中获益，从而增进每一个企业的竞争与合作机会。集群有三大竞争优势：第一，能够促进集群内企业优化操作方法，提高生产效率，降低企业平均成本；第二，能够有效降低集群企业在产品创新、工艺创新实验方面的试错费用，持续提升企业的创新效率；第三，能够降低新企业的进入风险，促进小企业的产生与发展。对于溢出效应起决定性作用的行业来说，企业的区位选择应趋于地理上的集中，产业集群现象必然会发生。

波特（1998）指出，产业集群的核心内容是竞争力的形成与竞争优势的发挥，探讨了区位选择、集群生机和集体协作对提高集群竞争力的作用，从集群发展的视角提出了新的产业政策思路。波特等人还将集群竞争优势提升到国家层面，认为集群有利于区域和国家获得净增优势，是国家产生比较优势的原因（波特 1990, 1998；克鲁格曼，1991；雷科，1999；西尔和布瑞那，2000）。西尔和布瑞那（2000）甚至提出，产业集群是区域经济发展的动力，是一种路径依赖。波特的竞争优势理论，是归纳了 10 多个发达国家或新兴市场经济国家的集群经验而得出的理论总结，强调国家与区域产业政策在产业国际竞争中的作用，一定程度上忽视了国际贸易活动、跨国公司的 FDI 对产业集群发展的影响。此外，由于制度与基础条件的差异，单纯用波特的钻石理论也难以解释发展中国家产业集群的成长。

加拿大学者 Tim Padmore 和 Henrev Gibson（1998）对钻石模型进行改进，提出了分析企业集群竞争力的 GEM 模型。在该模型中，产业集群竞争力取决于基础（Groundings）、企业（Enterprises）和市场（Markets）三要素，每一个要素又是由一对特定的、具有互补性的因素构成。基础要素作为"因素对I"，由资源和设施两个因素构成；企业要素作为"因素对Ⅱ"，由供应商与相关企业、厂商结构与战略两个因素构成；市场要素为"因素对Ⅲ"，由本地市场和外部市场两个因素构成。GEM模型采取定量评分的方法，通过"因素对分值平均"体现因素之间的相互关联，集群竞争力是"因素对分值"的乘积。量化过程体现了"因素对"之间的互补关系：优良的设施可以弥补企业集群资源的缺乏，潜力广阔的外部市场能够弥补本地市场需求的不足，优良的供应商和相关辅助产业也能帮助中小企业集群取得成功。相关集群案例研究，证实了影响企业集群竞争力的各个因素之间存在着互补性。GEM模型的量化评分，有利于全面、客观地描述集群的优势和劣势，对开展相似集群的对比研究、预测集群发展趋势、选择有效政策措施提供了重要参考。

经济学者们发现产业集群现象不仅大量存在发达国家，如美国（克鲁格曼，1991；艾立森和格莱赛，1997；费瑟，2001），而且在发展中国家也很普遍（伍得沃德，2000；亨得森，2001），进而对产业集群的测度问题展开探讨，克鲁格曼（1991）、费尔曼等人（1996）用计算空间基尼系数的方法测算美国制造业的集群程度，而艾尔森和格莱赛（1997）认为上述研究没有企业的规模差异，提出了新的集群指数。相当多的研究者采用艾尔森和格莱赛指数来测定产业的集群程度（罗森沃和斯壮基，2001；伍得沃得，1999）。

（七）新经济地理学的工业聚集理论

传统的新古典经济理论对产业集群的分析，是在完全竞争和规模报酬不变的假设前提下进行的，忽视了现实空间对运费的影响。然而20世纪60年代以后，随着经济全球化与区域经济一体化的发展，世界贸易与经济增长都展现出一个与新古典理论所预测的相当不同的图景，越来越多的经济学家意识到，有必要对规模报酬不变和完全竞争假设的有效性进行反思。

在相当长的一段时期内，报酬递增和不完全竞争对主流经济学派来说都是难以驾驭的，直到1977年，迪克西特和斯蒂格利茨发表《垄断竞争和最优产品的多样性》一文，将张伯伦的垄断竞争概念数学模型化，并将规模递增思想融入整个产品市场的均衡分析框架中，有关报酬递增的研究才在经济学界掀起一场实质性的革命。20世纪80年代兴起的新贸易和新增长理论在解释行业内贸易、专业化和无限增长方面获得长足进展，对传统贸易与增长理论做出了具有重大意义的补充。不过，新增长理论缺少空间维度，不涉及要素流动，不能对集聚现象——循环累积因果关系的空间版本—提供解释，亦不能预测经济发展的空间演化规律。新贸易理论将工业发展描述成是在所有发展中国家逐渐且同时发生的，不能解释原本非常相似的国家会发展出不同的生产结构，也不能解释一个部门的厂商趋向于集聚在一起而形成的区域专业化。

对上述问题的研究，往往涉及报酬递增、运输费用、要素流动性，以及这三者之间通过市场而传导的错综复杂的相互作用，由于新增长理论与新贸易理论不能将运输成本内生，主流经济学派不得不将研究的触角进一步扩展到经济地理学领域。20世纪90年代以来，新经济地理学成为报酬递增理论革命的第四波浪潮迅速发轫，席卷全球。赫尔普曼与保罗·克鲁格曼（1985）关于不完全竞争和国际贸易的著作《市场结构和对外贸易》、格罗斯曼与赫尔普曼（1991）关于内生增长的著作《世界经济中的创新和增长》促成了这一研究领域的形成。保罗·克鲁格曼（1991）《政治经济学》期刊上发表《报酬递增和经济地理》一文，藤田昌久（Fujita，1988）在《区域科学和城市经济学》上发表《空间集聚的垄断竞争模型：细分产品方法》一文，完成了对迪克西特-斯蒂格利茨垄断竞争模型（简称D-S模型）空间意义的解释，被视为新经济地理学研究的开山之作。

保罗·克鲁格曼（1991）将运输成本纳入理论分析框架研究产业集群的形成原因，从理论上证明了在社会化大生产日益专业化的背景下，工业生产活动的空间格局演化最终结果将会是集聚——为了获取收益递增的经济回报、实现运输成本最小化，制造业企业的区位选择倾向于聚集在市场需求大的地点，反过来较大的市场需求又取决于制造业企业的区位分布，最终导致所谓的中心—边缘模式，即产业集群的形成。产业集群是规模报酬递增带来的外部经济的产物，并将外部经济归纳为三种类型：市场规模扩大带来的中间投入品的规模效应、劳动力市场规模效应和信息交换与技术扩散规模效应，前两者在产业集群形成过程中发挥了关键性作用。克鲁格曼（1991）还观察发现，不同群体和不同的相关活动倾向于集聚在不同的地方，结果空间差异在某种程度与产业专业化有关，空间产业集聚与区域专业化的现象同时并存。本地化的规模收益递增为产业集群的形成提供了理论基础，不过，这种递增的要素收益只在产业集群区域有限的空间内表现出来，远距离的运输费用和通信费用决定了这种净收益的增长是有限的。现实中，各种等级化的空间产业格局的发展，就是在本地化的规模收益递增和距离带来的成本之间权衡的结果。

新经济地理学从全新的角度来研究聚集经济和产业集群现象，从一般性的角度提出了一个普遍适用的分析框架，将企业区位选择问题演变为在不同形式的递增报酬（Increasing Returns）和不同类型的运输成本（Mobility Cost）之间的权衡问题。克鲁格曼（1995）还指出市场结构对产业区位格局和贸易关系的重要性，尤其是跨国生产组织中间产品贸易的大量出现与差别化产品市场的不断细分，使得市场因素在地区间贸易中扮演越来越重要的角色，这种市场结构的转变反映了地方专业化的趋势。克鲁格曼的研究结果为产业政策扶持提供了有力的理论依据，产业政策可能成为地方产业集群诞生和不断自我强化的促成因素，贸易壁垒也可能改变产业分布的现实格局。不过，影响产业集群发展的不确定因素很多，产业政策或贸易保护措施只是影响地方产业集群形成与演变的因素之一，不能必然符合政策制定者的预期。

由于国界及语言和文化等方面的差异对人口流动构成相当大的障碍，上述以要素流动性假设为基础的人口集中意义上的集聚模型，只适用于国内范围的空间集聚研究。卡尔多（1985）在论及区域经济增长和区域产业结构时，强调要素不可分性与技术的作用，认为要素的不可分性和技术特点在规模报酬递增中发挥了重要作用，甚至认为地区要素禀赋的特点是集聚经济的基础。为研究国际层次的经济活动的分布，维纳布斯（1996）凭借产业间的直接"投入—产出"联系假设建立起国际专业化模型。在该模型的基础上，蒲格和维纳布斯（1996）进一步引入技术进步作为外生变量，假设技术进步使所有基本要素稳定地实现报酬递增，并用效率单位测度各基本要素，建立起全球化和产业扩散模型。藤田昌久、克鲁格曼与维纳布斯（1999）用了一个包含三个国家和七个劳动密集度各不相同的产业案例，更好地说明了全球化与产业扩散的过程。研究结果表明各国的工业化有先有后，世界范围的工业化将以一系列波的形式从一个国家传到另一个国家，而一国产业体系的建立一般要遵循从低级向高级攀升的过程，存在穷国加入富国俱乐部的可能性。

Philippe Martin和Gianmarcol Pottaviano（2001）综合了新经济地理理论和罗默的内生增长理论，建立了经济增长与经济活动的空间集聚自我强化的模型，证明了企业偏好市场规模较大的地区，而市场的扩大与企业数量有关，区域经济活动的空间集聚降低了创新成本从而刺激经济增长。向心力使新企业倾向于选址于该区域，经济增长进一步推动了空间的集聚，验证了缪尔达尔的"循环与因果积累理论"。尼古拉斯和安斯尼（2001）探讨了地理集聚对经济绩效、规模和区位的重要作用，从经济地理的角度探讨了欧洲的衰落、美国的兴起以及未来亚洲的复兴，指出缺乏高质量制度是落后的重要原因，但是不能忽视地理集聚在经济发展方面的重要作用。

二、有关集群治理的理论回顾

确切地说，有关产业集群治理的问题迄今为止仍然缺乏一个明确的研究边界，现有与集群治理相关的研究仍在寻找核心理论支持的探索阶段，尚未形成主流的范式框架。而在实践需求的拉动下，许多研究者开始尝试借用集群治理的概念对恶性竞争规避、地方创新、集群升级等议题开展分析，产生了许多有益的启示。

（一）集群治理的理论来源

结合产业集群经济组织的特性，在分工与分工演化视野下对广义治理研究领域内的文献进行梳理，可以归纳出两条与集群治理密切相关的理论来源，一是新制度经济学领域的交易成本理论，二是属于新制度经济学和新经济社会学交叉领域的网络治理理论。

1. 交易成本理论与契约治理

威廉姆森的交易成本理论是经济学领域中治理研究的奠基理论，而"治理"本身也是交易成本理论体系的核心概念之一。交易成本理论将经济系统抽象为系统内行动者（包括个人和经济组织）之间各种二元契约关系的总和，经济系统的运行效率取决于这些契约的总体履行情况。由于系统的环境和结构具有多种不确定性，行动者是存在机会主义天性的有限理性者，要提高经济系统运行效率，降低交易成本，就必须对契约关系进行治理。Williamson（2005）提出，治理是营造秩序，减轻冲突和实现共赢的手段和方法，通过合理的制度设计和安排（治理机制）来推动契约的有效制定和正常履行，从而降低缔约双方的交易成本，保证交易顺利开展。威廉姆森认为现实世界中存在三种典型的系统制度安排或治理机制：科层制度、市场制度和介于二者之间的混合制度，提出识别匹配模型（discriminating alignment model）来解释将不同治理机制应用于不同经济系统的基本逻辑。

交易成本理论视野下治理研究的局限性在于，将所有经济关系都视为交易与契约过于抽象，忽略了经济活动的社会本质，社会规范、声誉、信任等重要的非正式制度因素被排除在外；关注现有函数结构的投入与产出情况，未考虑系统内行动者交互对函数结构本身带来的影响和内生变化，这导致交易成本理论与契约治理难以应用于以组织创新和学习效率为导向的研究；交易成本理论下的行动者都是同质化个体，系统整体的结构特征以及个体间差异对系统的影响基本被忽略；受实践环境局限，交易成本理论没有深入探究混合机制内部的"黑箱"，无法具体地解释产业集群、企业集团、战略联盟等特征迥异的"网络组织"治理活动。

2.网络治理与网络组织的治理

20世纪80年代以后，各种网络组织发展迅速，有关网络治理的研究也在这一环境下不断涌现，其主流思想继承了交易成本理论的分析结构，并将交易成本理论不予考虑的信任、承诺、声誉和其他非正式制度重新纳入经济活动的分析框架中。这一做法的理论支持来源于广为人知的关系契约理论（Macneil，1977）和嵌入性理论（Granovetter，1985），它们都强调行动者之间的经济关系（契约或是商业联系）无法脱离社会关系和非正式制度而独立存在，社会性的、非正式的机制对于经济系统的效率存在很大的影响。

Jones et al.（1997）认为网络治理"涉及许多从事产品或服务创造的自治性企业（或非营利机构）所组成的具有可选择性、持久性和结构性的集合"，这些企业"基于隐性和开放式的契约来适应环境变化、协调和保证交易"，并且这些契约主要依靠社会因素而非法律因素形成。该定义将网络（组织）视为一种与层级和市场并列的治理形式，网络治理所依赖的微观机制被一般化地概括为"保证网络组织有序运作、对合作伙伴的行为起到制约与调节作用的非正式的宏观行为规范与微观运行规则的综合"，反映网络组织运行过程的内部机理（孙国强，2003）。

在现有文献中，常常与网络治理出现交叉的一个概念是网络组织的治理，从集群治理研究的视角出发，本书认为有必要对这两个概念进行区分。如前文所述，网络治理研究关注的是能够起到治理作用的非正式和社会性机制，其中暗含所有网络组织都具有类似特征的假设前提。事实上，不同的网络组织具有更为丰富的异质性特征，单凭网络治理一种思路并不能很好地解释各具特色、丰富多样的产业集群现象，因此网络组织治理应该有更为广阔的研究边界，以及更加情境化的研究方式。除了非正式机制之外，正式的行政权威、科层制度以及法定契约等对产业集群、战略联盟（Gulati，1998；Artz et al.，2000；White et al.，2005）供应链（Cannon et al.，2000）和集团公司（Tsai，2002）等网络组织的治理发挥着极为重要的作用。

（二）集群治理概念的界定

集群治理研究可以大致划分为两个阶段，早期为描述性研究阶段，现阶段为概念建构阶段。在早期研究阶段中，Storper et al.（1991）、Markusen（1996）对集群治理结构类型进行了探讨，Ottati（1994）对集群中非正式机制对交易关系的治理作用进行了研究。涉及集群治理概念的论述并不多见，Enright（2000）认为集群治理所处理的是集群企业之间的关系，本质上是集群内部的权力关系和权力分配；Brown（2000）指出集群治理涉及产业结构和企业之间如何互动，而协调机制是指企业间联系的组织方式以及公共部门影响集群发展的方式。

在现阶段的研究中，出现了三种不同视角的集群治理研究尝试。第一种视角主要秉承制度理论，其代表作者De Langen（2004）将集群治理定义为集群内部各种协调机制以及机制之间关系的混合体，旨在创造秩序、减少矛盾和实现共同利益，并提出一个有关集群治理的研究框架，采用信任、中介机构行为、领导企业行为和集体行动体制等四个要素对集群治理进行描述。Visser et al.（2006）应用该理论框架对智利葡萄酒业集群进行研究，结果表明全球化背景下智利的葡萄酒业集群在集群治理活动方面发生了实质性变化，行业协会在此过程中首先发挥了积极作用，领导企业的治理功能随后发展起来，作为非正式制度的地方企业间信任表现并不显著，集群整体层面上的集体行为仍然缺乏效率。从案例研究的视角来看，De Langen提出的理论框架能够比较全面地覆盖集群治理的主要内部因素，但概念中的四个要素并非处于同一分析层面，相互之间有很强的内部关联和层次交叉，无法达到操作化定义的要求。

第二种视角主要依据于战略决策观。Sugden et al.（2006）探析了产业集群、集群治理和地方经济发展之间的因果关系，指出即使是在全球化的背景下，产业集群仍然是一种可以用来促进区域经济发展的有效工具或模式，然而产业集群的运行效率却是高度情境依赖的，特定区域要根据自身资源和环境特征来制定具体的集群发展战略。但Sugden认为集群战略的决策模式具有普适性的规律，提出了集群治理结构的衡量指标，包括战略决策权的分布情况和企业参与决策的程度，其基本假设是集群企业间的战略决策权分布越广、企业参与集体决策的程度越深，则集群治理结构越有利于区域经济发展。De Propris et al.（2007）应用Sugden提出的研究框架对伯明翰珠宝产业集群进行研究，并将集群治理定义为跨企业和机构的战略决策权力结构和分布（状态），包括企业对地方政策制定过程的参与，并认为集群治理本质上反映了跨代理者的"关系解决方案"，根据企业在影响其他企业核心决策（如投资、产出和选址）方面的权力，可以是从层级形式一直到平级形式。该研究的结果表明，伯明翰珠宝产业集群内部倾向于共同决策的治理模式对集群发展具有重要作用。

第三种视角试图通过联系组织治理观和能力观，为集群治理概念注入更为动态的因素。Hodgson（1998）和Nooteboom（2004）提出经济系统的治理和学习之间存在相互作用和共同演化的关系；Parrilli和Sacchetti（2008）将之引入了产业集群的研究情境之中，指出集群治理和集群学习是相互依赖的，在特定环境下，这种相互依赖性能够使集群动态地发展。具体而言，一方面集群的治理结构影响着集群中行动者的个体能力和交互学习活动，另一方面由于学习效应的存在，行动者的战略活动能够反过来改变集群的治理结构。Parrilli和Sacchetti的研究强调了地方政府的公共政策和集群中的重要战略行动者（如领导企业）对于集群发展的重要性，例如，处于全球价值链中的集群如果出现领导企业并逐渐形成层级制的治理结构，领导企业的"守门人"角色将有利于引入外部知识并实现在集群内的扩散，但过渡层级化的集群往往会走向利益集中化而不利于集群的整体发展。

综合上述研究，本书认为集群治理是指集群层面上对参与者交互活动存在约束和激励作用的各种内生性协调机制的总和，包含地方经济和行政权威、社会规范和协会机制等多种微观治理机制的一种制度安排。

（三）集群治理的微观机制

集群治理是对集群所有内生协调机制的总体性定义，对这些微观治理机制的寻找和分类需要结合一般化的治理理论和集群组织特性两方面进行梳理。

主流的制度理论通常把经济系统的制度要素分为层级机制、网络机制和市场机制三大类，许多研究指出这三种制度是可以同时存在于同一个经济系统中，对系统发挥协调作用的独立因素（Adler，2001；Bradach et al.，1989；Hodgson，2002）。由于网络组织类别的多样化，网络治理机制研究进一步细分，目前最受研究者关注的机制是社区规范和信任，而有关"信任"的新近研究认为信任是各种社会机制包括规范机制产生的结果，本身并不是一种制度（Van de Ven et al.，2006；Zaheer et al.，2006）。政治经济学和社会学领域的一些研究认为除了层级、规范和市场之外，还存在第四种基本的治理制度——协会（社团），自发的共同协定机制使其成为一个对系统发挥协调作用的独立因素（Hollingsworth，1998；Streeck et al.，1985）。

从产业集群本身的特征来看，集群是一种性质独特的网络组织，表现为①集群网络中的行动者既包括从事产品生产的企业，也包括提供服务和辅助投入的机构和企业，还包括地方行政机构和各职能部门，等等；②生产性企业根据其规模大小和资源控制情况又可分为龙头（领导型）企业和其他中小企业等；③由于地理邻近性的存在，集群企业之间通常存在强于其他网络组织的社会化机制或者说地方社区的行为规范；④由于同一集群中的企业从事的是相同或相关的行业，集群中常常存在地方性行业协会或是商会。

从实践中看，大多数集群的要素或产品价格与外部市场并没有太大差异，现实中并不存在体现集群特征的"内部"市场机制，因此市场机制需要从集群治理的概念范围中排除。此外，尽管广义上地方行政和龙头企业所施予集群的影响都在层级治理的范畴之内，但它们的表现方式和作用机理都有很大的区别，von Tunzelmann（2003）将层级机制进一步划分为行政层级和经济层级两类。在以上分析的基础上，魏江（2009）将集群治理微观机制主要归纳为地方规制、经济层级、社区规范和协会自治等四种。

（1）地方规制——集群所在区域的地方政府及其职能机构凭借其法定权威力量影响集群行动者互动行为的治理机制。治理主体为地方政府以及下属的各职能机构，通过颁布地方性的政策指令，制订各种战略计划，以及开展各方面支持集群创新的公共投资来引导和干预集群企业的经济活动和交互行为。这种治理机制的效率大致可以从以下方面进行衡量：①地方是否存在处理企业间纠纷的专门组织和正规流程；②地方的行政法规系统对于保证企业在交易或合作时履行各自义务方面的有效性；③地方政府在牵头本地企业开展集体活动和制定整体发展战略方面的作为；④地方政府在建设或引进各种创新服务机构（资源）方面的作为；等等。

（2）经济层级——集群内一个或几个大型领导企业凭借其经济权威力量影响集群行动者互动行为的治理机制。治理主体为集群内少数的领导企业，依靠自身积累的资源和能力优势，逐渐控制产品价值链的核心环节，并将其他次要的、辅助的环节层层外包分配给集群内各级配套企业，围绕自身在集群内建立相对稳固的生产分包体系。通过这种"准垂直整合"的结构，领导企业能够建立起对分包或配套企业的经济权威，通过制定生产标准和供应规则等来控制和管理配套企业。集群内经济层级化的程度具体表现在以下方面：①集群内龙头企业整合地方中小企业的程度；②龙头企业与其本地配套商或供应商的关系稳定程度；③龙头企业对本地中小企业经营活动的影响程度；④龙头企业对本地技术服务、市场服务和人才资源的控制程度。

（3）社区规范——集群行动者参照地方的社会规范开展经济活动和协调相互关系的治理机制。社区规范机制的治理主体包括集群内所有的行动者（主要是集群企业），这些企业在很大程度上根据互惠规则、道德和声誉等隐性的规则来处理相互间关系，开展不同程度的合作和发起集体行为。社区规范机制在网络治理研究中已经是一个较为成熟的概念，综合Kaufmann & Stern（1988），Cannon、Achrol & Gundlach（2000）和Bercovitz、Jap & Nickerson（2006）的观点，社区规范机制可以从下列方面进行衡量：①集群企业随环境变化调整合作关系的态度；②集群企业间互帮互助和主动合作的意愿；③集群企业对利用自身议价有利地位获利动机的克制；④集群企业对地方声誉的感知等。

（4）协会自治——集群内行业协会和商会等社团机构基于共同协商原则组织和开展集体行为的治理机制。协会治理的一般含义是指有限数目的经济个体在认同各自地位和权利的基础上，通过自发协商达成和履行相对稳定的共同协议，以追求团体共同利益（Streeck et al.，1985），因此狭义地来看，协会治理直接涉及的行动者主要是指协会或社团内部的成员。但在集群情境下，地方性行业协会和商会的成员通常涉及大多数的集群企业，而且集群内行业协会的各种职能活动影响范围往往能够覆盖整个集群，甚至能够部分地充当集群内公共资源提供者的角色，因而协会自治也是集群治理的一种重要微观机制。协会自治的效率大致可以从下列方面进行考察：①地方行业协会在提供各类信息和服务方面的作为；②行业协会制定行业规范和行业标准并监督实施的效果；③行业协会代表企业与政府协商谈判方面的作为；④行业协会组织展会或各种外向交流活动的效果；⑤行业协会组织企业集体应对重大突发性事件方面的作为。

在经济全球化进程不断深入、集群进入新生命周期阶段的实践背景下，集群治理日益受到研究者的关注，同时也是发展中国家产业集群突破发展瓶颈、实现升级更新的迫切需要。

三、有关集群创新能力研究的理论回顾

产业集群曾被看作是促进区域中小企业创新的最佳实践模式，但随着全球化竞争的不断加剧与技术升级换代的加速，集群发展遭遇了新的问题与挑战，不少发展中国家的劳动密集型产业集群出现市场拓展缓慢、制度环境薄弱、创新意愿不强等瓶颈，引发了研究者对集群创新能力的反思。Malmberg et al.（2005）指出，传统研究中一贯强调的集群知识创新机制，如企业间协作与竞争、企业与大学间合作与非正式交流等，其实并未获得经验研究的充分支持；Nooteboom（2004）认为，地方产业集群的内部刚性对创新起到阻碍作用；Asheim（1996）认为，对传统产业区的"马歇尔特征"进行重新认识，是研究变化环境下的集群创新的核心工作；Camagni（2002）指出，在全球化背景下研究集群创新与竞争力问题，必须澄清集群开放性和封闭性的辩证关系。就集群与创新之间的因果关系而言，至今仍缺乏统一的解释框架，现有研究认为利润、产品甚至技术等外在因素无法解释集群与创新之间的因果关系，必须从更加潜在的、内隐的层面去探索集群促进创新活动的本质因素（周泯非、魏江，2006）。

（一）相关研究回顾

对区域集群创新进行研究并产生重大影响的理论研究，主要来自于创新环境学派与区域创新系统学派。

欧洲创新环境研究小组（GREMI）能力观引入区域集群创新研究，Lawson（1999）以创新环境学派提出的"集体学习"概念为内核，阐述了"能力"概念在区域层面上的适用性以及区域能力（Regional Competence）核心机制等问题。Lawson & Lorenz（1999）阐述了隐性知识流动和集体学习促进集群内部交互式创新活动的机理，将"区域能力"概念具体化为"区域创新能力"（Regional Innovative Capacity），并以英国剑桥工业区为例，验证作为社会系统的区域与企业一样具有创新能力，区域能够营造有利于集体学习的环境，主要表现为区域内企业和相关机构之间在社会经济互动中涌现出来的关联机制。区域创新能力的核心要素包括共享知识、区域层面的惯例以及区域整合、重构多样化知识的能力三个方面。Lawson和Lorenz虽然采用了创新环境学派所主张的区域内涵，但其经验研究对象多为欧洲的产业集群或产业区，他们的研究事实上构建了集群创新能力研究的初步框架，对该领域的后续研究产生了很大的影响。

创新环境学派的Keeble和Wilkinson对集体学习和创新能力进行了比较明确的区分，认

为能力的基础是蕴含在组织惯例和程序中的知识，而学习的作用在于把新知识整合进现有的知识基础，从而提升现有组织能力，并发展新的能力。他们将集体学习看作是增强集群现有能力的一种内在机制，并将由于创新活动看作是吸收、创造和扩散知识的过程，创新效率取决于集群参与者之间社会互动的质量和知识流通渠道的效率。因此，维持集群参与者之间的社会互动关系和高效率的知识流通渠道，是提升集群创新能力的关键因素，同时集群还必须保持一定的开放性。

区域创新系统学派的 Heidenreich 通过对德国莱比锡和纽伦堡等地集群的案例研究，归纳出的区域创新能力主要包括两个部分：一是政府部门和公共机构创造和提供集体性竞争产品的能力；二是激发和稳固区域内企业、学院、大学、技术机构、研发机构以及行政主体间交流与合作的能力。Heidenreich（2005）强调区域内部各类企业和机构间的集体学习机制和合作性互动关系的重要性，认为它们是解决开放性和封闭性、路径依赖性和更新需求矛盾的有效途径，将演化和开放的观点引入集群创新能力研究。Tura & Harmaakorpi（2005）将区域创新能力界定为，区域创新网络利用和更新现有资源结构，通过创新行为在不断变化的环境中获取持续竞争优势的能力。区域或集群的资源结构主要包括社会资本、智力资本、经济资本和实物资本四个方面，共同构成创新能力的基础，其中最重要的一种创新资源是社会资本，其调用和活化程度决定着区域创新能力的强弱。

除了创新环境和区域创新系统两条主脉之外，Hervas-Oliver（2007）从整合视角来探讨集群创新能力，认为集群能力是所有本地化的、在空间环境中自我复制和自增强的因素整合和交互的结果，并用集群的"元素知识"和"构架知识"来说明集群能力的形成和发展。他将集群能力分解为熟练劳动力可获得性、社会资本、各类联系、商业成熟度和外部网络效应五个主要指标，并将其应用于对西班牙 Castellon 地区和意大利 Emilia-Romagna 地区瓷砖产业集群的对比研究。该研究是为数不多的聚焦于集群创新能力测度和实证的尝试之一。

（二）集群创新能力的概念界定

随着全球化影响的不断深化，学者们开始以一种更加开放和系统的视角来看待集群的内外部关系，除了传统的地理集聚的因素，也包括超越本地的各种网络关系（Bathelt et al.，2004）。Visser et al.（2004）指出本地关系主要有利于知识开发式创新，而超越本地的战略和协作关系网络更有利于知识探索式创新。作为集群创新能力载体的关联机制不仅包括嵌入于本地的企业间关系结构，也包括集群的外部关联和集群企业与大学、研发机构、技术和商业服务机构等非本地嵌入性主体的关联。周泯非、魏江（2009）将集群创新能力界定为蕴含在产业集群整体组织结构中的有利于交互式创新活动的程序性知识总和，体现为集群在搜索与获取外部知识、共享与交流内部知识、协同与整合互补性知识单元，以及在此基础上创造和积累新知识等方面的总体能力，其载体主要是集群企业间、企业与各类机构间以及企业与集群外主体间一套相对稳定的网络化关联机制。

　　集群创新能力本质上是一组嵌入于集群关系结构的公共知识资产，集群中的企业和机构可以运用这些程序性知识来寻找创新活动所需的知识来源或构建与他者的合作关系，从而开展交互式创新活动。这种创新能力是无法购买或转移，必须在自身长期的实践中逐渐培养，其存量也是无法直接度量和比较的，必须落实到对其微观载体或机制的考察。只有当集群内创新活动在长期实践中固化形成一种集体性行为模式，集群通过"记忆"将其内化为自身组织创新活动的程序性知识时，集群创新能力才能真正形成。

（三）产业集群创新能力的构成要素

　　产业集群创新能力本身是一个抽象的概念，其可操作性和可度量性必须落实到具体的载体层面。由于前文将集群创新能力的载体归结为集群主体间的相互关联机制，就从这个角度梳理、归纳、筛选集群创新能力的构成要素。除了创新环境、集体学习和区域创新系统的相关研究以外，集群竞争优势理论、区域竞争力及区域竞合关系等研究都提供了较好的启示，本书对集群的重要关联机制归纳如表 2.1 所示。

表 2.1　集群的重要关联机制

文献来源	集群的重要关联机制	
Brusco & Abel（1981） Sabel & Zeitlin（1985） Lorenz（1992）	企业间的垂直商业关系： 设备的频繁共享 共同承接大额订单 熟练劳动力流动	企业间的水平商业关系： 技术信息共享 水平的业务外包 共同抑制恶性竞争
Camagni（1991）	本地市场上的熟练劳动力流动 客户和供应商间的技术和组织互动 模仿和逆向工程 非正式交流 本地共性技术供给 互补信息和专业化服务供给	
Keeble & Wilkinson（1999）	供应商和客户之间以及资本设备制造商和用户之间的联系 特定产业企业之间正式和非正式合作及其他关联 本地劳动力市场上的高技能劳动力流动 新企业的衍生 企业与大学或公共研究实验室的联系	
Malmberg et al.（2005）	企业间的商业交易（即本地客户与供应商关系） 非交易性企业间合作（如共同开发项目） 企业与邻近研发机构、大学等的合作关系或伙伴关系 企业间关键人员流动及学术界和产业界之间的人员流动	
Hervas-Oliver et al.（2007）	熟练劳动力的可获得性 社会资本 各种关系（如供应链上下游关系以及企业与机构合作） 外部网络效应	

资料来源：根据相关文献综合整理

周泯非、魏江（2009）根据集群主体间的相互关联的协作程度与开放程度，将集群创新能力的构成要素分为四类，如图2.1所示：I类能力要素主要通过溢出机制来实现集群企业间的知识共享和扩散，称为知识扩散能力载体；II类能力要素主要通过主动协作将集群内具有不同知识基础的企业和机构按特定方式组织起来，从而实现多样化知识的互补和整合，称为知识互补能力载体；III类能力要素在集群企业国内外供应链关系的基础上，促进外部知识逐渐融入集群企业原有的知识基础，促进其渐变式增长，称为知识渗透能力载体；IV类能力要素促进集群企业建立外部协作关系，推动集群主动搜索、消化和吸收外部知识，因而称为知识搜索能力载体。

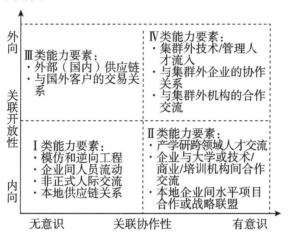

图2.1 集群创新能力要素结构

这四种子能力都是集群创新能力的有机组成部分。首先，集群内知识共享和扩散不仅能使集群内企业以较低的成本获取创新活动所需的知识，还能形成集群企业相互学习与合作的"共同语言"与氛围，但企业间的相互模仿行为可能会导致技术趋同从而降低创新速度。其次，对具有不同知识基础的企业和机构进行互补式整合，有利于实现交互式创新，使异质性主体在组织分工的基础上获取更多的资源来提升专业化水平，形成众多"创新知识内源"。再次，与集群外企业的市场联系是集群从封闭到开放的基本途径，仅凭供需关系渠道来获得外部信息与知识，无法全面了解外部环境并进一步建立外向型战略关系。最后，与集群外主体的主动交流和互惠协作是集群搜索、消化和吸收外部知识的有效渠道，不断扩展创新所需的知识外源。这四种子能力相互依存，使得集群始终在同质化与异质化、本地化与开放化动态均衡中不断实现创新能力的演化发展。

四、有关集群升级的理论回顾

（一）集群升级的内涵

有关集群升级内涵的探讨，主要见之于产业升级理论、全球价值链理论两方面的文献。产业升级是指产业由低层次向高层次的转换过程，它不仅包括产业产出总量的增长，而且包括产业结构的高度化。苏东水（2000）提出，产业结构的高度化可以体现在以下四个方面：（1）第一、第二、第三次产业在国民经济中权重的演化；（2）产业结构在劳动密集型、资本密集型、技术密集型和知识密集型之间依次演变；（3）产业结构从低附加值向高附加值的演化；（4）产业结构从低加工水平向深加工水平的演变。厉无畏、王振（2006）将产业升级分为三个层面：第一层面为三次产业的结构升级过程，第二层面为制造业内部结构升级过程，第三层面为各行业内部的结构升级过程。该理论以结构转换为切入点，将分工细化、专业化提升以及核心要素提升作为集群升级的不二法门，这一思路为考察集群升级提供了重要指引，不少沿海地区将发展重心从对传统产业集群的关注转向对重化工业发展的倾斜。

全球价值链理论在集群升级分析中应用最为广泛，在该视角下，集群升级被视为集群能力和自主性不断提升的过程。Gereffi et al.（1999）认为，这一过程可能从最低端的委托组装开始，不断向委托加工、自主设计与加工、全球运筹和自主品牌生产等层级持续迈进，逐步实现由全球价值链底层向高端的跨越。在此基础上，Humphrey & Schmitz（2002）集群升级具体落实为工艺流程升级、产品升级、功能升级和链条升级四个方面，其中，工艺流程升级通过提高内部效率实现，产品升级通过引进新产品或改进已有产品获取，功能升级则要实现由加工组装等低价值环节向研发、营销等高价值环节的跨越，而链条升级则指从某一低附加值行业向另一高附加值行业转换。Chikashi & Kishimoto（2003）集群在全球价值链上"通过提高创新、加强合作以及从低附加值的生产活动转向高附加值的生产活动可达到升级"。该理论将集群升级与附加价值提升结合在一起，突破了产业升级理论仅将结构转换视为升级通道的局限性，破除将集群升级视为传统产业向高新技术产业转换的狭隘认知。

以上研究大大拓宽、深化了人们对集群升级的认知，然而大多数研究并没有直接给出集群升级的内涵与外延界定，只是从各自的视角解析出集群升级的表现、过程、类型与措施，仅有少量文献模糊地提出了集群升级的内容。魏杰（2003）从全球价值链角度，提出地方产业集群升级的集中表现是集群获取高附加值能力的提升，即从产业价值链的低端制造环节向高端的设计、研发、营销、品牌及服务等环节延伸。梅丽霞等（2005）从技术能力升级、创新能力升级、外向关联升级、社会资本升级和创新系统升级五个方面概括集群升级的内容，并提出集群升级的实质是通过创新获取更多附加价值。李恒（2006）将传统产业集群升级的内容归纳为品牌升级、产品升级、技术升级、组织升级、制度升级和产业升级六大方面。张辉（2006）认为，集群升级是通过加强集群内部个体间经济业务合作网络和社会关系网络，加强集群与外界、与全球企业的联系，并嵌入全球价值链，增强集群竞争力，获取更多的价值增值，实现集群可持续发展的具有阶段性特点的活动。

（二）集群升级的途径

综观文献，国内外学者关于集群升级途径的研究可归纳为内部途径和外部途径两种。

1. 集群升级的内部途径理论

以贝路斯与阿堪基里、马歇尔、格兰诺维特维等为代表的内部途径理论研究认为，产业集群升级的内部途径是通过集群内企业个体间的努力和组织化程度的提高，通过不断加强企业和其他机构的合作网络和人际关系网络，发挥集群网络的作用，促进集群的升级。还有许多学者（盖文启，2002；马建会，2007；刘珂，2007；张杰、刘东，2006）从技术创新、创新网络、组织分工、知识和社会资本增强、增加集群企业信任与合作等方面探讨了集群的升级路径。然而近年来，探讨集群内部要素推动集群升级的研究基本都强调了全球价值链的背景和前提。

2. 集群升级的外部途径理论

集群升级的外部途径主要是通过加强与外界联系，嵌入全球价值链来实现集群升级。全球价值链是指在全球经济体系内，为实现产品或服务价值而从概念的提出开始，经过研究开发、设计、原材料的采购和运输、产品的生产和营销，直至最终消费和回收处理的整个创造价值的过程。从某种角度，产业集群升级可以看作是传统意义上产业升级概念的具体化，与全球价值链相关的"产业集群升级"作为一个专门的研究命题直到20世纪90年代后期才提出。

Gereffi（1999）在对嵌入全球价值链的东亚服饰产业进行研究后，认为发展中国家集群可以通过嵌入全球价值链而获得升级，东亚的服饰产业集群正是通过在全球价值链中由装配到本地生产和来料加工到贴牌生产再到自有品牌生产的途径实现了升级，从而获得整体的发展。在这个过程中，主导企业扮演了原料输入、技术转移和外部知识源提供者的角色，从而促进了发展中国家集群的升级。然而Schmitz（1995，1999），Bazan & Navas-Aleman（2001）等学者通过对巴西Sinos-Valley鞋业制造集群的案例研究发现，全球价值链上的主导厂商为了维持自己的核心竞争力，往往会制造各种壁垒阻碍制造厂商集群进入高附加值环节，发展中国家的集群会被"锁定"（lock in）在低附加值的制造、加工环节，无法进一步升级。Gereffi在后来的进一步研究中也承认了这一点，但没有提出详细的对策（Gereffi，2003）。Kaplinsky（2000）通过研究指出，集群嵌入全球价值链可分为低端道路和高端道路两种方式：低端道路是以低劳动力价格、低生产成本、简单技术、高污染、低效率的资源利用为代价获取价值链上的竞争优势，而高端道路是通过新技术使用、产品和工艺流程改进、增加产品的附加值来获取竞争优势。以低端道路嵌入全球价值链的产业集群如果不向高端转移，最终会陷入贫困化发展。

Humphrey & Schmitz（2002）将全球价值链治理理论与集群四层次升级模式相结合，分析以不同方式嵌入全球价值链的地方产业集群的升级前景。集群嵌入准层级价值链，有利于产品升级和工艺流程升级，但限制了功能升级；集群嵌入市场型价值链，具有较大的功能升级空间，产品和工艺流程升级也能得到一定的实现，但是一般只有发达国家的集群才可能嵌入市场型价值链；网络型价值链上主体间是网络型的互相联系与合作关系，因而嵌入其中的集群可获得各种理想的升级机会，但与市场型价值链一样，发展中国家的产业集群往往很难嵌入网络型价值链；层级链只存在于垂直整合的大型跨国公司内部，因而只有独立的企业才能以附属公司的身份嵌入这样的层级链，对于集群整体而言，则不存在这样的嵌入方式。Humphrey & Schmitz注意到发展中国家集群受制于价值链主导企业从而难以获得功能升级的现实，但他们对此持乐观态度，认为只要集群内的制造商存在战略意图（strategic intent）和设备投资、组织安排、人力资源，就存在升级的可能性。发展中国家集群要学会把从领导企业处所学到的知识（主要来自于流程升级和产品升级）应用于其他市场上的制造商，向更小的、关系更加不平等的市场谋求出路，逐渐实现自身从制造商向购买商的转变。此外，集群内的制造商还可以进入领导企业放弃的功能领域。尽管存在许多不完善之处，Humphey & Schmitz的集群升级模式依然占据了全球价值链升级理论的主流地位。

斯密茨（2006）将集群的研究方法与全球价值链的研究方法相结合，考察了不同价值链治理对不同升级类型的影响，以及对地方政策网络的影响，指出在不同升级模式下，由政府、商业协会等参与组成的地方政策网络所起的作用不尽相同，地方企业追求集体行动的表现也有所不同。朱利亚尼等（2005）对拉丁美洲产业集群的实证研究表明，产业集群应通过全球价值链实现外部联系，集群企业间的组织联系以及价值链治理方式影响集群的升级。帕特比利（2006）通过对拉美 12 个产业集群的实际检验，得出集体效率能够推动集群升级和不同部门具有不同的升级特征这两个结论，并对集群政策制定提出建议。

（三）集群升级的策略

我国学者热衷于借鉴引用全球价值链类型、治理模式及其产业升级路径理论，实证分析研究我国的产业集群升级路径及对策问题。综合现有研究成果，主要集中在四个方面提出集群升级策略。一是完善集群创新网络，提高集群创新能力，包括促进本地产业链条的延伸与拓展，加强集群与科研院所的联系与合作，促进集群学习效应的发挥（陈佳贵、王钦，2005；苗长虹，2006；王建国、刘珂，2008）。二是促进集群本地网络与外部网络的联系，促进集群开放，积极嵌入全球价值链，不断向高附加值的战略环节攀升（崔焕金，2005）。三是优化配置集群内部资源，促进集群技术路线与市场渠道的整合，通过集群与区域品牌融合打造集群品牌，提高集群核心竞争力（顾强，2006；梅述恩、聂鸣、黄永明，2006）。四是建设良好的区域制度环境，健全集群公共服务体系，倡导集群合作与信任的文化氛围，不断优化改善集群发展环境（姚海琳、王珺，2003；胡宇辰，2005）。

全球价值链理论为研究地方产业集群升级提供了一种新的视角和分析方法，中国学者在这一领域的研究得到了很多有价值的结论，对我国劳动密集型产业集群发展起到了很好的指导作用。

第二节　分工与分工演化理论基础及发展脉络

由于分工度量的困难，以至于分工理论至今没有被纳入主流经济学的理论架构。从现有的研究文献来看，大多数理论研究都没有将分工现象纳入正面观察和分析视野，其理论体系中的生产函数都是"黑箱"，以产品为基本分析单位，忽视产品内分工现象，使经济理论对我国当前的劳动密集型产业集群升级缓滞现象，提供的理论解释表现出局限性。根据分工与集群组织演进的关系，本书将分工划分为横向水平分工、垂直专业化分工和网络状模块化分工三种形式，并以此为依据对现有研究成果进行整理与归纳，重点对劳动密集型产业集群影响较深的垂直专业化分工展开述评。

一、横向水平分工

水平分工又称为差异产品分工，是指同一产业内不同厂商生产的产品虽有相同或相近的技术程度，但其外观设计、内在质量、规格、品种、商标、牌号或价格有所差异。不同国家的工业发展有先有后，技术水平和发展状况存在差别，侧重的工业部门也有所不同，因此产生了国际分工与相互交换。

于挺（2007）认为，水平分工的产业主要表现为同一产业链条或相近链条上生产相同或相似产品的企业之间在生产过程相互作用关系，衡量产业水平分工的主要指标有产业内同类企业数量、市场集中度、产品差别化、利润水平等。

马中东（2016）指出，浙江、广东等传统产业集群以横向分工为主，但是集群内部横向分工不足，许多集群处于一种低层次的分工协作阶段，大量企业在同一区域、同一产业甚至同一分工环节聚集，但不少聚集并没有形成彼此关联的专业化，市场竞争充分但网络合作缺乏，且主体产业的上下游延伸不够。

二、垂直专业化分工

一种产品从原料到制成品，需经多次加工，经济越发达，分工越细密，产品加工的工序就越多，产品的生产过程越复杂。当产品生产包含多个工序时，企业就必须决定是垂直分工还是将这些工序整合。李晓华（2005）指出，垂直分工或者垂直解体，是与垂直一体化相反的进程，是企业将原来在企业内部的纵向链条上的生产过程分离出去，或者说从价值链体系的某些阶段中撤离出来，转而依靠外部供应商来供应所需的产品、支持服务或者职能活动。

在垂直分工的研究史中，亚当·斯密（Adam Smith）、马歇尔（Marshall）、杨格（Younger）和斯蒂格勒（Stigler）的研究起到了至关重要的影响。斯密（1776）提出大市场理论，他认为，劳动力的分工受市场的大小所限制一个大经济区域总比一个小经济区域要更可能地产生专业化。马歇尔（1920）用该原则来解释产业的地方性集聚，他认为，产业的区域集聚能够导致产业链上中间品生产的专业化，它允许企业专业化生产行业中的某个特定的中间产品。换句话说，产业在特定地区的集聚可能会使垂直分工增多，因为投入品共享允许更多专业化的、中间投入品的供应商出现。

杨格（1928）的经典论文《报酬递增与经济进步》，揭示了"分工决定分工"的思想，为人们理解长期效率增进提供了重要的动态分工视角，被后人概括为"杨格定律"，其主要观点如下：一是有保证的收益递增依赖于渐进的劳动分工，规模经济只会在专业化分工的基础上出现，不进行专业化分工，仅有生产要素投入的增加或单个工厂或产业部门的规模扩张不会带来生产率的提高；二是劳动分工与市场规模相互作用、彼此增进，随着分工的不断演进，专业化程度不断加深，分工链条不断加长，不同专业化分工之间相互协调会带来最终产品生产效率的提高以及市场交易的增加，进而促进市场范围的扩大，而市场范围的扩大又进一步推进专业化分工的发展；三是劳动分工是形成迂回生产方式的主要原因，其发展会使原材料与最终产品之间插入越来越多的从事中间产品生产的专业化企业，从而导致市场规模的不断扩大。

斯蒂格勒（1968）基于斯密的"市场容量限制劳动分工"理论，提出了产业生命周期理论（Life Cycle Theory of Vertical Integration），解释了产业内的专业化分工和垂直一体化现象。在某一产业的新生期，由于市场狭小，生产过程的各个环节规模较小，不足以分化出来由独立的专业化企业承担，所以这个时期的企业大多是"全能"的，垂直整合参与从材料生产到产品销售的全过程，分工主要表现为企业内部分工。随着产业逐渐成熟与市场容量的扩大，一些规模足够大的生产环节会分化出来由专业化企业承担，企业内部分工转化为社会分工，产业的垂直分工水平不断上升。在产业的衰退期，市场和产业规模收缩，各个生产环节又回到原企业，社会分工转化为企业内部分工，产业的垂直分工水平开始下降，企业垂直整合再度出现。在产业周期和垂直分工水平之间存在倒U形的曲线关系。斯蒂格勒推广了斯密—杨格定理，认为区域化是提高产业经济规模、获得专业化利益的一种方式。产业的区域化程度越高，单个工厂的专业化程度越高。

Thomas J. Holmes（1995）通过对美国1987年的制造业企业的普查数据进行建模分析，发现产业集聚和垂直分工之间存在着正相关的关系。他用投入—产出率来反映区域的垂直分工水平，用同一地区相同产业的企业数（own-industry neighboring employment）来测算区域的产业集聚，发现这两个指数是相关的，表明相对于集聚区外的企业来说，产业集聚区域有着更为显著的垂直分工。产业集聚会导致集聚企业间知识的外溢和劳动力市场的共享，按照马歇尔等人的观点，正是劳动力市场的共享导致了专业化和垂直分工的发生和深入。

（一）垂直专业化分工的度量

由于垂直专业化分工生产涉及面广，生产形式复杂多样，涉及不同地区、不同国家之间的中间品贸易，因而难以进行准确的统计，对垂直专业化分工的度量问题一直是研究的难点。就现有的文献来看，国内外学者利用零部件贸易、加工贸易、中间品进口数据或投入产出数据对垂直专业化分工进行度量，如表 2.2 所示。

表 2.2　垂直专业化分工的度量

文献来源	测算方法
Yests（2011）	利用零部件贸易数据对零部件贸易的情况进行测算，反映垂直专业化分工的程度
Feenstra & Hanson（1996）	引入中间品进口量，用中间品进口占非能源原材料购买总量的比例来测度外包的程度
Geishecker & Gorg（2011）	利用中间品进口及产业产值数据测度外包
Campa & Goldberg（1997）	利用投入产出表计算一国进口投入品在产品生产总价值中的比重，研究美国、加拿大、英国和日本进口投入品的情况
Hummels et al.（2001）	将垂直专业化分工定义为出口中包含的进口中间投入品价值，采用 10 个 OECD 国家及 4 个新兴市场国家的数据对垂直专业化分工程度进行测算
刘志彪和刘晓昶（2001）	借鉴 Hummels et al. 的方法，对中国垂直专业分工程度进行了测算，并同其他 12 个国家以及台湾地区进行比较
北京大学中国经济研究中心课题组（2006）	借鉴 Hummels et al. 的方法，对 1999—2003 年中国总出口贸易及对美出口贸易中的垂直专业化分工程度做了分年度、分行业和来源国的计算
Dean et al.（2011）	将所有的加工贸易全部看作中间投入品，基于 1997 年、2002 年中国投入产出表及加工贸易数据对中国出口贸易的垂直专业化分工程度进行测算
Koopman et al.（2011）	将投入产出表的中间投入拆分为国内中间投入和进口中间投入，对中国总体和分部门以及不同所有制企业的垂直专业化分工水平进行测算
Dean et al.（2011）	利用 Hummels et al. 和 Dean et al. 提到的三种不同的垂直专业化分工测算方法，对中国的垂直专业化分工程度进行测算和对比分析
Amador and Cabral（2006）	利用投入产出表和国际贸易数据构建垂直专业化分工测算的相对指标，对过去 40 年的世界垂直专业化分工进行分析
Wang et al.（2011）	在多国框架内基于国际投入产出表测算垂直专业化分工程度，利用 1990 年、2000 年的亚洲投入产出表对东亚 9 个主要国家和地区及美国的垂直专业化分工程度进行了分析
Meng et al.（2011）	尝试使用戈什基于供给的投入产出模型，基于 OECD 投入产出表对 47 个经济体的垂直专业化分工水平进行了测算

资料来源：根据相关文献综合整理

随着垂直专业化分工度量研究的不断深入，学者们构建的指标更趋合理化，为客观分析纵向垂直分工现象提供了技术支持。但受限于数据的可获得性，以及商品贸易与行业分类无法建立直接、确定的对应关系，分析还存在着一些很强的假设条件，进而影响分析的结果。同时，由于投入产出表编制的时间较长，利用投入产出表对垂直专业化分工进行数据分析存在较长的滞后性，对政策制定的指导意义因而大打折扣。为了解决上述问题，国内学者主要采用行业层面的数据研究垂直专业化分工，事实上，企业微观层面的数据才能更好地反映垂直专业化分工对收入、就业、技术溢出与生产效率的影响。

（二）垂直专业化分工的经济效应

从现有文献看，垂直专业化分工的经济效应分析主要涉及对参与国总体福利、参与国就业状况与工资水平、参与国劳动生产效率、国际贸易量以及对垂直专业化的技术扩散效应的分析。

垂直专业化分工对参与国的总体福利的影响，研究者们达成了普遍共识。Deardorff（2001，2011）指出，片段化生产会增加世界的总体福利，也可能会使特定要素所有者利益受损；Jones et al.（2005）指出，劳动力资源丰富的发展中国家可以通过参与产品内分工中劳动密集型工序的生产而获利。

关于垂直专业化分工对工资与就业的影响，Samuelson（2005）认为发达国家将产品生产的部门工序转移到中国、印度等劳动力便宜的国家，会导致发达国家国内就业状况恶化；Hijzen et al.（2005）通过实证研究，指出国际外包显著降低了英国对低技能工作人员的需求，导致了制造业不同技术水平工人就业结构的变化。Helg and Tajoli（2005）、Egger and Kreickemeier（2008）的研究验证了生产片段化促进了高技术工人就业及收益增加；Koskela and Stenbacka（2010）、Geishecker & Gorg（2011）的研究证实了外包使高技术工人与低技术工人的工资差距扩大。Hummels et al.（2011）以丹麦为例，就外包对不同技术水平、工作职位的就业与工资影响进行分析，指出外包会增加高技术工人的就业，增加管理人员的工资，对研发人员的工资影响不大。王中华、梁俊伟（2007，2008）通过分析中国参与国际垂直专业化分工，指出技术密集度的提高带来对熟练劳动力的需求，进而提高了熟练劳动力的相对工资，扩大了收入差距，而资本密集型行业的收入差距比劳动密集型行业更为显著。

关于垂直专业化分工对生产效率的影响，大多数文献都认为垂直专业化分工促进了劳动生产率与全要素生产率的提高（Egger et al.，2011；Amiti and Wei，2011；Geishecker and Gorg，2011；Calabrese and Erbetta，2011；Ehmcke，2011），少数学者认为垂直专业化分工对企业生产率的影响受时间、市场结构、企业自身特征等客观因素的影响，作用不确定（Egger and Egger，2006；Gorg and Hanley，2011；Olsen，2011）。

关于垂直专业化分工对国际贸易的影响，Yi（2003）在李嘉图模型的基础上加入垂直专业化变量将其动态化，并运用现实数据进行模拟，分析结果表明70%的世界贸易增长量都能被垂直专业化分工模型所解释。Ishii and Yi（2011）证明垂直专业化分工可以对第二次世界大战以后世界贸易的迅速增长做出合理解释。Chen et al.（2005）利用OECD国家的时间序列贸易数据，验证了垂直专业化分工在中间产品贸易、货物与服务贸易、跨国公司出口额变动趋势中的重要作用。Hwang et al.（2011）对中国、日本、韩国的垂直专业化分工进行测量，验证了垂直专业化分工极大地促进了中、日、韩之间的贸易发生。

关于垂直专业化分工的技术扩散效应，Amighini（2005）分析了中国在ICT产业全球零散化生产中的地位，指出加工贸易具有技术溢出效应，对中国的产业升级产生了积极影响。Jabbour and Mucchiellli（2011）对1990—2000年西班牙跨国公司与本地供应商之间技术溢出效应进行研究，发现企业间的后向关联对技术溢出有正向作用。Jabbour（2011）对1999年法国垂直专业化分工贸易与研发活动的研究，证实垂直专业化分工可以成为技术扩散的途径。王中华（2009）指出中国积极参与国际垂直专业化分工，有利于促进工业技术进步，在资本密集型行业与出口密集度高的行业，垂直专业化分工对技术进步的积极影响更显著。当然，也有一些学者对此产生质疑，孟祺和隋杨（2010）的研究表明，中国没有获得明显的国际垂直专业化分工技术溢出效应，中国的技术升级在很大程度上受制于跨国公司的全球生产网络。

三、网络状模块化分工

专业化分工是基于产品工艺的分工，而模块化分工是基于产品功能的分工。从模块化发展的过程来看，模块化最初起源于产品设计，后来扩展至产品生产，最后发展为产业链组织方式（芮明杰、刘明宇，2006）。

20世纪70年代后的研究显示，模块化是复杂系统组织在软件（Parnas，1972）、产品设计（Henderson and Clark，1990；Ulrich and Eppinger，1995；Baldwin and Clark，2000）、生产（Starr，1965）和组织形式（Langlois and Robertson，1992；Sanchez，1995；Sanchez and Mahoney，1996；Schilling and Steensma，2001）上的必然选择或自然而然的结果。在经济学、管理学研究文献中，模块化被看作是企业生产制造（Ulrich and Eppinger，1995；Schilling，2000）、组织设计（Baldwin and Clark，2000）、产业组织（Sturgeon，2002）的一种新范式。青木昌彦（2002）认为，模块是指可组成系统、具有某种独立功能的半自律子系统，可以通过标准界面与其他子系统按照一定的规则相互连接，从而构成更加复杂的系统。Baldwin and Clark（2000）把系统各模块联系规则的变化成为模块化操作，将之分为六种形式：分离（split）模块、替代（substitute）模块、去除（exclude）模块、增加（augment）模块、模块转化（inversion）、模块用途改变（porting），这就是所谓的模块化分工与模块化集成。

Sanchez and Mahoney（1996）、Ulrich and Eppinger（1995）的研究也表明，模块化的方法和思想对企业衍生经济模式有着决定性的促进作用。梳理模块化组织产生与运行机制方面的文献，主要分为两条路径：一是从企业内部组织设计的角度，把产品模块化设计作为大型企业组织模块化设计的决定性因素，Baldwin and Clark（1997，2000，2002）、Langlois（2000）、Sturgeon（2002，2004）、青木昌彦（2003）都强调模块是分解和整合的基础，国内学者周鹏（2004）、李海舰和聂辉华（2004）、朱瑞博（2004）、刘东（2005）、孙晓峰（2005）也持有上述观点。二是从产业组织演进的角度，把模块化组织视为产业组织演进的必然形态，从技术模块化到组织模块化最终到组织模块化稳定阶段，相关文献有Baldwin and Clark（1997）、杨小凯和黄有光（1999）、Chesbrough（2003）、胡晓鹏（2004）。

信息技术时代，大型企业为降低交易成本，必须将高度的企业内分工与高度的社会分工紧密结合，但由于迂回生产链、市场厚度、内外部不确定性、资产专用性等各种因素之间的互相影响、互相牵制，必须不断对组织形态做出相应的调整。新的分工从线性生产工序、生产工艺分工发展演变为平面甚至立体网络功能分工，价值模块之间的联系也不再是简单的线性关系，而是纵向和横向关联进而交织成网络。芮明杰、刘明宇（2006）指出，这种网络状产业链分工的实质是知识分工，它的生产组织基础是整个产业链上的知识共享。模块化分工理论不仅可以解决网络组织、虚拟企业、联盟等组织方式概念模糊的问题，还可以拓展有关市场与企业交界处组织双重协调性的认识，弥补许多传统理论视角的不足。

第三节　分工与分工演化和集群升级关系研究的理论基础

分工与分工演化对集群演进的影响，现有文献主要从专业化生产与交易费用两个方面展开讨论。一方面，分工会形成专业化生产，进而提升集群效率；另一方面，分工必然会带来交易费用，交易费用本质上是一种源于分工的制度成本，且分工越细，交易费用越高，这将降低集群效率。随分工的不断深化，集群升级始终面临着专业化生产与交易费用上升的两难冲突。

一、分工、专业化与集群演进的关系研究

分工、专业化生产对于产业组织演进的作用，是通过微观经济主体（包括组织内部和组织之间）效率的改善过程得以体现的，至于分工如何促进经济效率的改善（即分工效率），斯密（1776）、马克思（1867）、马歇尔（1890）、杨格（1928）和杨小凯（2003）等都进行过深入研究。

（一）分工效率与产业组织演进的内在逻辑

如前文所述，分工与分工演化问题虽然是个古老的经济学命题，但由于分工难以度量，一直未能引起经济学家们足够的重视。20世纪50年代线性规划和非线性规划等数理方法的发展，给分工与专业化问题提供了强有力的定量分析工具。以华人经济学家杨小凯为代表的一批学者，用超边际分析法和其他非古典数学规划方法，将古典经济学中关于分工和专业化的高深经济思想形式化，发展出新兴古典经济学。其核心思想是，制度变迁和组织创新对分工深化有着决定性的影响，而能否实现高水平分工则与交易效率有关；分工和专业化水平决定着专业知识的积累速度和人类获得技术性知识的能力，决定报酬递增。分工的深化取决于交易费用与分工收益的相对比较，呈现出一个自发演进的过程：专业化生产加速了经验积累和技能改进，知识沿空间的互补性的溢出效应使生产效率进一步上升，通过大量有关分工组织的试错学习，获取更多有关分工组织的制度性知识，从而选择更有效的分工结构，改进交易效率，获得技术性知识的能力提高，形成内生技术进步和经济发展。

杨小凯等学者以专业化分工为基础的关于经济聚集的阐述，是自马歇尔以后把空间因素纳入经济学理论框架的一次重大尝试，将分工、交易费用、交易效率的概念和一般均衡的分析工具以及制度分析引入经济聚集的研究中，不仅给人们一种方法论上的启迪，而且使该理论对现实经济更有解释力。随着分工的演进，产业内专业化水平不断提高，企业间的生产分工日益细化。杨小凯与廖伯伟（2000）运用新兴古典经济学理论，提出了"厂商规模无关论"，即随着分工的不断深化，企业之间专业化分工加深，企业平均规模呈递减趋势，而同时生产力上升。原有的"大而全"的垂直一体化的大型企业被企业间的分工联网所取代成为经济发展的主要趋势。特许经营（franchise）、企业拆分、合约出让、贴牌生产等"新经济现象"都是企业专业化水平提高的结果。

（二）集群是专业化分工的产物

国内外大量的研究表明，产业集群是经济发展到高级阶段的一种产业组织方式，同时也是国际国内分工与专业化生产的产物。亚当·斯密在《国民财富的性质和原因的研究》一书中指出，产业集群是由具有分工性质的企业为完成某种产品生产而联合成的群体。马歇尔、阿林·杨格及马克思的劳动分工理论都从分工的角度对产业集群的形成及发展进行了解释。20世纪90年代，以克鲁格曼、藤田昌久等人为代表的新经济地理学从全新的角度研究产业聚集现象，认为新型国际分工网络下的垂直关联成为影响企业生产定位的重要因素，比较优势会造成生产分散，规模经济会形成生产聚集，到底是聚集还是分散则取决于贸易成本。该理论提出了一个普遍适用的聚集分析框架，即比较优势、规模经济与贸易成本的相互作用决定了垂直关联产业的定位。

Krugman and Venables（1995）建立的国际专业化模型解释了贸易成本降低对制造业生产布局及不同收入水平国家的福利影响。Venables（1996）探讨了贸易成本下降是会带来上下游产业集聚还是分散的重要问题，在垂直关联产业定位方面做出了开创性的研究，其核心观点是聚集与贸易成本之间存在倒 U 形关系。Fujita et al.（1998）构建了垂直关联中心—外围模型，在该模型中，垂直关联取代劳动力流动，成为形成聚集的新推动力。在上述研究的基础上，很多学者将比较优势因素纳入 NEG 框架，探讨比较优势、规模经济和贸易成本对产业定位的影响。Gao（1999）、Amiti（2005）分别在传统的两要素 H-O 模型中加入垂直关联因素，推翻了国际专业化模型中单一要素、国家在规模和生产技术上等同的假设，使研究比较优势和规模经济之间的相互制衡成为可能。Akerman（2009）引入出口加工区，对标准的 NEG 垂直关联模型进行拓展，考察市场规模、垂直关联及贸易成本对建立出口加工区的影响。

在垂直专业化背景下，垂直产业关联作为重要的聚集力，成为跨国性生产企业选择生产区位时必须考虑的因素，FDI 作为垂直专业化生产的重要载体，因而被许多学者选为该研究的切入点。Amiti and Javorcki（2005）重点研究了 FDI 在中国的区位选择问题，指出新兴分工网络下庞大的市场规模、获得中间品的便利性是中国吸引 FDI 的重要因素。许多文献对发达国家主导的国际生产布局展开讨论，表明国际生产零散化带来的产业垂直关联对 FDI 生产布局有非常重要的影响，上下游生产环节之间的垂直关联对 FDI 生产聚集的促进十分显著。

国内学者在总结中国传统产业集群实践经验的基础上，也得出了集群是专业化分工的产物这一结论。汪斌、贾赟（2005）将集群分为产业互补型和产业共生型两大类，指出在产业互补型集群中，分工深化使中间产品数量剧增，增加了企业供应链的交易费用，为了保证分工之后的经济效率，中间产品企业围绕着最终产品企业在地理上集中，是分工协作的专业化生产体系降低交易费用的最佳选择。而在产业共生型集群中，存在着一定的产业内分工与产品差异性，分工深化导致消费多样化，同类产品生产厂商的地理聚集产生外部范围经济和规模经济，奠定共生型产业集群存在的利益基础。陈柳钦（2007）指出，分工度随技术改进而深化，分工度提高又会促进专业技术效率的提高，行业分工的内向发展将创造出新的专业，垂直专业化方向的劳动分工延长将吸引更多企业聚集在一起。分工效率与分工度交互影响，构成集群自我繁殖的特性。在集群内分工深化的同时，企业间协作也在发展，这种趋势逐步演化为地域分工的格局。

马中东（2016）指出，以横向分工为主的分工网络形成蜂窝型产业集群或小企业群生型产业集群，产品种类繁多，处于水平分工网络中的小企业如同"蜂窝"中的每一单元，彼此竞争充分但缺乏合作，我国传统劳动密集型产业集群大多属于这类；以垂直分工为主的分工网络形成轮轴式产业集群或大企业领导型产业集群，具有垄断力量的核心企业处于集群分工网络中的控制地位，其他小企业作为多层外包供应链体系分布于垂直分工链条的上下游，共同组成一个分工协作的生产体系。

综观各类文献，在传统劳动密集型产业中，分工形式、价值链条与企业组织、集群类型的对应关系如表 2.3 所示。

表 2.3 分工形式、价值链条与企业组织、集群类型的对应关系

分工形式	价值链条	特征	企业组织与集群类型
技术分工	企业内价值链	完整的价值链	垂直一体化大企业
		价值链片段	网络化小企业
社会分工	企业间价值链	整条价值链——垂直分工	大企业领导型产业集群
		价值链片段——水平分工	小企业群生型产业集群
产业分工	产业价值链	产业内分工或产业间分工	混合型产业集群
区域分工	区域价值链	部分价值环节或完整价值链	混合型产业集群
国际分工	全球价值链	完整价值链	虚拟型产业集群

资料来源：根据马中东（2016）及相关文献综合整理

二、分工、交易费用与产业组织演进理论

（一）交易费用的内涵

科斯（1937）指出，围绕契约的签订和实施过程，交易费用包括进行谈判、讨价还价、拟定契约、实施监督来保障契约的条款得以按要求履行等多种费用。德尔曼（1979）指出，交易费用包括搜索信息的费用、协商与决策费用、契约费用、监督费用、执行费用和转换费用。威廉姆森（1985）将交易费用分为事前和事后两部分，其中事前的交易费用指草拟合同、就合同内容进行谈判，以及确保合同得以履行所付出的成本，事后的交易费用则是解决契约本身存在的问题时从改变条款到退出契约花费的成本，包括不适应成本、讨价还价成本、建立及运转成本和保证成本。张五常（1999）将交易费用理解为识别、考核与测度费用，以及讨价还价与使用仲裁机构的费用等。虽然不同学者指出的交易费用具体构成不同，但事实上都是交易发生时伴随整个交易过程所发生的全部费用，包括搜寻信息的费用、达成合同的费用、签订合同的费用、监督合同履行的费用和违约后寻求赔偿的费用。新兴古典主义经济学则将交易费用分为外生交易费用与内生交易费用两大类，外生交易费用与现有物质技术条件相关，是交易过程中直接或间接发生的客观费用，内生交易费用则包含了道德风险、逆向选择与机会主义等，需要以概率和期望值来度量的潜在损失可能性。

（二）交易分工说

科斯用交易费用理论分析了组织的界限问题，也说明了企业或其他组织作为一种参与市场交易的单位，其作用在于把若干要素所有者组织成一个单位参与市场交换，以减少市场交易者的数量，降低信息不对称的程度，最终减少交易费用。威廉姆森在此基础上提出，影响交易费用的因素主要是环境的不确定性、小数目条件、机会主义及信息的不对称等。但这些是构成市场与企业之间转换关系的因素，若利用其解释产业集群现象还需对其进行适当的拓展。诺斯（1994）在研究交易费用的决定因素时，指出交易费用的产生与分工和

专业化程度的提高有关。张五常（1999）、杨小凯等（2001）分别从劳动力交易和中间产品交易角度区分了企业和市场，指出企业是劳动市场替代中间产品市场，而非市场组织之间的替代；另外，企业与市场的边际替代关系取决于劳动力交易效率和中间产品交易效率的比较。盛洪（1994）指出，现实中的人都需要综合考虑生产费用与交易费用两种费用，而分工程度揭示出生产活动和交易活动的经济特征以及两者之间的比例关系，同时，生产方式和交易方式以及两者之间的交互关系和互动过程又决定了分工程度及其发展。换句话说，研究分工问题就要到交易活动中寻求答案，而交易费用也会在研究分工的过程中变得明了。

交易费用对分工演进和经济发展有着极其重要的影响，交易费用越低，分工水平越高。外生交易费用主要是产生于制度之外的，其大小更多地依赖于技术因素，如运输费用主要取决于运输里程和运费价格；内生交易费用则与经济制度紧密相关联，能够通过制度的创新和改进、习惯的形成加以降低，对均衡分工网络与集群演进的影响意义重大。

（三）交易费用与产业集群演进

分工理论主要从分工给集群带来的收益方面，论述分工深化推动产业集群演进的机制，但集群的扩张和演进是有边界的，当分工的边际效益等于边际交易费用时，分工水平达到最优，集群停止扩张，达到最优边界。

Coase（1937）最早从交易成本的角度，论述企业是对市场的一种替代，企业的存在有利于降低交易费用。Williamson（1975，1985）指出，经济活动中存在三类和各种交易活动相匹配的制度安排，即企业、市场和介于企业与市场之间的中间组织形式，当资产专用性、交易频率和不确定性这三个变量水平较低时，市场调节是有效的调节手段，当三个变量处于较高水平时，企业会代替市场，而当三个变量的水平介于这两个极端之间时，中间组织形式是最有效的制度安排，从而间接阐明了产业集群这种中间组织存在的条件。威廉姆森还指出，集群是一种介于市场和纯粹科层组织之间的"准市场组织"，其稳定性比市场和企业要差，存在很强的转换可能性，在一定条件下可以节约交易成本、提高资产专用性水平和企业创新能力。垂直一体化企业在生产中存在大量组织成本，降低了企业的效率和灵活性，产业集群则能够以非正式联盟的组织形式提高交易效率。集群资源配置超出单个企业的配置半径，能在一个更大的、由竞争对手和供应商等组成的资源网络中进行。

Scott和Storper从交易成本与生产成本的相互作用阐明交易成本和企业集聚间的关系，企业间的交易联系包括面对面接触和战略信息的详细交流、长期和短期转包和再承包、物质投入—产出流，这些交易联系在地理上通常有依赖的成本结构，单位交易活动的成本越大，生产商在空间上聚集降低成本的可能性就越大，分工导致的垂直分离过程预示了产业联合体的产生。产业集群实质上就是以降低交易费用、追求规模报酬递增为目的的组织创新。

随着现代社会生产迂回程度的不断提高，协调成本对分工演进的影响越来越大（贝克尔—墨菲，1992），不考虑企业的交易功能、不考虑企业内和企业间分工协调成本对分工效率的影响，单纯的建立在劳动生产效率基础上的分工效率概念，已经难以解释产业组织的演进问题。分工与协作带来分工收益的同时，也产生了限制分工与协作进一步发展的因素——协调成本，即协调企业内分工或企业间分工与协作必须支付的费用（贝克尔—墨菲，1992；柯武钢和史漫飞，2004）。协调成本在企业内表现为组织成本，包括企业内的监督、决策和信息沟通等成本，在企业间表现为交易成本，包括信息搜寻、条件谈判与交易实施等各项成本。

关于企业间分工和企业内分工的效率差异的解释，传统上从分工效益演进的角度可分为比较优势说、规模经济效益说和协调经济说。比较优势说和规模经济说以生产成本为基础，协调经济说则偏重于协调成本，分工效率本质上是比较优势说与协调成本说的折中。分工在企业间和企业内所表现出的效率差异，对分工演进、集群演进有着重要影响，分工效率的改进与经济主体的自利决策直接相关，自利决策之间的相互作用产生了分工经济与交易成本之间的两难冲突，而"看不见的手"的重要功能在于协调分工经济与交易成本之间的两难冲突。因此，在自利决策的动力和市场竞争机制的压力下，经济主体需要选择最优的分工水平以实现利益最大化的目的。因此，如何通过制度创新来降低协调成本，促进分工深化和产业组织演进的"自然"选择，是集群政策需要重点关注的。

第三章　分工及分工演化视角下劳动密集型产业集群发展态势

第一节　劳动密集型产业与劳动密集型产业集群

劳动密集型产业集群与劳动密集型产业相伴而生。为了明晰劳动密集型产业集群的概念与特征，下文将劳动密集型产业与之相联系，对劳动密集型产业与劳动密集型产业集群的概念与特征进行对比分析。

一、产业与劳动密集型产业

（一）产业及其分类

现代产业经济学认为，产业是指从事同类产品生产或提供相同服务的经济集合体，它是介于微观经济与宏观经济之间的一个概念范畴，是生产性企业、部门乃至行业的集合。在这样一个集合中，既有同类商品的生产部门，还有物流业、生产性服务业、一般的文化教育业等。图 3.1 描述了陶瓷产业的主要构成情况。

具体说来，产业这一概念范畴至少包含以下五层内涵。

第一，产业属"集合概念"，是指把同类对象集合为一个整体来反映的概念。

第二，产业一个历史范畴，它是社会生产力提高、分工产生与不断深化的产物，是一般性分工与特殊性分工相结合的表现形式。

第三，产业是多层次的。随着社会生产力提高、分工的不断深化，产业的层次也将不不断增加，形成一个多层次的结构。例如，陶瓷产业下面又可细分为日用陶瓷产业、建筑陶瓷产业、卫生陶瓷产业、园林与陈设艺术陶瓷产业等，而每一个细分产业下面又可根据产品或工艺的不同进行细分。

第四，产业是一个开放的系统，存在广泛的联系性。首先，产业作为分工的产物，其自身内部存在着紧密的联系，一般表现为产品的生产工艺流程或供、产、销等方面的联系性；其次，产业作为经济集合体，不是一个孤立的社会存在，它和外部也存在紧密的联系，主要表现为一产业与其他产业之间存在着各种直接或间接的联系。

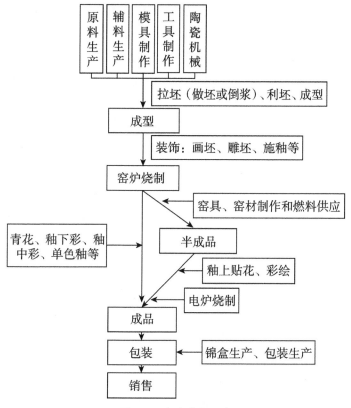

图3.1 陶瓷产业示意图

第五，产业是一个效益性的社会单元。产业是一个社会单元，从整个经济社会的角度来看，产业有投入、有产出，需要讲求投入与交出的经济效益。

产业分类的划分方法和标准很多，代表性的有以下三种分类。

1.三次产业分类法

该分类方法最早由费歇尔（Fisher，1935）创立，将产业分为第一、第二与第三产业，该方法获得克拉克（Clark，1940）的研究支持。

2.工业结构分类法

在工业部门划分上，一般都将工业划分为轻工业和重工业两类，也有将化学工业与之并列，形成轻工业、重工业和化学工业的三分法。

3.生产要素集约度产业分类法

从生产要素的集约度角度，即在生产过程中主要是依赖资本、劳动力或技术，把产业分为资本密集型产业、劳动密集型产业与技术密集型产业。

（二）劳动密集型产业及其特征

关于劳动密集型产业的定义，学者们大都是从生产过程中对劳动力生产要素的依赖程度进行界定。例如陶良虎、张道金（2004）认为，劳动密集型产业是指在生产过程中，对劳动力生产要素需求很大，而对资金、技术等生产要素的需求较小的产业。黄艳、徐维祥（2009）则通过考察某一产业劳动力—资本系数（产业从业人员数与产业固定资产价值比）这一指标的高低，来判定该产业是否为劳动密集型产业。王峰（2005）认为，广义的劳动密集型产业包括传统劳动密集型产业与高度关联劳动密集型产业，传统的劳动密集型产业一般可以用劳动工资与生产成本比或研发费用与生产成本比是否大于1来判定；高度关联劳动密集型产业指在某些环节中依赖大量劳动力的产业。综合国内外学者对劳动密集型产业定义的一般界定，本书认为，劳动密集型产业是指生产环节与过程中，主要依赖于大量劳动力的使用而对资本、技术等生产要素依赖程度较低的产业。从行业分布来看，劳动密集型产业主要分布于农业、林业、食品加工以及纺织、服装、皮革、家具、陶瓷与五金制品等传统制造业。

综合说来，劳动密集型产业具有以下主要特征。

（1）劳动密集型

现在劳动密集型产业中，需要大量使用人力劳动，这是劳动密集型产业的基本特征，也是劳动密集型产业区别于其他产业的根本标准。在劳动密集型产业中，单位劳动力占用固定资产的价值较低，相应地在产品成本中活劳动的消耗比重大，能够节约投资，因此，在资金短缺同时劳动力资源丰富的国家与地区，通常非常注重发展劳动密集型产业。

（2）不可替代性

在目前社会的技术条件下，劳动密集型产业生产过程的大部分劳动无法被设备与技术代替；或者即使可以代替，其代替成本往往高于使用劳动成本；或者出于满足市场上对人工的个性化与多样化需求，必须保留人工劳动；所有这些因素，都造就了劳动密集型产业的不可替代性。

（3）广泛存在性

从劳动密集型产业的分布来看，它广泛地分布于国民经济的各个领域，横跨城市与乡村两大地域，遍布三大产业，涉及各种所有制形式，甚至在一些高新技术领域，例如精密零件的抛光、打磨等，都还必须由人工来完成。

（4）发展阶段性

劳动密集型产业的发展伴随着人类社会经济发展的全过程，但逐渐由传统的主导地位向非主导地位转变，呈现出不同的阶段性特点。从世界范围来看，很多的发达国家，其劳动密集型产业都已进入了非主导地位的发展阶段；但在多数发展中国家，由于其生产技术、劳动力成本等因素，尚处于主导地位的发展阶段。在中国，由于其丰富的劳动力资源造就的低劳动成本，劳动密集型产业的发展在相当一段时期内仍有比较优势。

二、产业集群与劳动密集型产业集群

（一）产业集群

20 世纪 90 年代以来，伴随着经济全球化发展，产业集群作为一种同类企业的地理集聚现象，体现了对促进区域经济增长的巨大作用，吸引了学术界与社会的广泛关注。马歇尔（Marhsall，1890）最早对产业集群现象进行了关注，从外部经济的角度分析后认为产业集群是"区域的社会力量和经济力量合作而形成的企业聚集体"。韦伯（Weber，1909）则从工业区位的角度分析后认为产业集群是为降低运输成本而自发集聚于某一地域范围内并相互联系的企业集聚体。斯旺（Swann，1996）将产业集群界定为"大量集聚于较小地理区域并从事同一产品生产的关联企业的集合体"。西奥·罗兰登基（J. A. Rolelandt，2001）认为，产业集群是出于促进创新、降低交易成本与分享协作经济效益等原因，由相互依赖性很强的企业与供应商、创新组织、中介机构等通过增值链相互联系而形成的网络。迈克尔·波特（Michael Porter，1998）对产业集群的界定获得了国际性的普遍认可，他认为是产业集群是特定产业的中小企业与相关机构大量集聚于特定地理区域从而形成的稳定的、具有持续竞争优势的集合体，在这样一个集合体中，主要包括上游的材料与零部件供应商、下游的代理商与销售商和相关的或附属的支撑企业，以及研发机构、教育机构与培训机构等。

综合国内外对产业集群定义的代表性观点，本书认为，产业集群是集聚于特定区域中的众多相互关联的企业、专业化供应商、服务供应商、金融机构、相关产业的厂商及其他相关机构等组成的相互合作又竞争的群体，其本质上是一种新型的介于市场与等级制的空间经济组织形式。这一概念至少包含以下两层意思：第一，产业集群的范畴超越了一般意义上的产业范围，它往往是由特定区域范围内涉及多个产业的众多类型的组织、机构相互联系、相互融合而形成的共生经济体，这种共生经济体之间的合作与竞争，将获得一种持续的竞争优势，成为促进当地安全区域经济发展的重要力量。第二，从产业结构和产品结构的角度来看，产业集群实际上是某种产品的加工深度和产业链的延伸；而从产业组织的角度看，产业集群又实际上是在一定区域内某个企业或大公司、大企业集团的纵向一体化的发展，这与经济全球化背景下占主导地位的全球价值链和产业的跨国联盟发展很契合，因此，在经济全球化背景下，产业集群发展战略成为许多国家与区域促进经济发展的重要选择。

（二）劳动密集型产业集群及其特征

劳动密集型产业集群的概念来源于劳动密集型产业，指以劳动密集型产业为发展主体的产业集群，主要涉及纺织、服装、制鞋、食品、家具等行业，例如浙江织里镇童装产业集群、福建晋江制鞋产业集群、河北清河羊绒产业集群等。

从我国发展实际看，劳动密集型产业集群的发展推动了区域经济增长，扩大了就业，带动了第三产业的发展，这就起到了一定的示范作用，不少地区正是看到了其对经济社会发展的积极作用，开始大力发展劳动密集型产业集群。但是由于对产业集群缺乏正确认识和理解，如认为相同产业的企业集中在一起就是产业集群，或者认为单纯延长产业链就发展了产业集群，又或认为主导产业、特色产业就是产业集群。这些误区一定程度上导致了发展实践的偏差，例如相关机构设置不健全、区域生态环境破坏严重、企业恶性竞争、创新能力弱等，不利于产业集群的形成和发展。因此，有必要从劳动密集型产业集群的定义出发分析其特征。

首先，劳动密集型产业集群有着其他类型产业集群都具有的普遍特征。

（1）大量企业与相关企业的地理集中

产业集聚是产业集群形成的前提，也是产业集群的基本特征。特定的劳动密集型产业集群的形成，也是该劳动密集型产业的大量企业与相关企业在特定区域集聚，从而形成该劳动密集型产业集群的构成主体。

（2）多种类型的组织、机构的有机集合体

从产业集群的构成角度来看，特定劳动密集型产业集群的构成，除了该劳动密集型产业的大量企业与相关企业以外，还包括上游专业化的原材料和零部件供应商、下游的销售商以及研发、教育、培训、金融等中介服务机构。因此，劳动密集型产业集群同样是一个多种类型的组织、机构的有机集合体。

（3）合作竞争是集群成员之间关系的主旋律

劳动密集型产业集群本质上是产业集群，其成员之间广泛存在产业内分工的相互联系，出于协作经济效益、协作创新以及降低交易成本等目的，它们之间往往会进行紧密的合作；同时，劳动密集型产业集群和一般产业集群相同，其成员主体亦是大量的同一产业的企业，它们经营着相同的产品与服务，在市场容量有限的实际情况下，它们之间不可避免将产生竞争关系。既相互合作、又相互竞争，构成了劳动密集型产业集群成员关系的主旋律。

其次，与一般产业集群相比，劳动密集型产业集群还有着与劳动密集型产业相联系的独特特征。

（1）主要分布在传统制造行业

劳动密集型产业集群主要分布在食品加工、纺织、服装、皮革、五金、家具、陶瓷等传统制造行业，其原因是这些行业为人类社会手工业的最早分工形式，所需技术相对较低，又能大量吸纳人类劳动，而且能够迅速产生集聚的经济效应，因此就容易形成劳动密集型产业集群。

（2）成员企业多为中小民营企业

劳动密集型产业集群其成员企业大都属于传统制造行业，这些行业所需技术大都为传统手工技术，其传承方式很多是子承父业的方式，而且此类企业创办一般不需大量资金，因此大都为中小民营企业。

（3）低成本竞争优势与发展模式

劳动密集型产业大量使用人力劳动，而对资本与技术等生产资源依赖程度低，这就形成了劳动密集型产业的生产成本的主要构成是劳动力成本；同时，根据比较优势理论，一国若是大力发展劳动密集型产业，则其必定具有劳动力资源优势，其劳动力成本相对较低。因此，劳动密集型产业一般体现出低成本竞争优势，并形成一个国家或地区的发展模式。

第二节　我国劳动密集型产业集群的发展状况（总体态势）

产品的生产离不开各类生产要素的配合，其中涵盖着劳动力、资本、技术投入、土地等。一类产品若在生产过程中有着较多的劳动投入和输出，那么该产品可以被称为劳动密集型产品；若在生产过程中有着较多的资本注入，那么该类产品即可被称为资本密集型产品。一般而言，我们将不同类型产品对应的行业分别称为劳动密集型产业、资本密集型产业等。

进入 21 世纪以来，经济全球化发展带来的重要改变就是产品生产过程中进行的跨国分工越来越多，不同国家分别承担着产品不同环节的生产任务，投入相应的生产要素。也正因如此，虽然在产品生产过程中投入了较多的资本，可以将其称为资本密集型产品，却在产品生产过程中出现一些环节属于劳动密集型环节。

根据国民经济行业分类，可以将劳动密集型产业主要分为农林业、纺织、服装、玩具、皮革、家具等制造业。根据表 3.1 所示，我们可以看出国内劳动密集型产业的经济指标及其相应的产业特点。

表 3.1　我国劳动密集型产业（规模以上工业企业）的主要经济指标（2010—2014 年）

指标	2010 年	2011 年	2012 年	2013 年	2014 年
单位数（个）	123894	82604	83131	85085	91385
资产总额（亿元）	60538.48	66577.65	74714.84	82003.67	95557.01
主营业务收入（亿元）	95121.07	110626.84	122958.62	139329.7	153966
主营业务成本（亿元）	82015.38	95309.38	105730.09	120974.7	13990.31
利润总额（亿元）	6335.47	6365.46	7848.68	8281.78	9355.17

数据来源：2011—2015 年中国统计年鉴，2011—2015 年中国工业经济统计年鉴

注：由于 2016 年中国统计年鉴于 2017 年 10 月出版，因此统计数据截至 2015 年相关年鉴（即 2014 年

（数据）

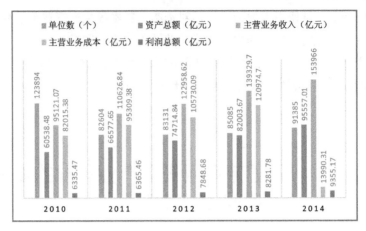

图 3.2　我国劳动密集型产业（规模以上工业企业）的主要经济指标（2010—2014 年）

结合图 3.2 和表 3.1 的内容，不难发现，近些年来国内劳动密集型产业的资产收入、营业额度和利润收益总体呈现出上涨趋势，这也就表明其在促进国内经济增产和产业发展上起着一定的促进作用。笔者根据劳动密集型产业的分类，分别对其发展现状进行了分析和研究，以此希望可以更加全面地对国内劳动密集型产业集群的整体发展状况进行深入的了解和阐述。

第三节　我国劳动密集型产业集群的发展状况（分行业介绍）

由前文所述，本书选取 7 个代表性产业对我国劳动密集型产业进行定量分析。

一、纺织业发展现状

对纺织业而言，其作为国民经济体系运行过程中不可或缺的主要组成部分，是我国重要的民生产业之一，在经济全球化的今天是我国产业走向世界市场过程中颇具优势的一大产业。在过去多年里，纺织工业对我国市场的繁荣、就业人力吸收、农民收入提高、城镇化推进、社会和谐发展等方面有着突出的作用。

分析表 3.2 和图 3.3 可知，从 2013 年开始至今，全国纺织业运行的主要指标稳步提高，大部分指标与前一年对比略有提升。当前全国纺织业的生产力布设体系为自从改革开放至今，市场机制发挥效力而逐渐形成的，本行业特点有下述三点：第一，产业高度集中于沿海地区，苏、浙、鲁、粤、闽等省是本行业生产力的主要集中省；第二，本行业生产力目前已经逐步从东部往中西部转移（呈梯度），并有加剧趋势；第三，产业表现有突出集群化特性。当前我国纺织工业已经表现出了突出的产业特性，整体规模逐步扩张，效益稳步提高，对地区经济作出突出贡献的成熟产业集群已经超过170个。此外，基于国家统计局数据分析可知，到2013年年末，此行业内较大规模的公司已经超过2万个，其中亏损企业约有2200个，行业整体亏损率约为10.6%。

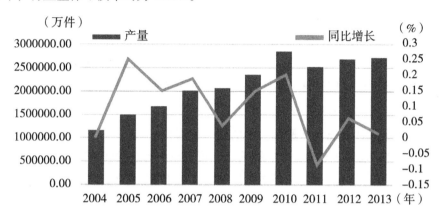

图3.3　2004—2013年中国服装行业产量统计分析

表3.2　2011—2013年我国纺织业效益变化分析

	2011 年	2012 年	2013 年
盈利能力			
销售毛利率	13.56%	11.69%	11.55%
销售利润率	5.35%	5.28%	5.59%
资产收益率	8.80%	10.12%	9.34%
偿债能力			
负债率	55.99%	56.10%	55.98%
亏损面	9.58%	11.96%	10.60%
利息保障倍数	6.09	5.17	5.63
营运能力			
应收账款周转率	15.70	15.26	15.71
流动资产周转率	3.03	2.99	3.08
发展能力			
应收账款增长率	19.90%	1.01%	9.18%

	2011 年	2012 年	2013 年
利润总额增长率	28.07%	−3.06%	18.98%
资产增长率	15.50%	0.30%	8.34%
销售收入增长率	25.68%	−1.83%	12.39%

数据来源：国家统计局 2012—2014 年中国工业统计年鉴，中商情报网，中国产业信息网

"十二五"时期内，全国该行业表现出了极大发展潜力。从全球情况分析，欧美日地区市场仍然是当前我国纺织服装产品的主要出口目标区域，新兴经济体也表现出强大需求潜力，必然有益于全国纺织工业市场的多元化拓展。从全国情况分析，"十二五"时期，国家还会进一步推进小康社会建设促使国民生活进一步改善，满足国民更多期待，全国消费者群体对纺织品服装的总需求还会逐步扩张升级，市场对此行业发展的要求将随之提高。

纺织工业作为全国当前表现出最快发展速度，对于世界市场造成了最大影响力的一大行业。在全国当前纺织工业迅猛推进扩张的过程中，国内已经出现了许多纺织产业集群区域，这些区域基于当前市场资源和经济条件配置现况，产业表现出高度集中化，制品有突出特征，公司数量极多，配套较为完善齐备，规模效益相当显著，产业和市场有效互动，纺织行业整体经济在全国经济体系的占比已经超过了 70%。

基于国内纺织工业联合会发布的国内产业基地布局数据分析可知，当前全国纺织产业集群集中出现于珠三角、长三角、环渤海区域以及苏、浙、鲁、粤、闽、辽、冀等 7 省（占比为 85%），中部和西部多省内占比仅分别为 10% 和 4%。而在各省市地区内，浙江省当前已有纺织产业集群共计 45 个，数量甚至超过了中西部地区的全部产业集群总量，证明当前此产业集群具有突出的从东往西逐步呈现落后状的特征，中西部和东部区域相比，纺织产业无论是从其行业总量还是规模来看都明显落后得多。从布点设分析可知，此行业多数集中于沿海地区经济活力最强的三个主要经济圈内。当前防治产业集群最集中的地区为苏、浙、粤、鲁等多省，完全符合当前全国经济状况，并且清晰体现了我国纺织服装集群发展特征。

中国纺织工业联合会将纺织产业集群划分为化纤行业产业集群、家纺行业产业集群、毛纺行业产业集群、棉纺行业产业集群、针织行业产业集群、服装行业产业集群。其一，从 2002 年开始，中国纺织工业协会启动了化纤行业产业集群试点，到 2016 年止，超过 200 个产业集群中出现了具有典型性的乡镇集群：如杭州萧山衙前、桐乡洲泉、绍兴马鞍、江阴周庄、宜兴新建、太仓璜泾广东新会。这七大产业集群规模以上企业超过 1000 家，主营收入业务超过 2000 亿元，其中主营业务超亿元的企业接近 200 家，其化纤产量已超过 1000 万吨，占全国化纤总量 30%，远销西方发达国家。其二，家纺行业产业集群面对复杂的市场形势，充分发挥国内相关产业链配套的优势与特色，在需求疲软的情况下仍然实现了增

长。中国纺织工业协会统计的 18 个相关产业集群 2015 年工业总产值突破 3500 亿元，同比增长了 10% 以上，增速高于其他行业。其三，2009 年以来毛纺行业受金融危机影响较深，但是行业特色产业集群的发展仍较为快速，其中毛纺 12 家以绒毛、纱线、毛针织产品加工为主的产业集群 2015 年主营收入已经突破 1000 亿元，出口交货量突破 300 亿元，在深化产业结构的同时，产业集群的特色愈加鲜明。其四，棉纺织行业是我国纺织工业中最重要的基础行业之一，也是产业规模最大的纺织行业之一。2015 年统计数据表明，纱线产量已经突破 3000 万吨，其中山东和江苏产业集群的产量最大，占全国总产量的一半以上，牛仔布的产量则是以广东产业集群为主，色织布产量以江苏产业集群为主。其五，我国针织产业集群在企业户数、工业产值、就业、主营业收入、出口、利润、税金、主要设备状况等主要指标方面，均出现了较快增长，主要产区的产值水平不断增强，技术水平不断创新，2010 年以来，东部发达地区产业集群增速放缓，而江西、河南、湖北等地区的针织产业集群开始成长起来。浙江象山已经成为针织服装行业的主要集群之一，其针织企业数量已经突破 2000 家，制衣生产能力超过 10 亿件。江苏、浙江、福建、广东等地区经编产业集群规模较大，江苏常熟、浙江海宁、浙江绍兴、福建长乐、福建晋江、广东潮阳等产业集群的名优品牌和企业文化建设不断凸显。袜业集群则以浙江诸暨、义乌、辽源为主，其中辽源袜业依托人力资源优势，已经形成了东北地区最大的袜业产业集群，其原料基地、织造基地、加工基地、物流基地、销售网络、综合服务平台等已较为完整。其六，改革开放以来，我国服装行业产业集群不断发展，已经成为全球最大服装生产国、消费国和出口国，中国服装产业集群的集聚效应越来越明显，而其特色也越来越鲜明，不同品类之间互补明显，如江苏常熟的羽绒服，浙江嵊州的领带，福建晋江和石狮的休闲服，广东东莞虎门的女装。在 39 个服装产业特色集群中，福建 8 个、江苏 8 个、浙江 6 个、广东 7 个、山东 2 个、河北 3 个、上海 1 个、安徽 1 个、江西 1 个、湖南 1 个、河南 1 个。近年来，服装产业集群面临转型升级，产业定位与结构整合正在发生变化。

二、皮革、毛皮、羽毛及其制品和制鞋业发展现状

中国皮革行业的主要内容涉及皮鞋、皮件、皮衣、毛皮、人工皮革和相关制品生产，同时还发展有关联的化工、五金、辅料和机械等配套行业，目前不仅形成了相对完整的产业链，并且行业上下游密切关联，依赖于市场激发，汇聚于富民、创汇以及就业等三个因素于一体。

分析表 3.3 和图 3.4 可知，到 2013 年年末，国内当前毛皮、皮革、羽毛和关联制品以及制鞋业相关企业已经超过 8000 家，其中亏损企业为 730 家，行业整体亏损比约 9.1%。

改革开放后，我国皮革行业历经数年积累及发展，如今早就变成了全球公认的生产皮革的主要国家。在发展过程中，我国皮革企业积极创设品牌、培育产业发展特色和专业重点市场，政府则积极引导促使产业逐步转移，促使公司更好地进行节能减排，强化标准检测积极接轨时代标准，带动企业突破并逐步发展。

表 3.3　2011—2013 年我国皮革、毛皮、羽毛及其制品和制鞋业效益变化分析

	2011 年	2012 年	2013 年
盈利能力			
销售毛利率	18.18%	15.03%	14.33%
销售利润率	6.94%	6.45%	6.55%
资产收益率	15.09%	15.02%	13.43%
偿债能力			
负债率	49.04%	48.18%	47.97%
亏损面	8.11%	9.05%	9.12%
利息保障倍数	11.81	9.78	10.81
营运能力			
应收账款周转率	11.97%	11.61%	11.84%
流动资产周转率	3.37%	3.21%	3.24%
发展能力			
应收账款增长率	15.84%	28.31%	10.42%
利润总额增长率	29.97%	15.54%	14.50%
资产增长率	16.37%	32.92%	11.81%
销售收入增长率	25.02%	24.44%	12.63%

数据来源：国家统计局 2012—2014 年中国工业统计年鉴，中商情报网，中国产业信息网

图 3.4　2004—2013 年中国皮革鞋靴行业产量统计

制鞋行业作为颇为典型的必须投入大量劳动的传统行业，主要生产皮鞋、胶鞋、布鞋以及化学/塑料鞋等四种产品。当社会发展科技进步的过程中，人们也越来越希望鞋的穿用品质效果达到更高水平，因此过去传统分类的原辅料、款式设计、功能装配和加工等都在

逐步借鉴、渗透，取长补短，同时也在冲击竞争。所以鞋制品的款式造型、用料、功能和结构等各方面都发生了巨变。

总览全国制鞋业可知，伴随部分区域内产业链逐步优化完善，发挥出了极大的集群效应优势，继而构成了下述特色突出的地区：一为广东基地，本地区的主要产品是中高档鞋；二为浙江基地，本地区的主要产品是中低档鞋；三为西部基地，本地区的主要产品是女鞋；四为福建基地，本地区的主要产品是运动鞋。我国制鞋业从最早的贴牌加工，逐步发展推出独创品牌；从前期的照搬照抄逐步发展形成自己的体系，全国制鞋业经过多年摸爬滚打已经逐步形成了具有自己突出特色的道路。全国制鞋公司的规模逐步扩展，塑造更多品牌，并且制造工艺也有很大改进。

近年，我国各年的鞋产量已经突破 100 亿双，在世界总量中占比约为 70%，也是全球当前规模最大的制造鞋产品的主要基地和出口鞋产品的国家。当世界经济逐步复苏的同时，2011 年，全国鞋类商品出口总值超过了 417 亿美元，与前一年对比增量超过 17%；2012 年，全国鞋类商品出口总值超过 468 亿美元，与前一年对比增量超过 12%；2013 年，全国鞋类商品出口总量超过 467 万吨，与前一年对比增量超过 2.2%，出口总值超过 507 亿美元，与前一年对比增量达到 8.4%。

我国制鞋业历经数年迅猛发展，如果继续凭借扩张数量和较低定价模式的发展，已经很难在世界市场内占据突出优势，在当前经济逐步转型的时代背景下，本行业未来必须向提升技术、改进品质方向发展。

皮革行业在近期以更大幅度调节结构，在某些区域内变得更加集中，规模较大企业已经超过 25 万家。中东部区域内温州（浙江）、海宁（浙江）、辛集（河北）、晋江（福建）、广州狮岭镇（广东）、桑柏（河南）、肃宁（河北）、青岛蓝村镇（山东）等地都出现了产业集群。较为著名的产业集群以海宁皮革产业集群为代表，其鲜明的特色使得规模效应明显，同时皮革加工出口工业园区的建设拉动了市场向外拓展，产业集群发展较为迅猛，2015 年，海宁皮革制造业企业超过 2500 家，从业人员超过 10 万人，其中规模以上企业超过 300 家，就业人员超过 4 万人，大众、蒙努、卡森、瑞星、圣尼等已成为国际知名品牌，成为全国最大的皮革和制革产品等的集散中心和产业基地，皮革产量超过全国产量的 1/3，皮衣制衣、制革、箱包皮具已经成为产业集群的代表性产品。

三、木材加工和木、竹、藤、棕、草制品业发展现状

木材作为可循环利用的环保型材料，与钢筋、水泥和塑料相比，其应用历史最为悠久，加工技术和产品种类也颇为丰富。就木材自身而言，其在重量、弹性等方面均展现出了得天独厚的优势。不同的木材品种质地不同，导致木材原生态材料具备天然的多样性，根据不同木材材质开展不同产品类型的制作，可以满足人们生产生活更加多样化的需求。目前，世界各地对木材的加工已经从初级产品的加工，如梁木、电杆、枕木、锯材等，向更加高端的木材产品加工转变，如现代建筑构件、家具、车辆、船舶等较为高端的木制品等。经

过长期发展，木材加工产业已经成为门类多样、产品丰富的工业体系。

中国是世界上最早开展木材加工、木制产品生产的国家之一。当前，中国也是世界上最大的木材加工、出口的国家，也是世界木材原材料的最大消费国。我国生产制造的木材产品在世界各国畅销多年。

近十几年来，我国木材产业规模逐步做大，产业聚集度也明显提升。越来越多的投资人开始进入这一行业。目前我国木材产业已经实现了三个战略性结构改革：一是木材原材料由以往的天然林采伐向人工林培育转型；二是由以往的粗放型单一规模发展模式向更加集约型复合发展模式升级；三是由以往国内资源开发向国际资源市场转变。

随着中国经济的快速发展，对木材及其制品的需求量也呈现快速增加趋势。21世纪，随着经济社会的快速发展，东亚各国将会成为新型经济发展中心。这一区域对木制品的需求增幅将会走入加速上行态势。

2013年，我国全年木材加工制品产业总值为5110.5亿元，比去年同期增幅两成以上，全年实现纯利润810亿元，增幅更是明显。2016年最新统计数据显示，当前我国木材加工企业数量已经超过9000余家。大多数木材加工企业运营态势良好，呈现营业收入与利润双增加态势，只有不到400家木材加工企业出现亏损现象，占比仅为3.89%。

从各种木材行业三费占比看，不同木材品种的三费占比有所不同。2013年，三废占所有木材营销收入的17%左右，比上年微幅增长。其中，销售费用与财务费用占比呈现明显下降态势。分析原因，就是随着行业竞争的不断加剧，未来占据有利市场地位，迫使木材加工企业不断加大自身营业费用的控制，以期获得更多盈利空间。

如表3.4所示，从木材行业盈利能力看。2013年，木材加工和木、竹、藤、棕、草制品的盈利能力比上年有所下降。但是，从过去5年木材盈利能力变动看，总体上盈利能力还是处于上升空间，不过有些年份有所反复而已。三费占比过去5年总体上呈现逐步下降趋势。因此，盈利能力在过去几年尽管增幅逐步下滑，但是三费占比处于下降态势，这在一定程度上保障了木材加工产业利润的增加。

表3.4　2011—2013年我国木材加工和木、竹、藤、棕、草制品业效益变化分析

	2011年	2012年	2013年
盈利能力			
销售毛利率	17.77%	14.80%	14.19%
销售利润率	6.48%	6.65%	6.74%
资产收益率	15.49%	19.08%	15.86%
偿债能力			
负债率	45.29%	44.14%	43.74%
亏损面	4.87%	5.05%	4.83%
利息保障倍数	10.75	10.21	11.03

续表

	2011 年	2012 年	2013 年
营运能力			
应收账款周转率	27.10%	26.00%	25.82%
流动资产周转率	5.07%	4.97%	4.95%
发展能力			
应收账款增长率	23.96%	20.27%	18.22%
利润总额增长率	45.87%	18.53%	19.03%
资产增长率	24.99%	14.54%	20.26%
销售收入增长率	37.36%	15.38%	17.41%

数据来源：国家统计局 2012—2014 年中国工业统计年鉴，中商情报网，中国产业信息网

中华人民共和国成立后，我国木材加工产业起于东北国有林业基地，东北地区的林业资源为产业集群的成长奠定了基础；我国木材加工产业在大规模国有集体经济下获得长足发展，初步建立了木材加工产业体系。改革开放以后珠三角地区的经济发展较为迅猛，木材加工产业集群开始在珠三角集聚并随着经济发展以及国内的需求增长开始向长三角、环渤海等区域拓展。但目前该区域产业集群还处于成长阶段，要素作用较小，完整产业链还有待整合。如山东木材加工企业已经在菏泽、临沂、聊城、德州等区域逐步形成了"林业生产—木材交易—木业加工—胶合板制造—家具制造"独居特色的完整链条，产业辐射与集聚效应较为明显，产业集群综合竞争力大幅度增强。

改革开放之后，我国木材加工产业由于产品低端化等问题，在国际市场上竞争力并不明显，出现一段短时期的停滞期。但是，我国很快渡过这一时期，加大木材深加工、新型木材制品的研发等，我国木材加工产业快速进入新一轮加速上升期。我国当前不但为国内外客户提供大量初级木材产品，同时也在木材高端产品市场占有较为可观的市场份额。同时，我国木材加工产业逐步形成规模化发展态势，形成了几个较为明显的木材产业集群带；一是东北木材产业集群带；二是长三角木材加工产业集群带；三是珠三角木材加工产业集群带；四是环渤海木材加工产业集群带；五是中西部木材加工产业集群带。

四、家具制造业发展现状

家居制造业作为传统行业，伴随着人们日益增长的物质文化需求也不断发展和革新。不同时期人们对家具消费的需求，导致不同时期家具制造业出现不同的发展态势。中国改革开放之后，家具制造业经过几轮的升级换代的改革，产业规模、产业质量、市场份额等获得长足发展。目前我国已经成为全球家具制造业中心。2006 年，我国家具制造业产值已经超过日美等发达国家跃居世界第一位。2016 年最新统计数据显示，我国家具产品贸易已

经超过世界市场的四分之一，尤其是在中端生活家具领域，中国产品更是以其物美价廉的强大优势占据一半以上的市场份额。如表 3.5 和图 3.5 所示，我国家具制造业 2013 年总资产已经达到 4039 亿元。国家统计局公布的行业数据显示，2013 年，我国规模以上家具制造业企业数量为 4716 家，盈利企业数量为 4203 家，总体盈利企业占比达 90% 左右。随着近几年我国电子商务的快速发展，电子商务已经成为推动家具销售的新型平台。互联网时代，广大的青年消费群体更加青睐互联网营销渠道，这为家具制造业开展网络化营销提供了市场消费基础。家具制造业依托强大的互联网信息营销平台，在产品宣传、营销和售后服务等方面已经建立了一套全新的互联网线上营销体系。未来随着我国居民收入的进一步增加，家居消费也由以往的中低端消费向高端家具消费领域转变。家具制造企业应当时刻把握市场变化的脉搏，开发更多适合新型消费群体的家具产品。同时，可以预见未来我国家具制造业的行业竞争将会更加白热化，行业集中度也会进一步提升，家具营销将会由以往的一二线城市为主逐步过渡到三线城市，甚至基层乡镇。当前正是我国家具制造业向三线城市等基层消费市场进军的最佳时期。

表 3.5　2011—2013 年我国家具制造业效益变化分析

	2011 年	2012 年	2013 年
盈利能力			
销售毛利率	19.07%	16.27%	15.95%
销售利润率	5.80%	6.34%	6.25%
资产收益率	10.09%	12.32%	10.00%
偿债能力			
负债率	52.29%	51.37%	50.39%
亏损面	9.87%	10.99%	10.88%
利息保障倍数	10.32	9.36	9.11
营运能力			
应收账款周转率	13.75%	13.69%	13.13%
流动资产周转率	3.01%	2.90%	2.80%
发展能力			
应收账款增长率	13.02%	9.42%	23.93%
利润总额增长率	32.20%	19.09%	17.18%
资产增长率	23.50%	14.35%	23.18%
销售收入增长率	25.71%	8.95%	18.82%

数据来源：国家统计局 2012—2014 中年国工业统计年鉴，中商情报网，中国产业信息网

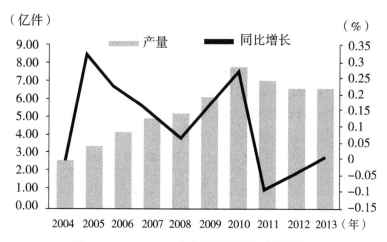

图3.5 2004—2013年中国家具行业产量统计

当前，我国家具产业集群日益发展壮大，逐渐形成规模，其中可以分为五大集群：珠三角家具产区、长三角家具产区、环渤海家具产区、东北家具产区、西部家具产区。上述五大家具产区汇集了全国九成以上的家具产能和七成以上的营销市场。我国当前已经取代美国成为当今世界第一大家具生产国，成为世界上家具生产和出口均占首位的国家。当然，近些年随着我国家具制造产业的快速发展，自身一些问题也不断出现，如中低端产品占比过大，行业总体利润水平低于发达国家，产品创新能力不足，产品同质化现象较为严重等。

珠三角家具产区、长三角家具产区、环渤海家具产区、东北家具产区这四个产业集群从南到北纵深分布，大型和知名品牌的家具企业较为集中，是我国家具产业集群出口产品的主要分布区域，而西部家具产区的产品则主要面向国内销售。五个产区中，广东与浙江是家具产业集群中品种最多、产量最大、产业链最全的产区省份。仅广东省的规模以上家具企业就接近5000家，从业人员超过200万人；特别在顺德地区乐从镇，已经成为家具研发、生产、销售、物流配送、售后的最大集散地，龙江则是家具配套产品的基地。而浙江则有家具企业超过3000家，从业人员超过50万人，在国内外家具市场影响力较大，较为知名的产业集群包括东阳木雕、萧山户外、温州板式家具、玉环古典家具、安吉转椅、绍兴床垫、义乌红木家具、宁波橱柜、海宁沙发、嘉善实木等。在长三角家具产区，由于经济较为发达，交通较为便利，制造业产业链较为完备，品牌知名度较高，因此家具出口数量较大。在环渤海家具产区中，以北京为核心辐射，天津、河北、山东作为依托，历史文化底蕴较为深厚，地理位置较为独特，家具产业集群发展较为成熟，其产品以内销为主，较为知名的产业集群包括武邑明清家具、香河家具等。东北家具产区以沈阳和大连为核心，以黑龙江为辐射区域，依靠产区木材资源和俄罗斯进口木材为基础开展生产活动，较为知名的产业集群包括沈阳实木、大连庄河、哈尔滨实木、伊春板式家具等。西部家具产区则以成都为核心，重点发展产业园区，以承接沿海发达地区产业转移为主。

五、文教、工美、体育和娱乐用品制造业发展现状

根据表 3.6 可知，2013 年我国国内文教、工美、体育和娱乐用品制造业总产值达到 5196 亿元，同比增长 11.81%；行业销售收入为 12037 亿元，与前一年相比同期增长率高达 23.92%；行业利润总额为 631 亿元，同比增长 25.81%。在多达 7000 余家的同类制造企业中，10% 左右的企业出现亏损经营的情况，形势不容乐观。

表 3.6　2011—2013 年我国文教、工美、体育和娱乐用品制造业效益变化分析

	2011 年	2012 年	2013 年
盈利能力			
销售毛利率	16.03%	12.57%	12.11%
销售利润率	4.91%	5.16%	5.24%
资产收益率	9.07%	13.58%	10.67%
偿债能力			
负债率	50.23%	52.71%	52.95%
亏损面	12.37%	10.00%	9.67%
利息保障倍数	11.00	8.95	9.04
营运能力			
应收账款周转率	12.10%	13.89%	12.55%
流动资产周转率	3.08%	3.19%	3.10%
发展能力			
应收账款增长率	7.06%	158.25%	37.12%
利润总额增长率	29.77%	212.09%	25.81%
资产增长率	14.53%	162.22%	27.30%
销售收入增长率	18.48%	196.59%	23.92%

数据来源：国家统计局 2012—2014 年中国工业统计年鉴，中商情报网，中国产业信息网

从三费占比看，文教、工美、体育和娱乐用品制造业的三费占比虽然呈现出了逐年下降态势，但与其他行业横向对比来看，其三费占比还是相对较高。不难发现，在该行业三费占比中，销售费用和财务费用占比下降较为明显。这也在一定程度上显示出该制造业在激烈的市场竞争下，加大自身成本控制，进行技术创新，以提升自身市场竞争内驱力的必要性和重要性。

从盈利能力看，文教、工美、体育和娱乐用品制造业盈利能力在 2013 年有所降低，但是从过去五年看，盈利能力处于曲折上行态势。因此，从表 3.6 中可以看出，总体盈利水平也呈现逐步上升态势。

伴随着我国制造业积极进行产业升级换代改革实践的落实和发展，国内已经逐步形成

六大文化创意产业集群：一是首都创意产业集群，主要是依托北京市强大政治、文化和经济优势，借助当地丰富的资源等形成了广播影视等行业优势。二是长三角文化创意产业集群，主要以上海为中心，辐射苏州、杭州和南京等周边大型城市，借助当地贸易中心地位，形成了工业设计产业集群。三是滇海文化创意产业集群，主要以昆明、丽江和三亚为中心，主要发展服装、影视等产业。四是珠三角文化创意产业集群，主要是依托当地卓越的影视、动漫等文化资源，形成集广告、摄影、动漫为一体的产业集群。五是中部文化创意产业集群，主要以湖南省为代表，在电视行业呈现出较强的领导力。六是川陕文化创意产业集群，依托于成都、西安、重庆等地特色，积极发展动漫、游戏产业。从上述我国六大文化创意产业集群可以看出，当前我国文化创意产业集群发展还处于初级阶段，主要以地域为主，还未能完全打破地域、行业和部门的限制。

六、橡胶制品和塑料制品业发展现状

（一）橡胶制品业现状

橡胶制品业，即用天然橡胶或者合成制品为原料制造多种橡胶产品的行业，一般而言也进行废橡胶回收及二次橡胶产品的制造（不含制造橡胶鞋）。根据《国民经济行业分类和代码表》（GB/T 4754—2011）标准，本行业下设子行业共计六个，分别为制造轮胎、橡胶板/带/管、橡胶零件、再生橡胶、医用或者日用橡胶产品和其他。本行业作为我国传统经济体系中十分关键的基础产业，目前已经被广泛用作采掘、建筑、轨道交通、航空、机械、军工和电子等诸多领域之中，目前已有很多终端橡胶制品被人们用在了日常文体、生活以及卫生医疗活动中。近年来，全国橡胶制品业已有很快发展，从市场表现看有相当旺盛的需求，产业结构稳定调整。

国家统计局数据表明，本行业在2013年的总营收就已经超过了2.7万亿元，与上年对比增量13.3%，总计利润超过1716亿元（增量18.3%）。2014年，本行业在中国的营收达到了2.96万亿元，与上年对比增量8.0%，总计利润超过1780亿元（增量2.8%）。2015年，行业在中国的营收达到了3.08亿元，与上年对比增量4.1%；总计利润超过1880亿元（增量4.6%）。

从图3.6分析可知，当前国内天然橡胶的市价已经基本接轨世界市场。随着世界经济逐渐复苏，从2009年开始，天然橡胶的市价就开始以极快速度提高，到2011年初时已经达到了4万元/吨水平，之后由于供应增多，需求增量却降低，因此市价逐步降低，到2015年底时已经跌至1万元/吨水平，总体趋势表现为下降势态。报告周期内，合成橡胶市价也同步降低。

从图3.7分析可知，橡胶定价在较长时间内单边下降，市场预期同步下行，所以导致生产企业获利水平受到影响。根据行业协会410多个涉及轮胎、胶管/带、胶鞋、炭黑、乳胶、橡胶模具、助剂、综合回收运用废橡胶、骨架原料等业务的企业会员提供数据分析可知，2015 年上述业务总营收达到了 2621 亿元，与上年对比降低 11.30%。去除骨架、助剂业务的重点企业（338 个）创利 125.97 亿元，与上年对比降低 16.99%。其中从事橡胶制品业务的重点企业（53 个）在 2015 年的营收总量超过了 233 亿元，与上年对比增量 4.59%，创利 22.79 亿元，与上年对比增量 2.87%。

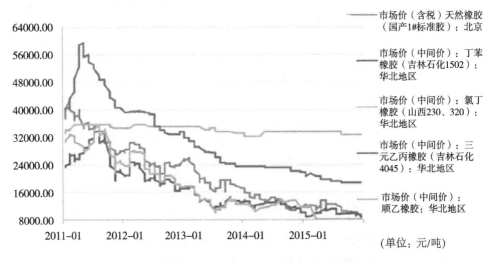

图 3.6　2011—2015 年我国橡胶价格走势图

数据来源：国家统计局 2012—2015 年中国工业统计年鉴，中商情报网，中国产业信息网

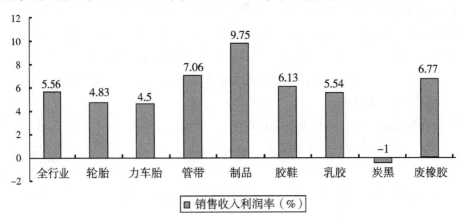

图 3.7　2015 年橡胶行业销售收入利润率

数据来源：国家统计局 2016 年中国工业统计年鉴，中商情报网，中国产业信息网

橡胶制品不仅能够有效绝缘，而且具备出众的弹性和可塑性，制品可有效隔绝水、气，耐磨、抗拉，所以被广泛用在了工农业、交通、国防、机械制造、运输以及卫生医药领域以及生活日常当中。将来随着行业发展提速推进，下游应用也会逐步拓宽并实现延伸。

因为橡胶制品通常具备突出弹性，因此此类制品被有效用于轨道交通行业中，尤其在轨道机车、工程等方面应用表现十分出众。在建设轨道工程过程中，使用此类制品能够显著提高轨道架构系统的弹性，降低结构动应力、缩小道床荷载以及应动力，促使轮轨互相影响作用导致的噪声、振动等显著减低。在车辆、机车上使用此类制品后也有极好效果。在全国当前轨道交通行业迅猛发展的同时，与之适配的橡胶制品需求同步增多，轨道工程使用的橡胶制品需求规模、覆盖领域以及整体市场也会显著扩张。

近年来，全国节能减排标准逐步提高，管控力度变大，环保表现颇佳的大型橡胶制品公司因此极有可能占领更多市场。环保标准逐步提升，执行力增强，都会促使企业更好的发展，行业更快整合。

将来，橡胶制品行业还会逐步转向大型化、一体化以及基地化发展。在此类制品消费相对集中的地区内，行业企业着力于扩张，合理研发推进新项目，同时企业以重组、兼并等方法实现产能的淘汰和更新，适度提高产能，优化整体布局。在产能过剩的地区内，行业数量和规模扩张必然深受限制，部分落后企业将逐步被淘汰。在产销基本均衡的地区内，市场还会逐步促使产业升级和结构调整，此时技术能更好更快地更新。

目前，全国橡胶制品业中少数企业并不具备突出的品牌意识。将来，行业还会逐步发展产业链，导入国外经验和技术，全面进行自主创新，使产品品质逐步提高。行业还会逐步向品种和功能多元化、性能更优、安全、节能和环保方向发展，业内公司还会把附加值更高的制品着力培育成国内特有品牌，塑造较好品牌形象。

从地区分布分析，橡胶产业已经广泛分布于全国多个地区，产业规模已经达到了很高水平。具体剖析见下。

第一，华南地区。作为全国生产天然橡胶的主要地区，其中海南、福建、广东和广西多省内在特定地区范围都已经有固定的种植天然橡胶的区域。其中，海南省内种植量最多，产量在全国产量内占比达到了50%，另外三省受到气候限制，只能在较小地区范畴内种植橡胶。海南省着力种植天然橡胶，并以此为基础，逐步延展种苗研发培育、不同层次的加工制造、市场营销、销售、运输等多个相关环节打造更宽、更完善的产业链。广东省是我国生产橡胶制品的主要地区，该省主要生产轮胎和合成橡胶。从产值分析，轮胎产值在全国占比达到70%，合成橡胶产值在全国排名前三。福建省是我国生产自行车或摩托车轮胎、胶鞋的主要地区，从产值看，胶鞋产值在全国占比达到了26%，自行车和摩托车用轮胎产值在全国占比分别为20%和35%。广西壮族自治区也有很多生产橡胶的企业，其中"桂林国家特种轮胎及装备制造高新技术产业化基地"得到了国家科技部认证（全国共有22个）。

第二，西南地区。由于全国西部大开发逐步推进，中外有许多橡胶企业纷纷进入云贵川三省和重庆市，本地区也逐步变成全国橡胶工业生产制造的重要基地。在全国生产橡胶的多省市内，云南目前已经是第二大基地，其基于天然橡胶种植逐步研发初级橡胶制品，建设了大量制胶厂。贵州省主要生产橡胶轮胎，目前已经是全国规模最大的生产、出口机械轮胎的地区，该省的贵州轮胎股份有限公司，近年来在世界轮胎制造生产企业中排名28位。四川省是国内著名的研发制造子午线轮胎的重要基地，的海大橡胶集团有限公司在世界排名63位（2012年）。重庆市是全国生产轮胎外胎的主要产地，此类产品产量在全国排名达到前五位，目前是双钱和韩泰等世界知名橡胶企业主要的产业转移目标基地。

第三，长三角地区。本区域作为全国当前经济发展最为突出的区域，橡胶产业在全国范畴内在全球同样领先。上海市为国内生产轮胎的主要基地，国内企业上海双钱集团在全球排名为 21 位，此外，大陆集团、米其林、普利司通轮胎、东洋轮胎、锦湖轮胎以及朗盛化学等世界知名橡胶企业纷纷进入上海建厂。江苏省目前是我国主要橡胶产业区，全省生产的轮胎外胎总量在全国产量中占比为 12%，全国排名第二。该省口岸也是我国出口轮胎的一个关键口岸，轮胎从这里进入欧、美、日、韩、俄、非以及中东等超过 170 个区域和国家。浙江省是我国具备极强橡胶产能实力的大省，生产的轮胎外胎总量在全国产量中占比仅为 11.5%，在全国排名第三，该省制造出的轮胎中有 40% 销售到外国，该省杭州中策橡胶有限公司目前已经成为我国生产轮胎企业中规模最大的企业，在全球排名进入前 10，而且该省同时是全国制造胶鞋和车用橡胶制品的重要基地。

第四，环渤海地区。在北方，这一区域的经济发展最为突出，因为有坚实的工业基础，所以区域内的橡胶产业得到了较强保障。天津市相关企业主要生产轮胎及合成橡胶制品，天津国际联合轮胎橡胶有限公司是我国当前唯一的专门制造工程专用以及特种轮胎的公司，在世界排名 73；河北省是全国规模最大的制造生产工程橡胶制品的地区，本省主要生产防水、排水材料，桥梁用伸缩装置，支座机和橡胶坝等制品（在全国市占率达到 60%）。该省的"中国（衡水）工程橡胶产业制造基地"是当前国内唯一用"工程橡胶"命名的基地；辽宁省相关企业主要生产橡塑机械和轮胎，其中轮胎主要有特种轮胎，载重子午胎，适配航空用新机型、运钞车和战车的安全轮胎，该省同时还是全国范围内生产橡塑机械的重要地区；目前山东省是全国在橡胶制造方面最具实力的省份，该省开展本产业中多个子行业相关业务的企业在本省以及全国排名均在前列，其中轮胎制造业的业绩最为突出。该省生产的全部轮胎总量在全国排名第一，在国内产量总值中占比超过了 40%，该省制品远销至上百地区和国家，在世界排名中有 11 家进入前 75 名（全国共有 26 家企业上榜）。

总体而言，国内各大地区都依赖于产业基础、自然资源以及外商投资等诸多因素，促使本地橡胶产业发展。不同地区的橡胶产业主要基于其中部分细分产业，成功发展了产业链相关的其他行业，使得整个橡胶产业都显著扩张，实力逐步增强。

（二）塑料制品业发展现状

塑料，即以高分子合成树脂为主体，适量增加填料及添加剂，经过加工处理后成型或固化制成的材料。塑料行业作为新兴工业大概从 20 世纪才逐步发展起来，至今方有百年。1907 年，作为"塑料之父"的列奥·亨德里克·贝克兰（美籍比利时人）主要用煤焦油制成了首个完全由人工合成的酚醛塑料，自此人类社会才步入塑料新时代。塑料从其问世到现在发展速度极快，尤其在两次世界大战时，战争也激发了合成树脂需求，促使高分子材料和石油化工研究快速突进，PS、PVC、PA 等热塑性塑料先后出现，塑料运用渗透到更宽泛的空间内，相关制品发展速度更快，步入了新的阶段。塑料质轻、廉价、不腐、绝缘、不锈等突出优势，很快取代了木材、金属、水泥等传统材料，塑料的总体产量早在 1955 年前后就超越了铝金属。而当纳塔和齐格勒在 1963 年发明聚烯烃之后，PP 等如今已经产量占比极大的聚烯烃塑料先后问世，塑料产量很快超越铜金属以及锌金属，在 1975 年前后，塑料产量与水泥、木材的产量基本持平，而到 1983 年前后就已经超越了钢铁这一工业代表材料。仅仅百年时间，塑料工业就已经成为足以比肩水泥、钢铁及木材的基础材料产业，而且从应用范围分析，甚至超越了上述三种传统材料。如今，塑料已经全面融入人类日常生活，从水杯到保鲜盒、脸盆、椅凳，甚至汽车、冰箱、电视、洗衣机，乃至飞机、船泊等都用上了塑料材料。

由图 3.8 分析可知，从中华人民共和国成立之后，我国塑料工业才发展起来，并且从改革开放之后才实现了快速扩张。"十一五"时期塑料制品各年产量增长比达到了 20.1%，各年产值增长比也超过了 20 %。2015 年时全国塑料加工业产量总值已经超过 7500 万吨，早就变成了全国轻工业领域中规模最大的行业。并且，中国也成功超越美国成为全球规模最大的生产塑料制品的主要国家，并且是消费此类制品的主要国家。

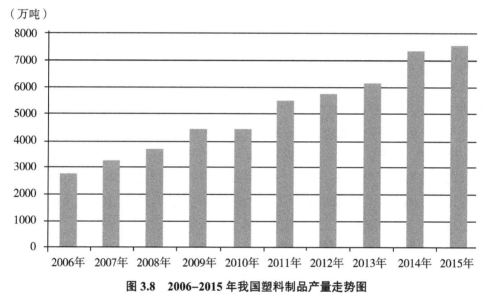

（万吨）

图 3.8　2006-2015 年我国塑料制品产量走势图

数据来源：国家统计局 2007—2016 年中国工业统计年鉴，中商情报网，中国产业信息网

塑料日用制品也是塑料制品业的关键分支，此类制品与人类日常生活有密切关系。此类制品的花色很多，使用起来便捷、舒适、卫生，所以在家居用品领域广泛取代了不锈钢、陶瓷、木材及竹材等多种不同材料。

由于我国经济近年来发展迅速，国人生活水平显著提升，家居日用品的需求规模逐步扩张，品质要求同步提高，在基本满足功用需求基础上，人们还提出了需求。此类用品因为其性能优越，性价比很高，所以很快变成了人们日常使用最为广泛的一类产品。特别是近 10 年，全国整体城镇化更快推进，显著激发了国内塑料用品在家居方面的需求，促使全国当前日用塑料制品的产业化更快更有效地发展。国内日用塑料制品各年产量突飞猛进地增长，在 2015 年就已经达到了 592.66 万吨，与 2006 年（195.53 万吨）相比，年度增长比达到了 13.11%。

随着人们生活全面改善，国民对家居环境的追求逐步从物质层提高到了精神层。相对于家居类制品，除对其功能有实用要求之外，人们针对材料提出了环保健康的新要求，在精神层面还提出了器型和色彩的要求，更加强调美感和家居的协调性。新的消费理念及趋势还将逐步推进日用塑料制品行业进一步分化，使得优势企业更有竞争力，产业能够更有效汇集，并形成较高集中度。

近年来，我国塑料产业集群发展十分蓬勃，产业逐步调整，并实现了有效发展，行业因此具备极强集成和自主创新的实力，产业体系逐步发展出了中国特色并越来越系统化。目前，此行业已经成为中国适应世界经济一体化趋势，投身世界竞争，加强发展协作的关键力量。各省市区都相当关注塑料产业集群的建设与发展，基于地区特殊优势，弘扬发展本地品牌，促使本地于此行业相关的多种行业水平都得到提升。考虑到本地自然条件和资源有突出差别，工业企业布局、制品品种、企业类型都各有差异，如今已经形成了数个不同种类的品牌。第一，生产基地型。当前塑料制品业已经遍布全国，其中边远区域的自然环境、条件、运输、交通、历史文化等因素都存在差异，塑料产业未能均衡分布，此类集群内颇具特色的集群主要集中于沿海区域，中西部不多。近年受到国家宏观政策引导，产业集群逐步增多。第二，市场带动型。从 1980 年开始，由于此产业群加速汇聚形成，市场中塑料原辅料需求逐步扩增，地域性原料变得更加集中，其中业务还涉及再生塑料的购入、加工及销售。上述区域和周边地区均有完善产业链，产业群显著汇聚促使塑料原料贸易更快发展。换言之，由于原料贸易显著提升，所以塑料加工企业成本得以显著降低，塑料制品企业因此能够更好更快发展。第三，大企业引领型。全国当前从事塑料制品业务的主要为小企业，在全部企业（超过 9500 个）中中型企业的（营收超过 2000 万元）只有一万余家，大企业不多，其中更是少见有营收达到数十亿元甚至数百亿元的公司，但是恰恰这几个为数不多的大企业对此产业集群起到了重要的引导作用，使得多地塑料产业和关联产业发生了极大改变。第四，中小企业集中型。由于本行业内企业都不大，主要借助于集群内协作来克服企业规模小、产量小、实力弱、研发能力差的负面条件，从客观层面强化多方面协作，紧密联系专业、服务供应商，继而构建适合其社会化分工体系的生产模式，各自发挥作用，寻求生存、实现发展并逐步壮大起来。

七、金属制品业发展现状

金属制品行业主要涉及制造结构性金属制品、工具、集装箱和容器、包装、不锈钢和日用制品等多项业务内容。社会整体进步，科技逐步发展，金属制品也更加广泛应用于工业、农业和人类生活日常中更多领域中，还将给社会带来更多更突出的价值。

我国目前制造的金属产品很多，不过我国还并不是金属制品制造强国，如果要想成为金属制品制造强国，就必须正视我国本行业当前水平和全球先进水平之间差距。譬如，线材制品中级产品和低级产品在所有产品中比重较高。虽说全国应用推广的 HRB400 钢筋已有突出成绩，不过当前应用在钢筋总量中占比仅约为1/3，不过外国当前已经开始广泛应用460 Mpa、500 Mpa钢筋。我国当前线材深加工占比尚未达到30%，然而发达国家的占比已经达到60%，甚至80%。当前国内占比较高的线材制品并没有较高技术含量，譬如在矿山救生过程中使用的结构钢材，适应深海环境的冶锻线材，强度大的优质弹簧钢丝等附加值可以达到较高水平的线材制品依然依赖于进口。

整体分析可知，我国线材品质和发达国家对比仍存在差距。近年来，专门生产建材的高速生产线中大部分导入了减定径机组以便对尺寸、大小、精度进行有效控制，而在高线企业内精度水平达到较高水平极少。部分企业内甚至尚未装配自动检测系统，或者虽然安装有自动检测系统但是准度不够，所以制造的产品精度不够精准；部分企业产出产品内夹杂有非金属物并且未能被有效控制，所以产品不够纯净；部分企业还不具备较强偏析研究能力（针对高速线材）。而且从产品表面质量分析，脱碳层相对较厚，和外国制品比较仍有一些差距；化学成分多并且复杂交叉，可能有很多有害成分，企业控制能力较差；生产控制系统还并不完善，由于管理、流程、规范、操作不够稳定，所以制品品质也不稳定。与之对应，线材品质存在差异，致使深加工所得制品品质存在差距。

"十二五"时期，我国时期金属制品市场有极大潜力。金属制品行业本身涉及面极广，其中不锈钢制品是最重要构成。人类生活日常使用的不锈钢日用品逐步增多。譬如餐具有不锈钢刀、叉、勺以及各种器皿，厨房使用的不锈钢制品有调理台、洗涤台面、储物柜、排烟罩等都使用了不锈钢制品，家用不锈钢制品涉及水槽、橱柜、吸油烟机、燃气具等，日用不锈钢制品则有剃须刀、指甲钳及刀剪等。

2013年，我国金属制品业资产多达2.139万亿元，同比增量达到14.4%；全行业营收总值为3.284万亿元，与2012年同比增量为14.2%；全行业获利总计超过1878亿元，同比增量达到15.6%。根据国家统计局提供的数据分析可知，到2013年年末时，全国金属制品行业有18934家企业，其中亏损企业有1990家，亏损率约为10.51%。

全国金属制品行业基本汇聚于沿海，如浙江、广东、江苏、山东等区域，同时在湖南、河北也有部分产业集群分布。根据产业集群的发展路径，金属制品产业集群可以分为以下几种类型：一是历史延续型。较为典型的如可追溯到1488年的衡水安平丝网产业集群，还有永康五金产业集群、水口龙头产业集群等。二是市场引导型。作为劳动密集型产业集群的代表，金属制品行业门槛较低，家庭工厂可以2～3人组成进行生产，从而逐步形成金属制品的专业乡镇，同时形成全产业链的集群，也能够推动品牌的出现。金属制品产业集群发展到今天，由于企业数量较多，产能过剩，要素稀缺往往造成集群内部的激烈而残酷的冲突，企业的竞争力下降导致集群衰落，为此应不断推动金属制品产业集群的升级与创新，从而化解金属制品产业集群的内在矛盾。

第四章　分工与分工演化促进劳动密集型产业集群升级的理论框架

改革开放以来，纺织、服装、家电制造等劳动密集型产业集群在中国各地遍地开花并迅速发展壮大，在推动了中国经济腾飞的同时，也让中国获得了"世界工厂"的美誉。然而，快速发展表面下的中国劳动密集型产业集群，内在的大都是低成本竞争模式，在经济全球化发展的今天，处在全球价值链的低端。在当前中国经济新常态下，中国劳动密集型产业集群要进一步发展，就迫切需要在产业层面破除长期以来发达国家跨国公司技术封锁、高端压制所造成的"低端锁定"，从全球价值链的低端向中高端升级。分工与分工演化，伴随着人类社会生产力发展的始终，它们是产业与产业集群形成与发展的根本原因。从分工与分工演化的视角，考察劳动密集型产业集群的升级机理，探讨促进劳动密集型产业集群的战略措施，这是破除劳动密集型产业集群"低端锁定"的崭新思路与有效途径。本章从三个步骤构成分工与分工演化促进劳动密集型产业集群升级的理论框架：首先阐明劳动密集型产业与劳动密集型产业集群的概念与特征，其次分析产业集群升级的一般模式与影响因素，最后在分工与分工演化视角下探析劳动密集型产业集群升级的动力与机理。

第一节　产业集群升级的一般模式与影响因素

劳动密集型产业集群本质上是一类产业集群，其升级首先具有应符合一般产业集群升级的规律。下文将对产业集群升级的一般模式与影响因素进行分析。

一、产业升级与产业集群升级

（一）产业升级的概念

何谓产业升级？作为产业经济学的一个传统研究热点，国内外许多学者对此进行了不同回答。笔者梳理了国内外关于产业升级的研究文献，认为产业升级至少应包括三个层面的意思，一是产业结构调整与优化；二是产业链升级；三是产业集群升级。

1. 产业结构调整与优化

人们最初是着眼于三次产业结构，将产业结构调整与优化理解为产业升级。早在17世纪，英国经济学家威廉·配第（William Petty）就已经关注到，商业、制造业与农业的收入情况存在着明显的差距，从高到低分别是商业、制造业与农业，这种情况决定了劳动力在商业、制造业与农业的流动。1940年，英国经济学家柯林·克拉克（Colin Clark）在新西兰经济学家费歇尔（Fisher）"三次产业分类法"的基础上，提出了著名的"配第－克拉克"定理，揭示了现代产业结构发展演变规律。"配第－克拉克"定理的提出，引发了人们从产业结构调整与优化的角度来研究产业升级的热潮，代表性的研究包括刘易斯的二元结构转变理论、赫希曼的不平衡增长理论、罗斯托的主导部门理论和赤松要的雁行发展模型等。在产业升级影响因素的研究方面，众多学者也集中在技术进步、外商直接投资、资源禀赋及其流动，以及制度安排等引起产业结构调整的重要因素上来。

在国内，学术界最初就是从"产业结构调整"的方向对"产业升级"进行探讨，根据关注的内容不同，可将其分为两个阶段：一是在改革开放初期，经济结构失衡成为当时国内的重要经济问题，从而人们对于产业升级的思考也大都集中在如何合理安排"农、轻、重"比例解决经济结构失衡问题。杨坚白、李学曾（1980）认为，应坚持以"农、轻、重"为序解决经济结构失衡；李江帆（1985）认为，要解决经济结构失衡，不仅要关注"农、轻、重"的比例，还要综合协调与满足服务消费部门的供给与需求。总体看来，这一阶段人们对于产业结构调整的重点，主要集中在"农、轻、重"的比例协调与优化方面。二是进入21世纪以后，由于服务业与劳动密集型产业的迅速发展，国内对产业结构调整的关注转移到三次产业内部结构的调整与优化。洪银兴（2001）关注了加入WTO对中国产业结构调整的促进作用：农业发展打破了传统自给自足式均衡；制造业内部形成了行业内贸易现象与高科技化趋势；服务业则冲破了国家垄断与市场准入机制。李江帆（2003）研究了产业结构高级化的表现，认为其不仅是第三产业所占国民经济比例的提高，而且还应包括第三产业内部的第一层次所占比例下降与第二层次所占比例上升。王德文（2004）认为，中国工业结构的优化体现在经工业与劳动密集型产业的发展。

2. 价值链升级

20世纪80年代，新产业组织理论兴起。在该理论中，产业链被视为将供应商、制造商、分销商与消费者联结在一起的系统。在此基础上，价值链、供应链与生产链等概念先后被提出来。其中，价值链概念最早由美国经济学家迈克尔·波特在研究企业竞争活动时提出，他认为，在每个产业中，其设计、生产、销售、货物交付与各种辅助活动的实际完成载体就是企业，而上述各项活动就是一个个价值增值环节，如果将这些活动相连，就会形成该产业的价值链如图4.1所示。

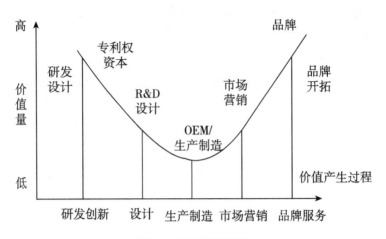

图 4.1　价值链示意图

1999 年，格里菲（Gereffi）创建了全球价值链理论，并从全球价值链的角度，认为"产业升级就是推进产业从全球价值链的低技术水平与低附加值位置转向高技术水平与高附加值位置"，并提出了生产者驱动型与购买者驱动型这两种价值链升级模式，这被视为从价值链升级角度探寻产业升级的开始。

之后，汉弗莱（Humplrey，2002）等人在全球价值链理论的基础上，进一步阐述了全球价值链升级的四种重要方式，即工艺升级、产品升级、功能升级与价值链升级。

格里菲与汉弗莱的研究，极大地促进了全球学者从全球价值链的角度对产业升级进行研究。在中国，张耀辉（2002）通过研究后认为，"产业升级，不完全是三次理论下的一个派生概念范畴，其真正含义是促进低附加值产业被高附加值所代替的这样一个过程"。冯艳丽（2009）也从价值链的角度，认为产业升级就是"在同一价值链中各价值链环节之间以及不同价值链之间相互作用而形成的一种复杂的、动态的结果"。进一步，冯艳丽还指出了"一国产业升级，就是该国产业沿着全球价值链从低附加值环节向高附加值环节不断攀升的过程"。围绕价值链与全球价值链升级的影响因素，知识、技术、人才、国际贸易及竞争对手阻力等被认为是重要影响因素。要在经济全球化下促进产业升级，要"积极融入全球价值链，并在融入的过程中构建国家价值链，实现全球价值链与国家价值链协调发展。"

3. 产业集群升级

早在 20 世纪 70 年代，经济发展的地理集聚现象就吸引了人们的关注，形成新产业区理论。新产业区理论认为，产业区的发展，很大程度上归因于该产业区内企业研发机构、大学与创新机构等组成的区域创新网络，当产业区从低成本竞争优势转向创新能力提升，其实质上就实现了产业区升级；而产业区升级，也就是区域创新网络升级。进入 20 世纪 90 年代以后，迈克尔·波特用"产业集群"描述这种经济发展的地理集聚现象逐渐获得了国际的普遍认可，从产业集群升级的角度探讨产业升级的研究也逐渐增多，从而产业升级的内涵相应扩展到产业集群升级，具体下文将做专门论述，此处不再赘述。

综上所述，产业升级指一国产业结构在经济发展的历史和逻辑序列演进过程中所发生的产业结构调整、产业链与产业集群等方面的提升与优化等，通常又称为产业的高度化，它是资源在各产业之间以及相同产业不同部门之间和不同产品之间流动的结果。

（二）产业集群升级的概念

产业集群升级的研究始于20世纪末。产业集群升级的概念最早由格里菲（Gereffi，1999）提出，他从全球价值链的角度，将产业集群升级描述为，集群内企业以获取更多附加值为目的，从价值链低端的制造环节向高端的研发、设计以及品牌推广等环节迈进的过程。他提出每条价值链上都有一个主导者，在它的带领下产业集群按照以下四个阶段进行升级：工艺流程升级、产品升级、功能升级、链的升级。这个过程可以从最低端的组装开始，先后经过委托加工、自主设计和加工、全球物流和自有品牌生产等层级，逐步向全球价值链的最高端跨进，是全球价值链范围内产业集群获得附加值能力的提升。拉斐尔与迈克（Raphael & Mike，2000）在此基础上，和将产业集群升级定义为创造更好的产品、更高效的生产产品，继而将升级具体定义为产品升级、功能升级、工艺流程升级和链条升级四个方面。

随着对产业集群研究的深入，越来越多的国内学者将其升级内涵进行扩充。张辉（2005）提出，全球价值链的动力机制为买方市场，它决定产业集群按照从工艺流程到产品再到功能最后到链条转换的升级轨迹。曹群（2006）认为，产业集群的发展是由内外生长因素共同推动的，通过各类创新活动，产业集群升级使整个集群处于全球价值链高端环节，从而获得高附加值。梅丽霞等（2006）将产业集群升级的含义概括为技术能力、外向关联、创新系统、社会资本等四方面的升级，它是一种动态演化过程，在全球价值链上的表现即获取附加能力的提升，是产业集群从低附加值向高附加值环节升级的过程。

综合国内外对产业集群升级的研究成果，本书认为，所谓产业集群升级，即产业集群从低级阶段到高级阶段的一个动态演化过程，这种动态演化过程往往表现为三个方面：第一，从原因来看，是产业集群从低技术水平向高技术水平的动态演化；第二，从成果来看，是产业集群与之前相比，能够提供更好、更有效的产品或服务；第三，从结果来看，是产业集群从之前获得低附加值向升级后获得高附加值转变。

（三）产业集群升级与产业升级的联系与区别

一方面，从产业层面实现的产业集群升级，是产业升级的一种表现形式，产业集群升级与产业升级的联系无疑是非常紧密的，可归纳为以下两个方面：

1.产业集群升级往往就是产业升级的一项构成内容

产业集群从低级阶段发展到高级阶段，这既是产业升级的内在要求，往往也伴随着产业结构调整与产业链升级，因此从这个角度来讲，实现产业集群升级，也就实现了产业升级。

2.产业链升级既是产业升级的一种表现形式,又是产业集群升级的一项构成内容

产业升级至少包涵产业结构调整、产业链升级与产业集群升级,因此产业链升级是产业升级的一种表现形式;同时,技术升级、产品升级、功能升级和价值链间升级等产业升级内容,也是产业集群升级的表现形式与构成内容。从而,产业升级与产业集群升级有了共同的构成内容——产业链升级。

另一方面,产业集群升级与产业升级也具有一些区别,可归纳为以下两个方面。

(1)产业集群升级更强调地理范围

产业集群超越了一般产业范围,形成特定地理范围内多个产业相互融合、众多类型机构相互联结的共生体,构成这一区域特色的竞争优势。产业集群发展状况已经成为考察一个经济体,或其中某个区域和地区发展水平的重要指标。

(2)产业集群升级还考察微观层面的企业升级

除了产业层面的升级外,还考察了微观层面的企业升级,指的是企业实现流程升级、产品升级、功能升级和部门间升级,也就是企业工艺技术改进,产品质量和附加值提升,企业制造、创新、市场拓展能力全面提升,或企业转向更高附加值的产业。

二、产业集群升级的一般模式

从拟人化的角度,产业集群升级为产业集群的一种行为。而行为模式是从大量实际行为中概括出来作为行为的理论抽象、基本框架或标准,因此产业集群升级模式指的是从大量产业集群升级案例中概括出来的产业集群升级的一般抽象方式或基本框架。

(一)基于区域创新系统的产业集群升级模式

众多研究表明,产业集群的一项重要竞争优势,来自于其所形成创新效应。以系统的视角来看产业集群的创新活动,一个地方产业集群,其实质上又是一个特殊的区域创新系统(RIS,Regional Innovation System)。区域创新系统作为区域经济学的一个重要概念范畴,一般指的是基于特定的背景与条件,在特定的某个经济区域,各类与创新活动相关联的主体要素与非主体要素(包括创新活动所需的各类条件)以及创新协调机制所构成的系统。产业集群活动和区域创新系统紧密联系,必段在区域创新系统的视角下考察产业集群的升级。

1.产业集群与区域创新系统的紧密联系性

产业集群是众多从事相同或同类经济活动的企业及其相关与支撑机构在特定区域的集聚,它们之间存在着既相互竞争又彼此合作的复杂网络关系,它们的创新活动和区域创新系统存在着天然的紧密联系。具体说来,产业集群与区域创新系统的联系主要体现在以下四方面。

(1)地域相关联

在国内,行政区域的设置往往与自然的地理区域或经济区域相统一,因此,一般意义

上所讲的区域创新系统往往是指的是行政区域层面的省级或县域创新系统。而经济活动具有区域性，这已为无数历史所证明。产业集群的形成，既是经济活动区域性的结果，反过来又说明了产业集群往往处于特定的经济区域，处于特定的某个省域或某个县域。因此，产业集群的创新活动及与创新活动相关联的创新网络，既作为省域或县域创新系统的一部分，同时，又作为一个独立的部分，与省域或县域创新系统紧密关联。

（2）结构相关联

从创新主体的构成单元来看，产业集群与区域创新系统存在着很强的关联性。作为区域创新系统中的高等院校、重点实验室、企业创新中心、技术研发中心等创新主体机构，如果位于产业集群的地理区域，则往往又同时成为产业集群的构成成员。相互学习、共享创新成果、寻求创新的外部经济性，促成区域创新系统的部分成员成为产业集群的构成成员，这是产业集群形成的一个重要原因，也直接促成了产业集群与区域创新系统的结构相关联。

（3）功能相关联

从产业集群与区域创新系统促进创新的功能来看，前者通过建立产业集群协作创新网络，通过共同学习、协作创新及共享创新成果，促进创新成果在集群内扩散与共享；后者通过区域创新系统的创新机制，促进本区域知识生产、技术创新与扩散。两者具有极其相似的知识生产与技术创新的功能。

（4）目标相关联

从产业集群与区域创新系统的目标来看，前者的发展目标是降低成本、共享资源、提高生产效率等，促进产业集群区域经济增长，最终提高区域竞争力；后者的发展目标是促进区域创新成果的形成、扩散与转化应用，提高区域创新能力。而区域创新能力是区域竞争力的一项重要组成部分，可见，产业集群与区域创新系统的目标是存在紧密联系的。

2.区域创新系统视角下产业集群升级模式：产业集群技术与创新能力提升

产业集群技术与创新能力是指个人、团体、产品与结构等方面在产品生产与知识更新的过程中所表现出来的总体能力，其来源于产业集群的各个成员。产业集群技术与创新能力升级表现为产业集群在生产能力和自主研发水平上的推陈出新，以及不断强化对自主知识产权的培育，成为不断创新与自觉创新的网络系统。

通过产业链企业与服务、研发等相关支撑机构集聚，产业集群具备强大学习效应为代表的诸多竞争优势，相比传统单个企业独自发展模式，产业集群的专业化程度高、创新能力强大、资源共享优势明显，能够有效地提高产业集群生产效率，对经济增长产生强大的促进作用。其中，就产业集群对区域创新的作用来看，产业集群既可作为与区域创新系统相平行的一个独立概念范畴，促进区域创新能力的提高；同时，产业集群的创新主体又是区域创新系统的重要组成部分，从该种意义上来讲可以说是次一级的区域创新系统。毫无疑问，作为现代经济的一种重要发展方式，产业集群创新已经成为一项重要的创新方式，产业集群的创新发展，已成为区域创新系统的关键问题。反过来讲，产业集群的升级往往又是从区域创新系统的优化与完善开始的，通过区域创新系统的优化与完善，提升区域创新能力，带动产业集群的创新能力提升，从而实现产业集群的发展升级。

从完善区域创新系统的视角来看，就要着力促进产业集群技术与创新能力提升；而通过优化与完善区域创新系统，促进产业集群技术与创新能力的提升，成为产业集群升级的一种典型模式。

（二）嵌入全球价值链的产业集群升级模式

在经济全球化背景下，地方产业集群竞争力的提升需要与全球价值链上行为主体互动实现升级。全球价值链中的地方产业集群升级，往往表现为地方产业集群在全球价值链中从价值链上的低端环节向高端环节向上攀升，这是地方产业集群与全球其他经济行为体在同一产业价值链中与不同的产业价值链之间相互作用的一个动态过程。汉弗莱与施密茨（Humphrey & Schmitz，2000）在嵌入全球价值链的视角下考察地方产业集群升级，将地方产业集群升级模式分为四类，分别是工艺升级、产品升级、功能升级和链条升级。

1. 工艺流程升级（Process Upgrading）

工艺流程升级，是指产业集群在其发展过程中，通过对其产品生产加工工艺进行流程再造或采用新技术，促进工艺流程优化，进而提升产业集群所占据的产业价值链中该环节的生产加工效益，实现超越竞争对手的目的。一般而言，产业集群处在全球价值链低端时，通常将低生产成本、低运输成本与实现规模经济等作为其目标竞争优势。对于这样的产业集群，一般就可以通过生产工艺流程再造、运输体系重构等途径，提升其所在价值链某环节生产效益，促进其发展升级。

2. 产品升级（Product Upgrading）

产品升级，是指产业集群在其发展过程中，通过引进新的产品，或者改善现有产品的品种、提升现有产品的档次以及不断推出产品的新款式、新功能，从而抢占产品竞争市场，实现超越竞争对手的目的。通过产品升级，产业集群将推进其产品品种的丰富、产品品牌的建立与发展壮大，以及产品市场占有率的不断提高，从而在价值链上得以向高端环节攀升。

3. 功能升级（Functional Upgrading）

功能升级，是指产业集群在其发展过程中，通过重新组合或者改变自身在全球价值链中所处环节，实现自身从价值链低端的生产环节向设计、研发与品牌营销等价值链高端环节转移的过程。一般而言，产业集群功能升级发生在产品升级之后。完成产品升级后，产业集群通常重新定位自身在全球价值链位置，结合自身优势与发展战略，组合自身价值链环节，一般策略是摒弃或外包低价值环节，弱化或分拆非核心业务，专注自身价值链的优势环节与战略性环节，从而推动自身从全球价值链低端环节向高端环节攀升。

4. 链条升级（Inter-sectoral Upgrading）

链条升级，是指产业集群在其发展过程中，从一条产业价值链向另一条产业价值链的跨越，这种转换一般都来源于突破性创新（Breakthrough Innovation）。例如，台湾电子制造业产业集群从最初生产半导体收音机，之后依次转向生产计算器、电视机、电脑监视器、笔记本电脑，后又转向生产WAP手机的过程。可以看出，当产业集群发生这种升级模式以后，集群的主导企业发生了转型，产业集群的性质也相将相应转型。

三、产业集群升级的影响因素

作为当代经济发展的一种新兴空间组织形式，产业集群成为区域经济的发展的一种重要决定力量；同时，一些重要的区域经济范畴，包括地方政府作用、区域社会资本与经济全球化发展，对产业集群的发展与升级起着重要的影响作用。

（一）地方政府作用

关于地方政府对产业集群升级的影响，迈克尔·波特从企业战略与时空背景、生产要素条件、需求条件以及相关与支持产业四个方面进行了描述，从而形成其"钻石体系"，如图4.2 所示。

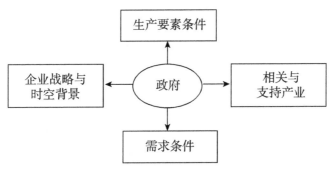

图 4.2 政府对产业集群升级作用示意图

在企业战略与时空背景方面，迈克尔·波特认为地方政府对产业集群产生的作用主要体现在，地方政府为产业集群招商引资而提高产业集群的集聚度、促进产业集群产品与服务的销售、控制产业集群内部的过度竞争等。

在生产要素方面，迈克尔·波特认为地方政府对产业集群产生的作用主要体现在，通过教育、培训等多种方式促进产业集群的专业化程度提高，通过鼓励本地科研机构、企业创新中心研发促进产业集群技术创新，通过建立、完善通信设施或收集、整理信息为产业集群提供信息支持等。

在需求条件方面，迈克尔·波特认为地方政府对产业集群产生的作用主要体现在，通过制定鼓励创新相关的法律、法规、标准，从而促进产业集群的创新；通过推动产业集群的产品或服务的测试、论证、评级，推动产业集群的产品与服务的改善等。

在相关与支持产业方面，迈克尔·波特认为地方政府对产业集群产生的作用主要体现在，通过赞助论坛等形式促进产业集群内相关与支持产业成员之间的交流与信息沟通；通过招商引资促进外地供应商与服务供应商进入产业集群从而完善产业集群内相关与支持产业构成；通过建立面向产业集群的各种自由贸易区、供应区或供应商园区，完善产业集群内相关与支持产业构成。

迈克尔·波特的上述"钻石体系"理论，是基于产业集群的四个维度，即企业战略与时空背景、生产要素条件、需求条件以及相关与支持产业，较全面地描述了地方政府对产业集群升级的影响方式。笔者看来，还可以从地方政府的角度，从其影响作用的具体介质来描述地方政府对产业集群升级的影响。

1.通过制度供给影响产业集群升级

产业集群形成及其发展升级，很大程度上与地方政府制度保障是离不开的；而如果地方政府在产业集群的管理中扮演的是掠夺者而非支持者角色时，一般采取的是掠夺性的政策制度，则其将对产业集群的发展产生负面影响，往往造成产业集群的衰退、消亡。因此，地方政府推进的各种政策制度，对产业集群的形成、发展与升级都有着极其重要的影响。

2.通过提供公共物品影响产业集群升级

产业集群竞争优势的一个重要形成来源，就是能够获得比分散布局企业更为有利的外部经济条件，包括共同分享的公共基础设施、市场网络、专业技术人才市场与公共信息资源等，而地方政府促进产业集群升级的一个重要途径，就是强化、完善这些公共物品的提供。若地方政府能够很好地提供公共物品，不仅能提高产业集群内企业的经济效率，获得良好的产业集群竞争优势，而且能够产生一种示范效应，吸引区外企业加入本地产业集群，从而促进产业集群的发展壮大与升级。

3.通过维护经济秩序影响产业集群升级

产业集群升级内在要求一个健康、有序、公平、诚信与法制的经济秩序。地方政府作为经济秩序的确立者、执行者与维护者，其有义务通过各种经济的、行政的与法律的手段规范引导各类市场竞争主体行为，防范和打击市场竞争主体的不正当竞争行为，维护公平、竞争有序的市场环境，这是促进产业集群升级的前提与基础。

（二）区域社会资本

区域社会资本是指在一个特定区域内，企业与相关企业之间或非企业相关实体、群体之间的社会联系等社会关系，以及获取并利用这些社会关系来获取区域外部信息和其他资源能力的集合体。

信任性、互惠性是区域社会资本的重要特性，这些特性为区域知识与技术创新提供了重要条件。出于互利互惠与彼此间相互信任，区域社会主体才能够有动力去进行知识生产与技术创新、安心于知识生产与技术创新，愿意推动知识成果与创新成果扩散与传播，可以这么说，这些特性在知识与技术生产、传播、扩散与共享中起着重要的"胶合剂"作用。总而言之，较强的区域社会资本，有利于促进知识特别是隐性知识在区域创新各主体之间的传播，共享与扩散，有助于区域知识创造中心效能的提高。

总而言之，良好的区域社会资本能督促企业之间遵守信用，有效降低企业间的交易成本，削弱、控制机会主义行为的发生，增强企业的合作意愿，加速产业集群内知识的扩散和应用，有助于创新的发生，激发人们的创业精神。如意大利的一些产业集群中供应商、制造商和经销商之间以亲缘、地缘等关系形成了紧密的纽带；浙江温州人以其特有的文化所形成的大营销网络为当地产业集群的形成和走向市场作出了重要贡献。因此，能否有效地利用与增加区域社会资本，将对产业集群升级产生重要的影响。

（三）经济全球化

经济全球化（Economic Globalization）是指世界各国的经济活动超越国界，在全球范围相互联系、相互依存，形成一个有机经济体的现象。经济全球化是当今世界经济发展的一个重要现象与趋势，对产业集群的发展与升级起着重要的影响作用。

1.扩大了地方产业集群的市场范围

经济全球化促进了产品与资源在全球的流动，从产品销售与资源引进两方面扩大了地方产业集群的市场范围：一方面，经济全球化促进了地方产业集群的产品走出区域市场，面向国际市场；同时，经济全球化促进了生产资源在全球的流动，同时由于产业集群所拥有的低成本等竞争优势，将推动全球范围的生产资源向地方产业集群集聚。因此，经济全球化对地方产业集群的市场扩大作用，很大程度上影响着地方产业集群的发展升级。例如，中国广东东莞与江苏昆山的计算机产业集群的高速发展，很大程度上就得益于经济全球化下国际计算机生产资源的涌入。

2.推动了地方产业集群的技术创新

经济全球化推动了地方产业集群的供应、生产、销售等经营环节直接与世界接轨，从而有利于地方产业集群的技术创新。在以质优价廉为原则的原材料采购供应环节，产业集群在全球范围进口原材料，有利于集群企业比较、发现原材料的最先进生产技术与方法；在生产环节，由于经济全球化的作用，将推动资本、技术、人才、设备等生产资源在全球范围的流动，从而有利于地方产业集群吸引全球范围内领先的生产资源与生产工艺；在销售环节，经济全球化推动地方产业集群产品面向国际市场，国际同行的先进产品与国际客户的反馈都有利于促进地方产业集群对产品、生产工艺进行技术创新。总而言之，经济全球化推动了地方产业集群的技术创新。

第二节　基于分工与分工演化的劳动
密集型产业集群升级

20世纪90年代以来，国际分工的细化导致了国与国之间的比较优势更多地体现为它们在全球价值链上某一特定环节的优势，而非传统的在最终产品上的优势。在这样的情况下，从分工与分工演化视角，探讨劳动密集型产业集群升级动力与机理，就显得尤为必要与有意义。

一、分工与分工演化

（一）分工

分工是一种生产方式或行为方式，指将之前由一个经济行为主体完成的经济活动或操作进行分解，分解以后由两个或两个以上经济行为主体承担。分工是人类社会发展到一定阶段的产物，是人类在生产过程或一般行为过程中为了提高生产效率或行为效率而自然出现的现象。通常意义的分工，往往有两种含义：一是指分工的程度或状态；二是指分工的趋向或过程。

（二）分工演化

一般工业企业生产经营的整个过程，大体都是从原材料采购到投产、半成品与产成品形成，最后到市场销售，中间还包括研发设计与品牌推广等环节。这个过程的各个环节，相连在一起将构成一个完整的链条。从这个过程如何完成的角度来看，这个链条就是一条分工链条；而从这个过程价值形成与增值的角度来看，这个链条又是一条价值链条。因此，分工既是产品生产与经营链条上的分工，也是产品价值形成与增值链条的分工。随着经济的发展，分工也在进行着不同形式的发展演化。马中东（2016）从技术分工、社会分工、产业分工、区域分工与国际分工等五个方面对分工及其演化进行了阐释。

1.技术分工

技术分工即企业的内部分工。因为一个企业内部分工链条的存在，是由该企业的技术水平决定，因此企业的技术分工指在一个企业内部由其技术水平决定的生产与经营链条上各个环节的分工。

2.社会分工

社会分工为企业之间的分工。某产品生产与经营的完整链条，从纵向来看，它将分布于许多企业之中；从横向来看，它的某一个环节也将分布于许多企业之中，这样由产品生产经营链条纵向或横向分布于许多企业之中从而形成的分工，即为社会分工。可以看出，社会分工为技术分工的外部化，它决定于各企业内部由技术分工决定的管理成本与交易成本之间的比较。如果企业内部管理成本大于交易成本，该企业将分立为多个企业，而原企业内部的技术分工就转变成社会分工。

3.产业分工

产业分工为社会分工的产业化。当社会分工达到一定规模时，这种产品的生产企业数量众多、生产规模庞大、生产技术成熟，产品的生产与经营就实现了产业化，相应地，分工就形成了产业分工。产业分工将促进社会资源将该产业集中，从而该产品生产经营会专业化，进而提高该产品生产经营的社会劳动生产率，降低其社会平均生产成本。

4. 区域分工

当产品生产经营链条片段化并集聚于多个地理区域时，则形成了区域分工。区域分工通常也被称为劳动地域分工或者地理分工，是指在特定利益机制的支配下，相互关联的社会生产关系在地理空间上形成的分异现象。从本质上而言，区域分工是产业分工的空间形式的延续。如果人们从单个区域的角度来考察区域分工，则区域分工体现为"区域生产专门化"，也就是"一个地区专门生产某一种产品甚至是产品的某一部分"。之所以出现这种现象，是因为"趋优分布"的社会生产力发展规律作用，具体而言就是各地区在特定经济利益的驱动作用下，根据自身的优势有选择性地进行了劳动区域分工，当这种劳动区域分工达到一定规模时，就会形成各区域的专业化部门；从整个社会角度来看，就形成了专业化体系。在区域分工下，各地区只根据自己的优势生产特定的产品，为此它们需要通过区际交换满足自身对其他产品的需求，并实现自身产品的价值。

5. 国际分工

国际分工是区域分工的国际化。当产品生产经营链条分布于不同国家时就形成了国际分工。国际分工是指社会分工超越国界，形成在国际范围内各国（或地区）之间进行劳动分工的现象。显而易见，国际分工是社会分工从一国内部的区域分工向国际发展延伸的结果，是社会生产力发展到一定阶段时，生产社会化向国际化发展的产物。国际分工，既从生产方面在世界各国之间建立了经济联系，也就促进世界各国在满足产品多样化需求方面形成了联系，从这个角度而言，它是国际贸易的基础。

二、分工与分工演化：劳动密集型产业集群升级的动力源泉

分工是经济增长的源泉，人类历史上劳动生产率的提高，往往看上去都是分工的结果。产业集群最重要的特征之一，就是集聚在某个地区的企业相互之间存在的分工协作关系，因为在一个产业集群内，企业之间如果不存在产业链分工协作关系，彼此之前不存在上下游关系，则至多只能称为企业集群而非产业集群。对于劳动密集型产业集群而言，其大多为中小民营制造企业的集聚，低成本是其重要特征，要满足这些要求，无论是该产业集群的形成，还是该产业集群的升级，都要进行专业化分工，并将其不断深化。

（一）分工与分工演化是劳动密集型产业集群形成与经济性的内在要求

劳动密集型产业集群的形成，最初往往源于人们为了降低交易费用与共享基础设施、信息资源的需要，而分工与分工演化所带来的交易费用下降将极大拉近集群企业之间的距离，进一步深化分工，从而形成一种累积循环效应和自组织效应，推动劳动密集型产业集群的不断发展。此外，随着产业集群的扩大与发展，分工与分工演化将推动劳动密集型产业集群企业生产经营的规模经济与范围经济，以及强化集群企业之间的依赖与联系性，促进集群企业之间的协作，从而不断提高劳动密集型产业集群的集聚向心力。

（二）分工与分工演化是劳动密集型产业集群创新能力增强的重要原因

分工与分工演化，有利于产业集群创新能力的提高，MAR（Marshall-Arrow-Romer）外部性理论认为知识溢出主要产生于产业内部不同企业之间，溢出方式包括相互模仿、高素质劳动者企业间流动、创新思想迅速传播等，这种知识溢出效应将促进产业集群创新能力提高与不断发展。笔者综合国内外学者的相关研究，认为分工与分工演化推动劳动密集型产业集群创新能力增强的机制主要包括以下几个方面。

1.分工与分工演化有利于增强集群企业创新专注度

由于分工与分工演化，劳动密集型产业集群内成员企业只需专注于产业链的部分环节，集群企业的研发创新发动的针对性将得到提高，创新成果更容易取得。

2.分工与分工演化有利于形成知识外溢效应

由于分工与分工演化，劳动密集型产业集群内大量企业集聚。它们有着共同的技术基础，彼此之间将容易形成集群化的集体学习效应，从而产生产业集群的知识溢出效应。

3.分工与分工演化有利于鼓励人力资本投资

分工与分工演化的生产模式，将极大促进劳动密集型产业集群内劳动者对集群与所在企业的忠诚度，激励他们对专用性人力资本的长期投资；同时，分工与分工演化越细，劳动者也越容易、越高效获取专业领域知识，从而也越容易增强产业集群的创新能力。

4.分工与分工演化导致的相关联的多样性有利于促进创新行为的发生

由于分工与分工演化，劳动密集型产业集群内将形成更多的工作岗位与多样性，彼此间合作的空间与可能性更多，形成更多的创新主体相互接触的机会与场所，从而更易促进创新行为的发生，以及新思想、新工艺与新产品的形成。

（三）分工与分工演化有利于促进产业集群升级

分工与分工演化下，将有利于促进劳动密集型产业集群生产方式趋向"弹性专精"，这无疑将极大促进劳动密集型产业集群生产效率的提高。从集群企业的层面来看，分工与分工演化，将让它们可以专注于一件产品甚至于一件产品的部分工艺流程的生产，这将直接提高集群企业的生产效率；而间接的后果将是集群企业将在自身分工的范围内，在更细的经济活动范围内进行竞争、合作与研发创新等经济活动。从集群企业的竞争关系来看，分工与分工演化所导致集群企业分工的细化，将促进龙头企业与跟随企业的形成以及推动集群企业的竞合关系转向重在合作。从集群企业的创新来看，其研发创新成果分布在更多、更细的领域，从而推进劳动密集型产业集群创新能力的不断提高和工艺升级的发生。而随着分工的不断深化，产业价值链、全球价值链的不断延长，将不断促进产业集群产品升级与功能升级的发生。分工与分工演化，还将进一步扩大专业化经济与交易成本上升的矛盾的范围（杨小凯，2003），从而迫使劳动密集型产业集群形成更深层次的分工，推进劳动密集型产业集群转向附加值更高的产品，从而形成新的产业价值链并发生价值链升级。综上所述，分工与分工演化，有利于促进劳动密集型产业集群升级。

三、分工与分工演化：促进劳动密集型产业集群升级机理

（一）分工—技术创新—劳动密集型产业集群升级机理

一方面，分工有利于技术创新，正如亚当·斯密在《国富论》中所阐述的，"劳动生产力最大的增进，以及运用劳动时所表现的更高的熟练程度、更娴熟的技巧与更强的判断力，似乎都是分工所导致的结果"。而另一方面，技术创新促进分工环节的进一步深化与扩展，完善产品的生产工艺流程，促进工艺升级；开发新产品或提升已有产品的档次和品种以及不断推出产品的新功能和新款式，促进产品升级；提升产品附加值，促进功能升级；形成新的分工产业链，促进价值链升级。分工演化与技术创新的互动，推进劳动密集型产业集群更深入地嵌入全球价值链分工链条，并驱动劳动密集型产业集群向高附加值的高端环节升级。

（二）分工演化与劳动密集型产业集群升级机理

1.技术分工、社会分工、产业分工与劳动密集型产业集群形成与升级

技术分工与社会分工促进了劳动密集型产业集群的形成。

技术分工的直接后果，将使劳动者可以专注于更少更细的生产环节，从而劳动生产率将得到提高。而劳动生产率提高，将引起产品与服务的生产成本下降，产销量增加，市场规模增大。而市场规模的增大，需要企业更高的效率来产出更多的产品与劳务，从而反过来促进企业内部技术分工的进一步深化，如此企业内部分工链条将进一步细化与延伸，企业的管理成本将相应增加。当企业的管理成本超过交易成本时，企业将发生分立，相应技术分工将演化成社会分工。

在社会分工下，将出现许多只从事产品链条上某一环节生产与经营的企业，并形成社会分工下的企业网络。社会分工促使产品生产成本的进一步降低与市场规模的进一步扩大，同时也造成产品与劳动力的交易频率提高，从而将造成信息收集成本、谈判签约成本、运输成本等交易成本增加，为了降低这些交易成本，将促使从事该产品链条生产与经营活动的企业集聚在特定区域，从而将形成一定规模的劳动密集型企业集聚现象。

在产业分工下，大量同一产业链上专业化分工又相互协作的企业，出于降低交易成本的动机，集聚于特定区域，就形成了产业集群，并随着产业分工的深化与扩展，劳动密集型产业集群将得到发展与升级。

2.区域分工与劳动密集型产业集群形成与升级

由于不同的经济区域的自然、经济与文化等资源禀赋不同，因而区域分工往往根据各自禀赋基础上形成的资源优势而进行的。各区域生产其具备竞争优势的产品，并且相互之间进行商品交换。根据新经济地理学派的"中心—外围"理论，区域的这种分工将逐渐形

成"中心—外围"的区域分工格局。在这种格局下,最初由于分工所导致的对下游企业需求扩大、下游企业运费降低所导致的交易效率提高及由于劳动力增加而导致的需求扩大等因素,将促进资源逐渐向中心区域集聚,从而在区域的中心形成高度集中的专业化产业集群;而随着中心区域产业集群的发展,集群内部的土地地租、劳动力价格等都会因为企业的过度进入所导致的拥挤而迅猛上升;由于地租、劳动力价格过高,许多集群内部的企业及想进入集群的企业会选择到地租、劳动力价格相对低廉的外围地区落户,从而在中心区域的范围又形成相关联的产业集群。如此,随着区域分工的扩展,劳动密集型产业集群的规模将不断扩大与发展。

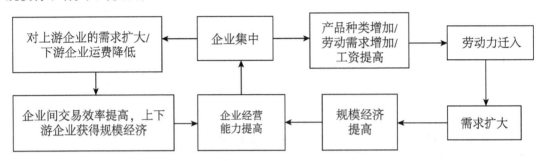

图4.3 区域分工与产业集群形成示意图

3.国际分工与劳动密集型产业集群全球价值链升级

近20年来,国际制造业组织结构的调整推进了劳动密集型产业国际分工格局的转变。在劳动密集型产业国际分工的这种转变过程中,其重心从产业间分工向产业内分工与产品内转变,从垂直型分工向水平型分工转变,同时各类分工在不同国家间并存,呈现多层次化的国际分工格局。从全球价值链来看,其大体可分为上游环节(如研发、设计环节)、中游生产环节和下游营销环节。各国劳动密集型企业纷纷在某一产业或产品的全球价值链中进行垂直型或水平型专业化分工与布局。为了在国际竞争中获取更为有利的竞争地位与态势,各国就纷纷瞄准价值链高增值环节(如研发、设计环节、品牌服务),从而驱动本国动密集型产业集群转向价值链高增值环节发展,从而实现产业集群升级。

四、分工与分工演化:促进劳动密集型产业集群升级研究框架

分工与分工演化促进劳动密集型产业集群升级研究框架如图4.4所示。

分工与专业化带来的分工效率是集群竞争力的源泉之一。分工深化有利于技术创新,推动集群向价值链高端攀升,促进劳动密集型产业集群向技术与资本密集型产业集群转型,实现集群的产业组织升级。根据斯密-杨格定律,分工与市场相互促进,以发展生产性服务业为前提,促进分工深化,发展专业化市场,从而获取市场优势,推动劳动密集型产业集群的产业结构升级。制度环境是提升分工效率,降低交易费用的前提条件,制度创新是技术创新、市场创新的保障,从政府政策扶植、集群治理与企业能力建设等方面进行制度创新,从而获得制度优势,实现产业集群的制度升级。

分工、市场、制度构成劳动密集型产业集群新的竞争优势，集群产业组织、集群产业结构、集群制度环境三方面的升级组合，实现劳动密集型产业集群升级。

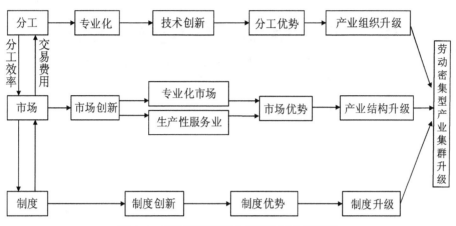

图 4.4 劳动密集型产业集群升级分析框架

第五章　劳动密集型产业集群
升级的结构维度测量

　　劳动密集型产业集群升级的讨论，首先面对的问题就是如何测度劳动密集型产业集群升级的效果因变量。综观目前的研究，并没有统一的量表用于测量劳动密集型产业集群升级。考虑到劳动密集型产业集群，主要集中表现在制造类产业集群，因此，本研究基于分工与分工演进的理论解释，从竞争优势视角，综合考虑集群制造企业、集群制造产业和集群制造网络三个层面的内在推进逻辑，将劳动密集型产业集群升级的测量归纳为集群企业的产品升级、生产工艺升级、功能市场升级、集群产业的关联结构升级和集群网络的关系质量升级五个子维度，并且，通过相关研究文献的查阅，设计了相应的问卷题项。同时，为验证合理性，本课题结合调查实证，借助信度和效度检验，为讨论因变量的构成提供了可靠的实证参考，从而为分工和分工演进视角，进一步分析劳动密集型产业集群影响因素之间的互动关系奠定基础。

第一节　先导性研究

一、问题的描述

　　劳动密集型产业集群升级，从文献搜索结果来看，缺乏统一的测量工具。考虑到劳动密集型产业集群，主要集中表现在制造类产业集群。因此，有必要从集群升级的概念出发，整合有关产业集群，特别是制造类产业集群升级的表现形式、内在动力、目标维度等内容，设计适合劳动密集型产业集群特点的升级测度工具。

　　在概念源头上，集群升级属于国外舶来品，是 upgrading 在集群结构和相关主体关系变迁的描述。伴随产业集群升级的思路从模型转向路径的探索，有关制造业产业集群升级的研究重点，也逐步从形成机制偏移到动态演变或可持续发展。怎样推进和实现劳动密集型产业集群升级，成为当前关注的突出焦点，并由此产生了三种代表性的理论，分别是新区域主义、全球商品链/价值链理论及全球生产网络理论。

其中，在新区域主义观点中，产业集群被视作集群主体基于生产关系形成的一个生产制造封闭系统，彼此分工专精、能力互补，是推进地方经济发展的内生动力源。这一相互关联、彼此作用的区域创新系统的构成要素，波特基于竞争力理论，将其描述为集群企业战略、集群结构、竞争者、需求状况、相关支持产业、要素状况等。而在日本学者Chikashi & Kishimoto看来，产业集群升级意味着集群制造能力的改善，各类要素配置的合理，制度安排推进创新，集群制造企业的生产活动向高附加值方向的推移。总体而言，持新区域主义观点的学者们，一般认同集群内部要素的关联整合，以及由此表现出来的生产结构、生产能力是集群升级的关键。

全球商品链/价值链理论是一个集群升级的外生模型，升级演化被解释为在全球价值链上的节点位置攀升。此时，产业集群升级被认为是，制造产业从价值链的低附加值环节向高附加值环节的攀升。具体升级方式包括工艺流程升级、产品升级、功能升级。不难看出，这种分类方式，基本上是熊彼特式技术创新理论在集群升级领域的衍生物。Kaplinsky等学者进一步指出，只有比竞争对手更快、更深层次的创新，才能获取比较创新优势，从而推动产业集群升级进程。由于全球价值链理论第一次较为系统地阐述产业集群升级命题，并形象地将升级描述为集群内制造企业顺延价值链做层级式攀升过程，因此其理论框架目前是分析产业集群升级的主流模型，并应用于对制造类产业集群升级的路径化解释。

而全球生产网络理论对上述理论做最大程度的整合，基于内生因素与外生因素的区分，此时集群升级被认为是知识要素创造、增值和捕获的过程，其中知识要素是集群升级的内生要素，外在利于知识资源流动的因素被认为是外生因素，二者结合，推动产业集群升级。从区域内知识资源的拓展和集体学习能力的增强视角，集群升级的新思路被认为是，在相似的产业文化背景下，通过产业集群内制造知识资源的生产、扩散、分享、创新，逐步形成集群内制造知识协同网络，进而促进集群区域制造产业转型、新兴制造产业引入以及制造产业竞争优势的维持（Belussi，2008）。此时，产业集群升级关注集群内制造企业的努力水平和组织化程度，其与其他非生产机构的关系质量，被引入集群内的跨企业知识流动和知识共享活动，互动性成为集群组织、技术、产品、价值升级的关键要素（Arikan，2010）。

三种典型的集群升级理论，诠释了不同视角探究制造类集群升级构成维度的可行性。从这些学者对产业集群升级模型的因变量选取来看，一般可以区分为要素观、结构观和能力观三类。其中，要素观是以集群制造要素的质量为升级导向，强调集群拥有要素的质量水平是决定产业集群升级的关键。比如，波特主张的集群升级四要素模型，以及以Gereffi为代表的学者提出的有关制度匹配、关系嵌入、创新能力、战略共识、文化特征等升级要素的论述。值得注意的是，随着知识经济的兴起，集群内部流动的各类知识资源的重要性日益突出，以至Alavi为代表的一些学者认为，在衡量制造类集群升级时，相关知识存量增加和知识价值的提升，成为集群升级与否不可忽略的要素。

在集群升级衡量研究中，持结构观点的学者又分为横向结构和纵向结构这两派。前者着重于将集群竞争力区分为企业、产业和综合层面的竞争力，三个层级交叉互动。在分析产业集群升级的构成维度时，一方面需要关心集群微观企业竞争力改善和创新水平提升的制造要素。另一方面，可以借用价值链工具，从制造产业视角出发，关注集群内制造产业效率，分析集群内部能否形成支持创新，有典型竞争力的制造产业结构，指标选取上主要考虑表现活跃的集群企业，合理化的市场集中度，恰当的主导产业贡献度以及合适的产业部门间关联关系等。至于集群综合层面的竞争力，充斥信任沟通、公平合作等非正式文化氛围，以及成员集体行为、经济溢出性等内容往往扮演重要角色。

相对而言，支持横向结构观的学者倾向于将产业集群视作具有自组织性的网络，功能差异、结构属性、关系嵌入、网络基础设施等维度，成为主流分析的切入点。显然，在此类观点中，集群升级不仅有关集群制造企业，集群制造产业链，而且属于复杂的集群网络，网络关系的互动质量被认为是推进集群创新和集群竞争力提升的关键动力。集群升级应围绕这一主旨，设计有效的集群产业结构。

至于集群升级的能力观将集群竞争优势的定位转移到对资源要素的使用能力上，并进一步意识到，能力并非静态变量，是适应外部经营环境变动的动态能力。换言之，持续竞争优势很难与常态制造资源间有固定的因果关联。一个接近完全竞争的市场，多数制造资源可以通过交易获取。此时，考量集群比较竞争优势的关键，不再是如何获取某一类或某几类稀缺性资源，而在于怎样对制造资源、技术和不同技能的有机组合能力。虽然在现实的研究实践中，集群升级的能力理论，无论是能力结构，还是分析框架，学者仍然没有取得一致性认识。但是，本质上，他们都是对核心能力思想的延展，不约而同地将研究目光从物理资源移转到资源的整合、使用和创新上。制造类集群升级的核心能力被聚焦在如何适应复杂、不确定外部环境，培育发展集群资源的开发、利用、整合、创造和保护能力。这一过程表现出的差异性，将直接造成相似资源背景的集群，其在运营效率和升级收益的不同。至此，在探寻集群升级来源的历程中，集群的物理制造资源被深层次剥离，无论是学者，还是集群实践者关注的焦点，已然由具体的物理资源过渡到隐藏在资源背后的深层次能力方面。

综合要素论、结构论和能力论，可以对三种观点的制造类集群升级构成维度进行整理，结果如表 5.1 所示。

表 5.1　制造类集群升级构成维度

集群升级	升级表现维度	代表人物
要素观	知识、产品、工艺流程、制造资源、文化、战略等	Porter、Humphery 等
结构观	产业链、网络结构、产学研、部门关联、市场集中等	Kaplinsky、Arikan 等
能力观	开放、信任、根植、创新、辅助、盈利、资源整合等	Bluess、Lynn 等

虽然，这些研究成果源于对集群系统化理论、集群竞争力理论、外部全球价值链理论、集群网络化理论等相关产业集群升级论述的比较，并得到了对制造类集群升级构成维度颇

有启发性的内容。但是，总体比较纷杂，涉及不同层面的内容，且各个层面的内容缺乏内在的关联逻辑，单纯集中于其中某一方面或某几方面，都难免让集群升级的定义有失偏颇。

本研究认同，劳动密集型产业集群升级的本质仍然是创新和竞争力改善，不过在达到这一目标的动力源上应该结合要素观、结构观和能力观。事实上，产业集群升级是贸易活动中，彰显劳动和资本收益比较优势的可行性路径，在具体层面上，一般可以表现为，相关主体在集群升级的要素、结构和能力上，适应持续竞争优势获取的要求，不断调整生产组织形式和行为模式。不过，无论是以何种形式表现出来的产业集群升级，在升级主体上，无非就是集群企业、集群产业和集群网络三类。换言之，产业集群升级应该清晰地被划分为三个有逻辑递进关系的层次，即集群制造企业层次、集群制造产业层次、集群制造网络层次。这样，基于升级主体的递进关系，产业集群升级测量工具的讨论，就能够围绕集群企业升级、集群产业升级和集群网络升级三个有递进关系的层次铺开。

二、相关理论解释

分工是产业组织变化的根本原因，其动态演进决定了产业结构变迁和产业网络优化的进程。由于，产业集群就是一定区域内，众多具有分工合作关系的不同规模性质的组织，通过纵横交错关系，紧密联系在一起的空间产业组织形式。因此，在讨论劳动密集型产业集群升级时，可以回归分工和分工演进的解释框架。虽然，依据亚当·斯密的观点，企业内分工、企业间分工和产业分工是分工的三类典型形式，但是，在可操作性方面，杨格有关专业化水平、生产迂回度和专业种类三个子维度认识，具有更强的适宜性。其中，专业化表征劳动生产率，意味着分工越趋向于细致，那么工作熟练程度会因为劳动复杂性的减少相应增加，对应的专业化水平则顺应练习次数的增加而愈加强化。生产迂回度被定义为中间产品的链条长度，主要表征分工的纵深延展。专业种类数则表现为横向分工的拓展，是生产链条在同一层次上，不同专业分工部门的数量。

显然，分工具有明显的外部性。伴随劳动分工的深化，集群经济活动被细化分离，新的中间产品层出不穷，各类专业化企业在传统产业链的各个环节衍生发展，导致传统产业或企业活动的刚性边界受到挑战。虽然分工越来越精细，但生产迂回度却被拓展拉伸，产品种类数丰富的同时，集群内的产业结构随之改变。具体而言，分工演进会对劳动密集型产业集群形成三个层面的效应。

（1）分工的纵向发展或内部分工，集群制造业衍生出大量具有相异功能的部门，在中间产品的需求环节，出现越来越多的专业化组织。围绕生产制造的各个节点，关联性集群产业分工链条逐步成形。

（2）分工的横向推进或社会分工。这是内部分工的外在表现，集群内不仅有核心生产制造产业，而且各类生产性服务行业裂变独立，劳动分工从产业内部走向产业外部的社会分工。产业集群的外在结构形态出现变迁，内部结构呈现出多类型、专业化、交叉复杂的网络态。

（3）分工突破集群的地理边界，外向型拓展成为趋势。最终产品的不同生产区段在全球范围内分置，中间产品跨越国界流动，造成了不受集群边界限制的产业结构差异。

因此，分工是产业集群结构变化的内在深层次根源，而集群产业结构的变化是分工演进的外在表现。然而，依据科斯的交易费用理论，在这一分工引起产业集群结构变迁的过程中，交易费用将替代亚当·斯密有关市场范围的论述，成为限制分工进一步向纵深发展的阻力。随着分工的精细化进程，生产链条不断拉长，中间产品的交易协调日渐复杂，各个交易节点间的搜寻、协调和交易成本随之高企。正如杨小凯的判断，分工演进一方面改善专业化水平，为相关交易主体带来福祉，但另一方面，不得不面临的尴尬之处，随着交易环节的增多，交易费用也可能直接导致交易失败。关键之处是在分工专业化和生产迂回度之间寻求平衡，交易效率成为分工演进的本质推动，只有在交易效率改善的空间内，迂回式的生产方式才会延伸拓展，分工体系也才能不断完善。

顺着这一思路，在集群产业分工的各个节点上，存在相关主体间的竞争。为减少交易费用，让分工在较高的交易效率轨道上运行，集群企业会呈现出竞争的状态，竞争力的强弱决定了其能否在分工体系中占据效率节点。如果在产业链的各个节点环节上能够利用竞争去除冗余，平衡分工专业化收益和交易费用的冲突，节点企业均呈现出较强的竞争能力，那么在整体集群产业层面，就会表现出具有竞争优势的产业结构。产业链式结构的形成是分工发展的必然结果，其价值增值过程一般由链条节点企业间的竞争推动实现，集群升级的动力在于集群企业竞争能力的改善，以及推动分工体系完善的产业结构。

然而，这一产业结构并非刚性，分工的外向型拓展是集群发展的必然趋势。为强化分工专业化收益，减少交易费用，产业内各个企业既有突破原有产业边界，在其他产业范围内寻求合作伙伴的尝试，也有在全球范围内寻求具有比较优势产业伙伴的行为。此时，集群内专业化分工引致新的产业链条出现，比如生产性服务业就是源于中间产品环节衍生出对中间服务的需求。随着规模的扩大，各类产业链条相互交叉，集群产业结构逐步过渡到复杂的集群网络形态。此时，为获取竞争优势，平衡分工和交易费用，改善交易效率，集群网络关系至关重要。此时，集群升级的原动力，在于如何培育稳定、信任、开放的集群网络关系，以缓解生产迂回度递增带来的集群经济活动阻力。

既然劳动分工演进推动产业集群升级会集中表现在集群企业、集群产业和集群网络三个递进层面追求竞争力改善的过程，那么测度劳动密集型产业集群升级，就可以基于竞争力理论展开。

具体而言，在劳动密集型产业集群中，竞争是集群企业生存的常态，为获取竞争优势，集群内制造企业深入集群内部寻找竞争优势源泉，并产生了典型的资源基础观、能力基础观、知识基础论。

其中，以沃纳菲尔特为代表的部分学者强调，集群制造企业的持续竞争优势，源于其对难以模仿、难以交易、情境嵌入较深的稀缺资源控制和拥有，即竞争优势是内生的，虽然外部市场结构和交易机会的影响不容忽略，但并不是起决定性作用的因素。在本质根源上，集群企业持续竞争优势在于特殊资源对应的超额经济租金。而集群企业竞争力的能力基础观认为，集群制造企业的竞争优势来源于自身所具有的核心能力，正是这种存在于物理资源背后，适应于外部环境变动，对资源开发、利用、组合和保护能力上的差异，才造成了集群制造企业彼此之间效率和收益的差异。至此，在探寻集群制造企业内生竞争优势来源的进程中，资源这一层被进一步剥离，关注的焦点逐步由具体的物理资源过渡到隐藏在资源背后的深层次能力方面。

不过，相较于前两种理论，集群企业竞争力解释的知识基础论更具影响。该理论把集群制造企业看作一个制造知识的集合体，认为其竞争优势一般会与知识的获取、积累、利用、创新、保护等一系列知识活动的效率密切相关。相较于资源基础理论或是企业能力观，知识基础理论强调，适应外部环境变动的知识创新是集群制造企业一切活动的核心。也就是说，集群制造企业知识资源是竞争优势的起点，其不同的排列组合方式，既是企业寻求知识价值最大化，知识活动最优化的尝试路径，也是知识创新结果不一致的内在原因，并进一步决定了企业产出以及市场力量对比上体现出的竞争优势。一旦现有知识存量排列组合决定的知识创新为集群制造企业赢得了竞争优势，知识增量的路径依赖性和知识的累积性特点，就会为竞争者的模仿设置学习障碍，从而使得某一时间截面上的竞争优势能够得以延续。

其实，不论是资源基础观、能力基础观还是知识基础论，都认为在产业集群中的企业存在一个能力动态增长的过程。如果某些集群制造企业能够顺利使得各类生产要素整合符合预期目标，并且，集群企业对自然资源的依赖程度减小，对于专业人才和知识技术的依赖程度上升，核心技术而非劳动力数量成为集群企业要素分配的关键，进而管理水平从原有的高度集中化形式逐步转向企业管理现代化，扁平化组织结构日趋流行，创新成果能被应用在日常生产实践，企业制造出了更好的产品，并更有效率地生产，或转移到更具技能的环节。那么，和以往的生产制造状态进行对比，就可以认为，集群制造企业实现了升级目标。

随着集群制造企业的规模扩大、功能拓展，为寻求更多的竞争力改善和创新支持，集群制造企业会突破原有的企业边界，与产业内其他企业或集群内其他组织机构间，就生产制造内容、技术、功能等展开交流合作。比如，学者张扬考虑社会资本，认为集群制造企业为实现创新目标，不可避免地要与其他组织机构之间进行知识交换，而社会资本的质量，直接关联这一知识，特别是一些隐性知识交换是否符合创新目标实现的要求。换言之，集群企业无论是改善自己的竞争能力，还是实现企业创新的预期，都不可能故步自封，孤立进行，与其他机构，特别是基于知识沟通交流的便利性，产业内相关组织间的合作会比较频繁。知识溢出的作用下，集群企业升级的要素、结构、能力会逐步扩散，在集群内部引起更大范围内的升级改造。

此时，分工已经从产品深入工艺，以价值链为表现形态，形成了上下游企业的高度经济关联性。同时，分工的纵深推进，意味着垂直一体化的解体，集群制造企业将主要资源聚集于核心业务领域，其他活动则被外包分离，转而由专业供应商规模供应，二者形成价值链的上下游节点关系。显然，集群产业组织有利于减少交易费用，共享合作收益，改善竞争优势。在价值链的角度上，这就是集群制造产业改变简单加工为主的生产状态，从主要依靠低成本劳动力获取盈利空间，转向密切联系上下游制造企业，强化横向产学研合作关系，在集群内部形成极具效率，支持创新和竞争力提升的高附加值产业链。只有集群制造产业效率更为突出，内部形成支持创新，有典型竞争力的制造产业结构，集群从产业的角度来看，才算是完成了一次升级。

需要认识到的是，产业集群内部的企业或产业之间，并非是刚性的孤立存在。一方面，集群内企业通过业务外包、长期供货安排、联合研发、合作生产等发展起来正式合作关系，以及利用共享基础设施、信息交流和学习模仿等建立起非正式的关系，并随着时间的推移，在广度和深度上会不断延伸，产品从生产到运输、销售，再到顾客消费开始以一个复杂的产业网络式结构呈现。另一方面，集群内部，产业间横向融合趋向日渐增强。比如，近年来在制造类产业集群中，就频繁出现了制造业和服务业的融合发展。考虑制造产业链条节点的不断拓展，集群内部各种形式的主体间以正式或非正式交往为纽带，逐渐演变为产业集群不容忽视的结构，即复杂的集群网络。

社会学研究表明，关系是集群制造企业获取资源的重要渠道，尤其对具有"技术弱性"的劳动密集型集群内企业来说，关系网络是重要的获取机会和资源的途径。为获取竞争优势，实现企业创新目标，集群制造企业要善于与产业网络的其他节点组织发生联系，脱离网络结构，游离在网络关系边缘的集群企业，将承担"联接缺失成本"，竞争力和创新力都将会随之弱化。威廉姆森指出，交易频率的提高可以增进交易双方的信任从而降低交易成本。而交易频率提高所增进的交易双方的信任，为集群网络中的节点组织之间的"生人关系"转化为"熟人关系"打下了基础，从而有效促进产业网络由"交易性"向"关系性"的演化。

对集群企业而言，一方面，利用集群网络关系，可以更有效地参与产业分工，分享分工协作的溢出效益。另一方面，随着关系质量的改善，集群制造企业可以节省稀缺资源的获取成本，在企业边界之外得到技术、人力、资金等生产资源的支持。比如，集群企业间的赊销活动，就是一类依赖于彼此间的信任，以缓解融资压力的合作行为，其发生往往是在情感性关系，而非交易性关系的情境中。再则，集群制造企业可以累积企业成长所需的知识与能力。从内隐性特征分类，知识有显性和隐性的区别，一般而言，显性知识易于复制，可以通过市场交易实现转移。但是，隐性知识就表现出复杂性、情境嵌入性和主体依赖性的特征，有较强的黏滞性，单纯依靠市场关系和交易契约是无法完成共享转移。只有借助情感性的关系嵌入，由知识转移方和接收方深度合作，在相互信任的网络关系中，才可能获取，这是一类关系性嵌入主导的知识流动。而这种无法复制的知识能力，恰恰是集群制造企业成长的根本动力。因此，在集群网络结构中，网络节点间的关系质量成为有效推进集群创新和集群竞争力提升的关键，集群升级集中于网络关系质量的升华。产业集群升级在三个层次上的递进逻辑，如图 5.1 所示。

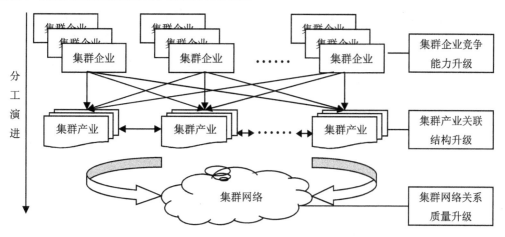

图 5.1　分工视角下集群升级在三个层面上的递进

三、研究设计

从分工演进的角度，对产业集群升级的目标表现做出深入剖析之后，可以明确劳动密集型产业集群升级，类似于制造类产业集群升级，能够从集群企业升级、集群产业升级和集群网络升级三个递进层面的关键要素，去设计测量工具。为此，本书参照德维利斯提出的测量工具开发范式，遵循以下几个步骤去完成测量工具的设计。

（1）检索文献，寻找经过实证有效的量表。在学术领域，研究者为社会服务的重要途径之一就是发表学术论文。一些刊出在权威杂志上的文章，一般都经受过严谨的专业审核，以及来自本领域权威学者的建议。有一点可以肯定，使用不可靠的量表绝对不可能产生可靠的研究成果，相关论文也基本没有可能发表在一流的期刊。基于这一点，本书探讨的劳动密集型产业集群升级量表，无论是集群企业层面，还是集群产业层面，又或是集群网络层面，都是在国内外权威期刊已经发表的，由相关学者提出的，经过证实有效的度量指标基础上修改得到的。其中，对英文题项的翻译，遵循翻译与回译的双向程序，即先由两名经济管理领域的研究者各自独立从英文翻译为中文，再由中文回译成英文，比较其中的差别，并就自己的理解做相应的修改。然后，两位研究者就自身的译稿，共同交流，一起核查彼此的差别，在作出一致的修正后，定稿以完成问卷题项的翻译。

（2）专家小组讨论，修正初始量表。直接沿用其他学者的量表，也可能存在一些问题。首先，部分量表来源于国外期刊，那么文化方面的差异、翻译的准确程度，都有可能导致量表内容产生修改的需要。其次，时间方面的局限性比较明显。部分发表在权威期刊的量表，随着时间的推移，当时设计题项赖以存在的情境已经变更，因此，在沿用这些量表时，为保持合理性，有必要对部分不适应的表达作出相应的修改。再次，研究主题的变动，同样要求对量表做出修改。量表服务于当时作者研究的内容，在设计题项时，自然会倾向于其自身的研究目的。为此，在沿用这些量表的时候，需要围绕劳动密集型产业集群的特点，做出部分的内容修改，以适应自己的研究主题。基于此，在得到初步量表题项以后，就其中的部分表达内容，与经济管理领域专家，以及四位集群制造企业的高管进行了深入讨论，并就反馈结果，逐一审阅和修订，确保问卷的表达符合研究主题的现实需要。

（3）样本预测，形成最终的问卷。理论分析的量表结构是否合理，仍然需要有实证数据分析的支撑。为此，在完成初始题项设计之后，本书以景德镇陶瓷产业集群部分劳动密集型企业为调查对象，借助探索性因素分析及验证性因素分析，做了一次样本测试。并就测试结果，结合管理学领域的部分学者建议，对问卷进行了修订，以形成最终有关劳动密集型产业集群升级的调查问卷。

第二节　测量工具的初步形成

一、集群企业层面

从企业层面测度集群升级，切入角度的不一致，带来了不同的测量工具。比如，以企业创新驱动为分析视角，Schmitz（1995）将集群企业升级定位在创新资源的积累速度、创新要素的优化配置、创新主体的分布结构、创新产出的合理分配四个方面，并特别指出，单一维度的内容是无法准确反映复杂的集群企业升级，需要结合四个维度的内容，从创新能力的视角，设计集群企业创新升级的路径。Subralnaniam（2005）在区分集群企业的渐进式创新和激进型创新后，将关注的焦点置于社会资本的衡量，认为集群企业升级的标志在于，资源累加、动态能力和社会资本之间可以形成良好的互动循环。借助内部社会资本和外部社会资本，企业有机会累加升级资源，特别是一些稀缺资源，并在动态能力，特别是适应企业升级的相关能力的作用下，驱动资源的内在张力，实现集群向高层次攀升。相较于竞争对手，这些集群企业在共享知识、改善经营效率、汲取稀缺资源、提升技术创新水平方面表现更为突出。Humphery（2004）同样指出，创新是集群企业升级的原始动力。但是，这种创新是以专业化分工和协作为基础，同产业或相关产业的集群企业通过地理位置上的集中或靠近，产生创新集聚效应，才能获得创新优势。作为集群升级基础的微观单位，集群企业通过吸收生产经营流程的各类知识，可以加速产品、工艺及管理模式等各方面的创新，实现工艺、产品、功能等多种形式的升级，进而实现附加值的增加。为此，工艺、产品、功能创新会是衡量集群企业升级的关键变量。

结合劳动密集型产业集群的特点，即生产制造类活动占据集群的主要日常实践的大部分，无论是创新能力还是竞争力改善，大多是以制造类产品的生产加工、工艺流程、功能市场的形式体现出来。其中，在生产加工环节，劳动密集型产业集群企业，可能从单一的零部件组装，逐步发展到承担更多、更纷繁的生产环节，并且从技术含量来看，集群企业会有一个明显的过渡，慢慢从技术含量低的纯手工制作转向技术含量高的自动化设备加工。显然，无论是产品种类、技术档次还是新产品推出速度，都会有较大的改观。在流程工艺上，集群企业通过生产设备的引进、改进或以完善新技术引入、旧生产过程的优化，并达到提高生产效率、降低生产成本的目标。

而功能市场方面，劳动密集型集群企业升级具体会表现为，从产品的局部改良到重大改进，直到自身设计生产推出新产品。此时，制造企业可能在产品结构、材料设计方面，具有持续的知识积累，让企业不仅推出新产品，还能以授权专利、技术市场转让收入、制定新的技术标准等形式体现自身的创新能力或竞争能力。至于市场功能，有关劳动密集型集群企业升级的标志，国际上公认的典型标志就是中高端市场的占有和自有产品品牌的打造。同时，集群制造企业将生产知识和顾客需求有机结合，围绕客户的需求特点，实时适宜地推出产品、定价、销售和服务模式，以开拓目标市场，提升市场知名度，也是市场功能培育的集中体现之一。

据此，对于劳动密集型产业集群升级，其在集群企业层面的衡量，本研究分别从集群企业的产品升级、工艺流程升级、功能市场升级三个角度考虑指标支持。参照Kaplansky（2001）、Humphery（2004）、Gereffi（1999）在测度制造类产业集群企业升级时的观点，结合劳动密集型产业集群的特点，我们修改形成了13个题项的初步量表，用以测度集群升级在企业层面的表现。其中，产品升级维度包含4个题项，比如"集群企业推出新产品的速度很快""集群企业新产品的生产技术档次高""集群企业产品附加值较高""集群企业产品生产成本较低"；工艺流程升级维度，集中于4个题项，比如"集群企业工艺创新速度加快""集群企业拥有先进的工艺技术水平""集群企业的生产设备自动化""集群企业的生产组织合理"。功能市场升级维度，同样表现为4个题项，即"集群企业国家级商标数量增长""集群企业很好地开发了中高端产品市场""集群企业专利申请大幅增长""集群企业有很高的市场知名度"。

二、集群产业层面

虽然部分学者将集群产业层面的升级类比于集群企业升级，将产业视作要素投入产出的过程，在衡量指标上，集中表现为集群资产总额、集群对区域经济贡献度、集群产值区位商、集群工业增加值增长速度、集群工业总产值增长速度、集群内劳动生产率的增长速度、集群企业的密度和规模等。但是，从分工演进的视角来看，随着生产迂回度的上升，分工专业化水平改善的同时，也意味着交易成本的加大。为避开这一矛盾，有必要从产业层面做冗余节点的简约化，通过产业结构调整，使分工专业化与交易费用的两难局面可以始终保持在平衡的空间内运行，这一点符合Kaplinsky的观点，即产业集群在产业层面的升级，重点应关注集群产业从低技术水平、低附加价值、重复冗余的结构状态向高技术水平、高附加价值状态、精简合理的结构演变。

相对于经济财务指标，从中长期而言，集群产业结构会显得更加重要，产业结构的转型优化是集群在产业层面上升级的集中体现。为此，在指标选取时，一般会考虑一些结构性指标。比如，Chikashi（1999）的研究发现，台湾地区PC产业集群在经历简单加工、制造设计、品牌创新三个阶段后，其产业内部的技术结构、组织结构、布局结构和行业结构也会随之逐渐成熟，从而使整体产业结构从较低水平状态演变为较高水平状态。因此，在测度集群产业升级时，技术结构、组织结构、布局结构和行业结构的是指标设计的基点。这一点与Parente有关集群制造企业通过和其他主体，包括教育、科研、服务、中介等之间的知识转移共享、沟通互动，借助知识螺旋，即知识的内化、外化、社会化和创造化的知识螺旋，实现从代工生产到原始设计再到自主品牌，进而迈向国际产业链高端的升级路径本质相同。邬义君（2005）指出，制造类集群是围绕主导制造业形成的区域结构化集聚现象，在衡量集群升级时，可以考虑集群制造业结构优化带来的附加价值溢出量、产业高加工度化系数、结构效益系数及结构效应链。Scott（2002）则认为，集群产业并非孤立性质的存在，即便是制造类产业集群，也有服务业、信息产业等活动的空间。这就意味着，在测度集群产业升级时，不仅要考虑主导制造业结构，而且应该将产业间的关联关系纳入其中。比如，以Alavi为代表的一批学者，认为产业集群升级一般意味着产业结构趋向于推进产业集群经济效益、社会效益的改善。合理的集群产业结构，应该突出集群主导产业的强势地位，并在配套产业的各个环节，活跃着大量竞争充分的集群企业，使产业链上的节点企业关联保持在均衡的区间内（Markusen，2000）。

因此，集群在产业层面升级的量表，以结构维度上的考量为主，结合魏江（2004）、王缉慈（2003）、Markusen（2000）、于斌斌（2013）的观点，初步形成了"集群产业集中程度""集群制造产业活跃程度""集群主导产业的贡献程度""集群产业链节点企业后向关联程度""集群产业链节点企业前向关联程度""集群产业结构的差异性"等六个题项。

三、集群网络层面

新制度经济学理论认为，如果说企业和市场居于不确定性、交易频率和资产专用性综合作用的组织形态两端，那么集群主体间形成的复杂网络形态，就是在连续频谱两端的中间组织。一般而言，网络可以归结为一组结点和结点之间特定关系这两个方面。其中，结点属于网络主体，是网络结构中的行动者，而关系描述的是，将结点连接在一起的特定关系类型。

在有关集群网络层面的研究文献中，二价（dyadic）、行动者（actor）和整体网络（whole network）是网络分析的三个典型层级，在Borgatti的论述中，多数网络分析的基本假设都是基于二价层面，集群网络分析的基本单位被集中在关系层面。同时，在行动者层面，主要考量的是集群行为主体在集群网络结构中的中心地位，网络位置成为创新能力分析的关键切入点。而整体网，主要是集群网络的整体结构特征，如密度、规模等。三种研究层次构成了集群网络分析的备选算法集合，可以依据研究目标，选择恰当的分析层次切入，彼此之间并不存在优劣之分。由于二价层面属于基层的网络分析层次，包含充沛信息的理论假设，以及在网络关系研究上的丰硕积累，相较于行动者和整体网层次，其对研究目标实现往往表现得更为适宜。因此，为避免概念理论的过度发散，本研究在讨论集群网络层面的测量工具时，基本的切入视角将定位在集群网络的行动者关系上。

在传统的集群网络研究中，集群企业属于内生行动者，其他相关主体则被定义为外生的情境因素，二者共同支撑集群网络结构。对此，本研究并不认同。事实上，集群企业无疑是集群网络中的关键结点，但除此之外，包括决策机构、中介服务、高校和科研院所、集群外的相关主体都可能参与到集群互动中，成为集群网络结构中的组成节点。为此，集群网络的节点具有明显的多样化特点，在集群网络化分析时，不应忽视其他主体在交互式活动中的能动性（周珉非，2011）。Camagni（1991）基于创新是集群升级源动力的判断，从利于集群主体共同创新和学习的关键机制入手，提出了从集群市场中熟练劳动力的自由流动、客户供应商之间的技术交互、模仿和反向工程的可行性、集群主体制度外的非正式合作、集群主导产业的共性技术获取、互补知识和配套化专业服务供应等六个维度，讨论集群主体间网络关系质量的优化机制。Wilkinson（1999）在分析制造类集群升级的文献中，认为集群升级的关键在于构建推动创新发展的网络关系机制，在测度网络层面升级的表现时，可以考虑供应商和客户间联系、制造企业间的正式和非正式合作关系、高技能工人的流动性、集群制造企业和其他大学、公共研究实验室间的关联关系。盖文启和王缉慈（1999）同样关注集群创新，将区域创新网络和集群创新网络的研究结合起来，试图把产（企业）、学（大学）、研（科研机构）、官（政府）结合，并将这些主体在创新合作中的形成的关系质量作为测度集群在网络层面升级的指标。Bathelt（2004）关注集群创新中的知识活动，通过架构产业集群中通过网络关系实现知识创造的概念模型，将集群网络关系区分为两大类：一是集群内部地方化主体的非正式交往和人员流动；二是跨越集群边界的外部网络关系。前者将核心知识流通局限于地方区域；后者关联核心知识全球流通机制。这样，集群网络升级要求动态调整两种网络关系，既避免地方关系的过度嵌入带来认知同质与路径锁定的风险，又缓解跨界关系过度嵌入带来凝聚力与系统性缺失的问题。至此，如Visser（2008）所言，在测度集群升级的创新网络关系时，焦点应在地方网络关系和超地方网络关系间调整平衡，集群开放程度应该是集群升级在网络层面上的一个重要子维度。

不仅创新关系受到重视，集群主体间以信任、文化为代表的非正式社会关系同样也是集群网络关系的内容。社会关系属于一种持久的社会资本，是在历史发展中通过持续的集体行动获得，并根植与集群地方，是过去信任关系积累的结果。Granovetter（2000）的社会网络模型就认为，人际关系社会网络让集群企业有机会超越刚性边界，在互动交往中，实现资源信息的共享交流。此时，集群网络中的主体关系主要靠私人关系组成，具有典型的社会根植性。McAllister（2004）的研究也表明，情感信任对集群网络主体的沟通频率有正向影响，但是，随着沟通进程的推进，交流相关主体会将可信性范围扩张，甚至将某一方面的可信度作为其他方面可信度的替代变量，从而形成复合性关系。这就表明，双方的互动已然由专业化交流，逐步演变为共同有兴趣和关注的其他事件、问题。恰恰是复合领域的频繁交往，让彼此交融、碰撞、共享、转移知识，特别是一些隐性知识经验的合作，在纵深层面得以拓展，进而整体上表现出集群网络关系的升级。

综观这些集群网络关系的研究成果，易于发现，正式的创新关系和非正式的社会关系是常被关注的热点。正如Asheim（1997）将产业集群现象和区域创新系统结合起来，强调集群网络是一种特定的区域创新网络，特殊之处在于推动集群产业的创新活动和创新效率，需要平衡正式战略合作关系与社会关系、文化因素等非正式交流，这也是实现集群在网络层面升级的关键。可以说，集群创新是原动力，为实现集群网络化升级的目标，集群主体间有必要通过业务外包、长期供货安排、联合研发、合作生产等活动结成正式的网络关系，并随着交易的持续进行，产业集群主体间在利用共享基础设施、信息交流和学习模仿等活动中，又会建立起非正式社会关系。集群内部各种形式的主体间以正式创新关系或非正式社会交往为纽带，逐渐演变为复杂的、开放式的高质量集群网络关系。

据此，本研究结合创新基点下的正式集群网络关系和信任基点下的非正式集群网络关系，对劳动密集型产业集群在网络层面的关系质量升级，从"企业间分包外包关系""我们与大学科研机构间的关系紧密""我们与本地供应商和配套企业间的关系密切""我们与当地政府部门间关系的密切程度""我们与政府部门间的非正式交往频繁""我们信任自己的合作伙伴""我们与外地合作伙伴间交流频繁""我们经常聘用或借用外地技术或管理专家"等八个题项。

第三节　子维度测量工具精炼

一、量表的修正完善

由于量表，特别是产业层面、网络层面的测量题项，虽然依实际研究要求，做出了表达方式的修改，但是，设计题项仍会存在重复、差漏、不合理之处。因此，确定问卷初稿之后，笔者在工作的高校，依托江西省陶瓷产业经济发展软科学研究基地，分别选择了几位应答者对问卷进行预测试，以便修正相关题项。这些应答者包括三位产业经济研究领域的学者、两位财务管理领域的学者、四位企业高管。在预测试时，第一，由笔者简单介绍了劳动密集型产业集群升级的相关理论和各个待测变量的选取思路，使参与的九位经济管理领域的学者和实践者对测试量表有大概的构思。第二，请参与者从各自熟悉的角度对测量内容、题项选择、问卷格式、表达易懂性、术语准确性分别进行审阅，并逐个询问是否有相应的改进建议。第三，集中反馈意见，对照各个测量题项的说明，再次共同讨论，并对其中过半数同意修改的题项做出了适当的调整。通过深入的探讨，多数应答者认为，存在以下三个方面的改进要求。

（1）集群企业层面的测量。"集群企业新产品的生产技术档次高"这一个题项可以删除。原因在于，集群企业新产品的生产技术，描述的是集群企业生产新产品的工艺水平质量，而非新产品本身的种类、特征或属性。换言之，这一题项更多的是符合集群企业工艺流程升级的要求。但是，从指标结构来看，这一题项如果被移入工艺流程升级的子维度，同样并不合适。在集群企业的工艺流程升级维度上，已经有了"集群企业拥有先进的工艺技术水平"这一相似题项来反映集群企业生产技术水平，强行植入会出现指标语义的重复表达。因此，有必要在正式测度量表中删除这一题项。

（2）集群产业层面的测量。"集群产业链节点企业前向关联程度（投入产出感应度系数）"和"集群产业链节点企业后向关联程度（投入产出影响力系数）"两个题项存在表达上的重合，应当合并为一个题项。其实，无论是与分销商之间的后向关联，还是与供应商之间的前向关联，都是基于价值链的思维逻辑，从产业链节点企业的关联角度，考虑集群产业结构是否合理。因此，建议用"集群产业链节点企业关联程度"一个题项合并概括二者的表达。

（3）集群网络层面的测量。因为企业间分包外包关系的结果，就是形成了企业与供应商、配套企业或客户企业间的关系，因此，为避免题项表达的重复，可以删除"企业间分包外包关系"这一题项。"我们与政府部门间的非正式交往频繁"题项的内容可以包含在"我们与当地政府部门间关系的密切程度"中，二者存在语义表达的重复。"我们经常聘用或借用外地技术或管理专家"与"我们与外地我们与合作伙伴交往频繁"这两个题项，同样存在表达语义的包容。其实，"我们与合作伙伴交往频繁"已然可以表达出经常聘用或借用外地技术或管理专家的意义。因此，这两个题项可以简化为"我们与外地、我们与合作伙伴交往频繁"一个题项。

综上，修订初始量表，最终形成了表5.2所示的劳动密集型产业集群升级的测量题项。

二、探索性因子分析

由于本研究是首次从分工演进的视角，对集群企业、集群产业、集群网络三个递进层面的升级要素，做了系统化的整理解释。在考量劳动密集型产业集群升级时，虽然量表的各个子维度的测量工具，都是参考了一些已有相关研究成果。但是，一方面，部分量表来源于国外文献，其对国内劳动密集型产业集群的普适性有待考察。另一方面，这些量表内容能否被归纳在劳动密集型产业集群升级的总体测量框架内，同样有待考察。因此，SPSS17.0做探索性因子分析被用来精炼和验证测量题项。

表 5.2　劳动密集型产业集群升级的测量题项

	题项内容	测量说明	题项参考来源
产品升级 Cpug	Cpug01 集群企业推出新产品速度较快	劳动密集型集群企业升级，应该集中体现在推出产品的成本、速度以及附加值是否有足够的竞争力	
	Cpug02 集群企业产品附加值较高		
	Cpug03 集群企业产品生产成本较低		
工艺流程升级 Gylc	Gylc01 集群企业工艺创新速度加快	劳动密集型产业集群，一个重要的升级特征就在于，生产流程组织合理，生产工艺趋向自动化	Weinzimmer（1998）、Love & Roper（2001）、Spender（1999）、李建华（2007）、魏江和朱海燕（2013）、付新爽（2013）
	Gylc02 集群企业的生产设备自动化		
	Gylc03 集群企业的生产组织合理		
功能市场升级 Gnsc	Gnsc01 集群企业国家级商标数量增长	产品有需求市场，能够在功能上体现出技术含量，这是从创新和竞争力视角，分析集群企业层面升级的关键测量指标	
	Gnsc02 集群企业成功开发中高端市场		
	Gnsc3 集群企业专利申请大幅增长		
	Gnsc4 集群企业有较高的市场知名度		
产业结构升级 Cyjg	Cyjg01 集群产业的集中程度	产业结构趋于合理是集群在产业层面升级的关键。一般会表现为主要产业的活跃、产业链的关联性、差异性明显，主导企业对集群贡献较大	Cantwell（1990）、邬义均（2006）、汤婧和于立新（2012）、雷清和杨存典（2012）
	Cyjg02 集群主导产业对集群的贡献		
	Cyjg03 集群产业链节点企业关联性		
	Cyjg04 集群主要产业的活跃性		
	Cyjg05 集群产业结构差异性		
网络关系升级 Wlgx	Wlgx01 我们与本地配套商关系密切	结合大量文献，可以发现，集群网络的关系质量，一般表现在产、学、研、官的关联程度，以及集群主体间的信任关系和对外交往程度	Hervas（2007）、周珉非（2012）、王松和盛亚（2013）、吴波（2009）Malmberg（2005）
	Wlgx02 与本地大学科研机构关系紧密		
	Wlgx03 与当地政府部门间关系的密切		
	Wlgx04 我们信任自己的合作伙伴		
	Wlgx05 我们与外地合作伙伴交流频繁		

在利用进行因子分析之前，针对测量题项做了KMO测度和Bartlett's球状检验，结果显示，KMO样本测度为0.860，远高于0.5的可做因素分析的最低标准，同时Bartlett's球状检验的卡方为3665.773，相应sig为0.000，拒绝相关系数矩阵为单位矩阵的零假设。显然，该测量样本符合进行因子分析的条件。

由于采用方差最大旋转法可以使公共因子的负载向正负1或0趋近，这有利于解释公共因子的实际含义。为此，本书将20个题项随机排列，应用主成分分析法对问卷数据进行因子提取，并依据方差最大法进行因子旋转。其中，以特征值大于1作为因子提取标准，而因子负载截取点为0.5，对于在任一因子上负载都低于0.5或在多个因子负载上大于0.5的题项进行剔除。在完成题项筛选之后，如果剩余条款的因子负载都在0.5以上，且累计解释方差高于50%，就可以认为测量量表符合科学研究的要求。根据这一标准，结果收敛成5个因子，而且每个因子的负载都大于0.735，解释方差达到74.905%。其结果如表5.3所示。

表 5.3 探索性因素分析结果

题项标记	因素 1	因素 2	因素 3	因素 4	因素 5
Wlgx01	0.860				
Wlgx04	0.835				
Wlgx03	0.807				
Wlgx02	0.794				
Wlgx05	0.790				
Cyjg05		0.821			
Cyjg02		0.810			
Cyjg03		0.784			
Cyjg04		0.779			
Cyjg01		0.735			
Gnsc01			0.864		
Gnsc03			0.822		
Gnsc02			0.820		
Gnsc04			0.790		
Gylc01				0.895	
Gylc02				0.888	
Gylc03				0.883	
Cpug01					0.895
Cpug03					0.880
Cpug02					0.851
因素命名/累计方差	网络关系升级/18.223%	产业结构升级/35.258%	功能市场升级/50.159%	工艺流程升级/62.651%	产品升级/74.905%

三、可靠性和敏感性检验

可靠性是指不同测量者使用同一测量工具的一致性水平，一般用来反映相同条件下重复测量结果的接近程度。本书利用Cronbach's 系数来检验测量工具的内部一致性，该指标已经被大量实践证明，是检验多维量表可靠性的有效指标。通过SPSS17.0的运用，对劳动密集型产业集群升级五个子维度的可靠性检验结果，如表5.4所示。其中，系数低于0.35则属于低信度，可以给予删除。若在0.35至0.75之间表示可以接受，大于0.75则表示信度相当高。而在社会科学研究领域，通常只要 α >0.6 就认为问卷的信度可以接受（Guieford，1995）。

表 5.4 可靠性检验结果

构思题项	项总相关系数	α / 删除该项目后的 α	构思题项	项总相关系数	α / 删除该项目后的 α
产品升级		0.879	工艺流程升级		0.897
Cpup01	0.798	0.797	Gylc01	0.795	0.854
Cpug02	0.753	0.841	Gylc02	0.800	0.849
Cpug03	0.747	0.839	Cylc03	0.792	0.855
产业结构升级		0.880	网络关系升级		0.907
Cyjg01	0.656	0.867	Wlgx01	0.821	0.873
Cyjg02	0.721	0.851	Wlgx02	0.726	0.893
Cyjg03	0.695	0.858	Wlgx03	0.724	0.894
Cyjg04	0.737	0.848	Wlgx04	0.802	0.877
Cyjg05	0.760	0.842	Wlgx05	0.750	0.888
构思题项	项总相关系数		α / 删除该项目后的 α		
功能市场升级			0.882		
Gnsc01	0.809		0.822		
Gnsc02	0.718		0.856		
Gnsc03	0.752		0.842		
Gnsc04	0.691		0.867		

从表中数据易于发现，所有项目的信度值都大于 0.80，包含项目数最少的产品升级和工艺流程升级，其值也分别达到 0.879 和 0.897，而且在删除该项目后的值也都小于每一个构念当前的状态，说明问卷有较好的信度。此外，通过项－总相关系数，对劳动密集型产业集群升级的五个子维度全部题项进行过滤。以 0.5 为区分点，除非有特殊理由，否则对小于 0.5 的对应题项，应该予以删除。分析结果表明，所有项目的项－总相关系数都大于 0.656，这也从一个侧面再次验证测量工具有较好的信度。

敏感性检验也属于测度量表的关键评价指标。本研究采用了 Likert5 点量表，被试者有关劳动密集型产业集群升级的问题回答范围，被限定在"完全不符合""不符合""很难说清楚""符合""完全符合"五个选项中，其匹配程度反映了问卷回答者对于问题描述的敏感性。同时，各个指标的问题，都被要求至少包含 3 个问题，这也有利于增加问卷敏感度。

四、效度检验

效度（validity）是衡量量表的一个重要指标，它表明一个量表能有效测试被测量事物特质的程度。一般来说，对于新的测量工具而言，其效度检验包含内容效度、区别效度、收敛效度。

（1）内容效度。也就是表面有效性，是指量表逻辑上能够清晰反映出研究中所要测量的概念的内容，一般可以通过主观进行判断。由于在题项形成阶段，本书基于分工和分工演进的理解，围绕产业集群升级相关理论，查阅了大量国内外已有研究成果，力求全面覆盖测量内容。同时，在问卷初稿完成之后，笔者组织管理领域专家、企业中有丰富管理实践经验的人员就问卷的内容和形式进行了较为深入的讨论，查漏补缺，剔除重复，修正表达，调整结构，以合理化题项的分布。因此，问卷的内容效度是符合研究要求的。

（2）收敛效度。对一个概念进行测量，当它和相同构造的不同测量工具高度相关时，说明该测量工具有收敛效度。从表 5.4 易于发现，劳动密集型产业集群升级的子维度之间有中低度的相关关系，各个构思间的相关系数分布在 0.468 至 0.654 之间。另外，潜在变量的平均变异抽取量（AVE）也是收敛效度的重要反映指标，表明观察变量的变异量能被潜在变量所解释的程度，可以直接显示被潜在构念所解释的变异量中有多少是来自测量误差。AVE 越大，指标变量被潜在变量构念解释的变异量百分比愈大，相对的测量误差就愈小，一般的判别标准是平均方差抽取量要大于 0.5。具体计算公式为：

$$AVE = \frac{(\sum \lambda^2)}{(\sum \lambda^2) + \sum(\theta)}$$

其中，λ 是标准化因素载荷，θ 为观察变量的误差变异。

依此，劳动密集型产业集群升级的各维度 AVE 值在 0.749 到 0.821 之间，均接近或高于收敛效度的临界值 0.5（Steenkamp，1991）。换言之，各维度之间是存在一定相关性的，属于产业集群升级的整体构思，各个子要素测量有较好的收敛效度。因此，问卷的收敛效度是符合研究要求的。

（3）区分效度。表明量表区别不同维度或概念的程度。在区别效度方面，若潜在变量之间具有区别效度，其潜在变量之间的相关程度必须小于潜在变量内的相关程度。如果潜在变量的平均变异抽取量（AVE）的平方根值大于潜在变量之间的相关系数（Fornell，1981），那么各潜在变量间就具有区别效度。结果如表 5.5 所示。

显然，矩阵对角线上 AVE 的平方根值明显高于其所在行列的相关系数，这就说明，劳动密集型产业集群升级的各子维度具有一定的独立性，没有出现不同构念过度重合的反应。因此，问卷的区分效度是符合研究要求的。

表 5.5　区分效度结果

组成成分	AVE	Cpug	Gylc	Gnsc	Cyjg	Wlgx
产品升级（Cpug）		（0.899）				
工艺流程升级（Gylc）		0.244**	（0.904）			
功能市场升级（Gnsc）		0.214**	0.127*	（0.906）		
产业结构升级（Cyjg）		0.225**	0.265**	0.406		
网络关系升级（Wlgx）		0.264**	0.271**	0.375**	0.402**	（0.865）

注：**在 0.05 水平（双侧）上显著相关，*在 0.1 水平（双侧）上显著相关

第四节　结构维度的验证性分析

探索性因素分析的目的在于确认量表因素结构，常考虑的是，需要决定多少个因素或构念，同时因素负荷量的组型如何。在问卷的预设上，一般都会先进行探索性因素分析，求取量表的因素结构，建立问卷的架构效度。一旦研究者得知问卷或量表是由数个不同潜在构面或因素组成，量表的各个因素及其题项都已经固定，那么需要深入的就是，量表的因素结构模型是否和实际搜集的数据契合，指标变量是否可以有效作为因素构念的测量变量，此种因素分析的程序，就是验证性因素分析。

其中，劳动密集型产业集群升级的五要素基础模型的结构方程标准化估算，如图 5.2 所示。

相关结构模型分析结果整理在表 5.6 中。

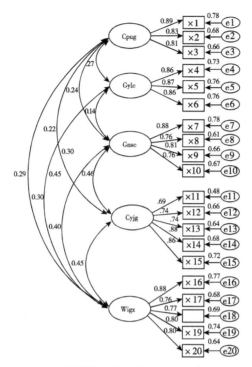

图 5.2　基本模型的结构方程标准化结果

表 5.6　结构模型分析适配度检验结果

	检验量	拟合标准	估计值	适配性
绝对拟合指标	RMR	<0.05 越小越好	0.024	是
	SRMR	<0.08 可接受，越小越好	0.0356	是
	RMSEA	<0.08（若 <0.05 优良；<0.08 良好）	0.053	是
	GFI	>0.90 以上 越大越好	0.923	是
	AGFI	>0.90 以上 越大越好	0.895	否
增量拟合指标	NFI	>0.90 以上 越大越好	0.974	是
	RFI	>0.90 以上 越大越好	0.936	是
	IFI	>0.90 以上 越大越好	0.998	是
	NNFI	>0.90 以上 越大越好	0.997	是
	CFI	>0.90 以上 越大越好	0.998	是
简约拟合指标	PGFI	>0.50 以上 越大越好	0.686	是
	PNFI	>0.50 以上 越大越好	0.784	是
	PCFI	>0.50 以上 越大越好	0.798	是
	x^2/df	1—2 之间属于适配良好	1.013	是
	x^2	P>0.05（未达显著水平）	86.095（P=0.323>0.05）	是
	CAIC	小于饱和模型值，且小于独立模型值	294.245<673.473< 1587.21	是

从表 5.6 结果易于发现，基本模型量表的相对拟合度很理想，绝对拟合值除了 AGFI 处于 0.895，接近 0.9 的临界值，具有较好的拟合度以外，x^2/df、RMR、RMSEA 都显示模型具有良好的适配度，同时，假设模型的整体残差指标也都显示拟合度较好。

对于劳动密集型产业集群升级的子维度构成，除开五因素基本模型以外，部分相关文献也提出了其他结构的要素模型。因此，在利用 AMOS7.0 做验证性分析部分，本书比较了三个备择模型，通过结果指标的综合考量，来确立最优的劳动密集型产业集群升级结构模型。其备选模型是：（1）三要素模型，即产品升级、工艺流程升级和功能市场升级三个要素统一以集群企业升级概括；（2）两要素模型，即产品升级、工艺流程升级、功能市场升级和产业结构升级四个维度均统一在产业升级的维度下，平行于网络关系升级的维度；（3）一维模型，也就是把劳动密集型产业集群升级看作单一的整体构思来探讨；基本模型与其他备择模型，在拟合指数方面的比较结果，如表 5.7 所示。

表 5.7　备择模型适配度对比分析结果

模型	x^2/df	RMSEA	NFI	NNFI	IFI	CFI	GFI	AGFI	RMR	SRMR
基本模型	1.013	0.053	0.974	0.997	0.998	0.998	0.923	0.912	0.024	0.0356
备选模型 1	2.523	0.121	0.834	0.891	0.914	0.912	0.757	0.663	0.036	0.0623
备选模型 2	4.121	0.141	0.773	0.769	0.845	0.827	0.686	0.582	0.058	0.0812
备选模型 3	6.734	0.223	0.644	0.591	0.679	0.612	0.574	0.346	0.087	0.1321

从 x^2/df 指标看来，备择模型 1、备择模型 2、备择模型 3 均超过 2.0，甚至最大达到 6.734，而基本模型只有 1.013。RMSEA 指标方面，备选模型都超过 0.1，拟合标准划定在 0.08 以下，显然只有基本模型值 0.053 符合要求。至于 GFI、AGFI、IFI、CFI 指标方面，各个备择模型都没有达到 0.90 的拟合标准，而基本模型除 AGFI 以外，都很好满足拟合要求。SRMR 指标，备择模型 2 和备择模型 3 都超过 0.08，而基本模型只有 0.0356，且优于备选模型 1 的 0.0623。因此，综合来看，基本模型和实际观察数据吻合比较好。换言之，劳动密集型产业集群的升级测量指标具有一阶四因素结构。

本章主要讨论了劳动密集型产业集群升级的因变量。从文献搜索的结果来看，这一领域的研究，大多集中于集群制造企业、集群制造产业和集群制造网络三个升级层面的考量。因此，本书借鉴竞争优势理论，并基于分工与分工演进的视角，从集群企业的产品升级、生产工艺升级、功能市场升级、集群产业的关联结构升级和集群网络的关系质量升级五个子维度，整合了三个层面的测量题项，并利用探索性因素分析以及结构方程模型，对整合后的量表给予了实证验证，为进一步从分工和分工演进的视角，研究劳动密集型产业集群升级奠定理论基础。

第六章　劳动密集型产业集群升级实证研究

在全球经济一体化的竞争环境下，我国传统的劳动密集型产业集群面临着诸多问题和挑战。首先，从集群企业的视角来看，企业普遍面临着集群生产要素成本的不断上升，产业整体的低成本竞争优势不断弱化，研发投入偏少而导致的技术创新能力偏弱等问题，再加上国内外新的竞争对手的不断进入，行业整合和洗牌进程的不断加快，企业的生存压力也随之日益增大。其次，从产业集群整体来看，企业生存压力的加大很容易引起产业内过度竞争，这不仅扰乱了公平有序的市场竞争秩序，造成内耗和资源浪费，而且还会损害集群共同体的整体利益，不利于产业集群的可持续发展和集群创新能力的提升，甚至会导致产业价值链长期锁定于低端。基于此，从劳动密集型产业集群长远可持续发展的视角来看，产业升级无疑是帮助集群克服诸多问题和挑战的有效策略。

为寻找到推动劳动密集型产业集群的升级路径，首先要解决的关键问题就是要探究影响产业集群升级的因素。为此，本章节将在对产业集群升级相关理论文献进行梳理的基础上，按照如下思路开展产业集群升级影响因素的实证研究。第一，运用层次分析法探究影响产业集群升级的中观和微观指标体系，并对这些指标体系的重要性程度进行排序；第二，从集群创新能力提升的视角，运用"创新环境—创新资源—创新意识—创新活动—创新能力—创新绩效"的分析框架，探究这六大创新要素间的联系，进而厘清创新与产业集群升级之间的内在联系；第三，从社会网络的视角，运用阶层回归分析法探究影响产业集群升级的具体因素，为后续的劳动密集型产业集群升级对策的提出奠定扎实的理论和实证基础，进而保证集群升级政策制定的科学性、针对性和有效性。

第一节 基于层次分析法的劳动密集型产业集群升级影响因素评价

一、劳动密集型产业集群升级的影响因素

根据前文对劳动密集型产业集群的界定及其特征可知，劳动密集型产业集群的整体规模是以中小企业为主，科技水平较低，行业整体创新水平要远远低于高新技术产业集群，并且多以内源型为主。经过几十年的发展，再加上中国经济进入新常态，这些传统的劳动密集型产业集群的发展基本上进入了瓶颈阶段，产业转型升级已经成为一种不可扭转的趋势。然而，劳动密集型产业集群的升级却受到一系列因素的影响，甚至某些因素已经成为抑制集群升级的潜在障碍，因此，只有推动劳动密集型产业集群的整体升级，集群才能够获得进一步发展。

（一）集群企业的创新能力

产业集群升级的本质在于创新。集群企业通过专业化分工协作，不仅完善了集群创新网络，而且通过产业链上下游企业间的紧密协作，共同提升企业的技术创新能力，实现了新的价值创造（李海东、黄弘，2014）。技术创新不仅有利于改善企业在价值链环节中的地位，而且还有利于推动整个产业的全面升级。徐康宁和冯伟（2010）指出，产业升级的关键在于企业形成强大的创新能力。不论是哪一种类型的产业集群，其都是由不同类型、不同规模、行业地位有显著差异的企业构成，并且作为产业链环节不可或缺的一部分，它们扮演着不同的角色并对集群升级发挥不同的作用。理论研究和实业界的实践表明，集群中起主导作用的创新型企业往往最终决定着一个集群的竞争力及其升级潜力。创新型企业在提升自身创新能力过程中所开展的各类创新活动对产业技术的发展发挥着引导作用，是产业集群升级、区域经济发展的重要驱动力（李海东、黄弘，2014）。毫无疑问，创新型企业肩负着产业升级的使命，一定程度上，其技术创新能力的高低对产业的整体升级具有举足轻重的作用（赵付春、焦豪，2011）。

当前，在我国众多的劳动密集型产业集群中，中小企业所占的比重最大，龙头骨干企业偏少，再加上中小企业创新意识和创新意愿不够高，在一定程度上抑制了集群整体创新能力的提升。特别是集群中很多中小企业在参与市场竞争时，并不是将注意力集中在对企

业长期发展有利的技术和管理能力的升级，如核心技术能力的培育、自有品牌的创建等，而是将注意力集中在短期机会的把握、时尚潮流的追赶等。这种短视观念无法真正有效地推动产业由价值链低端向高端跃迁，集群升级的坚实基础无法真正建立起来。

（二）集群升级模式

与资本和技术密集型产业集群相比，我国传统的劳动密集型产业升级的主要模式之一就是大力引进国外先进的技术、装备、工艺，淘汰现有技术、装备和工艺，然后经过一定程度的消化吸收来实现企业和产业经济效益的提升。但是这种升级模式很容易使产业陷入"技术引进"陷阱，即陷入"引进—淘汰—再引进"的恶性循环怪圈之中，产业价值链和企业价值链始终位于全球价值链的低端，导致产业集群低端产业和产业链低端的"双重锁定"（高端产业链低端价值链的锁定和低端产业链低端价值链的锁定）（郑健壮，2013），不利于产业的可持续发展、整体创新能力和国际竞争力的提升。

（三）集群主要定位于低端

Humphrey 和 Schmitzh（2002）认为，集群企业通过参与产业链的分工而进入了全球价值链，并为本土产业集群的升级创造了机会。当前，我国大多数劳动密集型产业集群都参与了全球产业分工。劳动密集型产业集群通过依托自身拥有的资源优势、成本优势和制造优势，通过 OEM、ODM 参与全球产业分工，将其生产的产品源源不断地输入国际市场。但是，由于劳动密集型产业集群的产品附加值低、技术含量不高，整个行业很容易受到国内外各种竞争因素的影响，产业整体的抗风险能力偏弱。此外，劳动密集型集群大多因技术水平低而位于产业链的低端，导致行业整体利润率偏低。从产业分工的角度来看，大多数劳动密集型产业集群从事的产品加工制造环节，这个环节往往投入比较大，但创造的附加值和利润却普遍偏低，这就意味着很多劳动密集型集群容易陷入低价、同质、低效益的困境。

二、基于层次分析法的劳动密集型产业集群升级影响因素重要性综合评价

（一）层次分析法简介

层次分析法（Analytic Hierarchy Process，AHP）是 20 世纪 70 年代由美国运筹学家、匹兹堡大学的萨迪（T. L. Saaty）教授提出的决策方法。这种决策方法特别适用于多准则、多目标的复杂问题的决策分析，其优势在于将定性与定量分析相结合，通过将决策者的选择与判断等信息输入决策系统中，挖掘出影响决策结果的关键因素，从而为科学决策创造条件。

在实际应用中，层级分析法主要包括九个步骤。

1.确定评估问题

邀请管理者、决策者参加问题评估会议，了解他们的决策思想和准则。

2.确定系统的总目标

这个环节要求管理者、决策者根据对问题的认识和判断，确定总体目标，明晰决策的范围、采取的措施方案、实现目标的准则以及约束条件等。

3.建立评价指标体系和递阶层次结构模型

决策者根据研究目标和问题性质，构建评价决策方案的指标体系以及相应的递阶层次结构模型。其中，递阶层次结构模型是由目标层、准则层和方案层构成。目标层只有一个元素，即研究问题的总体目标；准则层是基于总体目标的实现而设计的子准则，其可由若干个层次构成；方案层是为了实现目标可供选择的各种决策方案或措施。

4.指标体系和递阶层次模型的科学性评价

这个步骤主要是审视指标体系和递阶层次模型的科学性和合理性，并通过与会人员的讨论最终确定。

5.对各个指标的重要度进行分配

根据决策目标需要，对各个指标的重要度进行分配，通过讨论决定认可。评价指标的重要度，通常是采用名义尺度（Nominal Scale）而非实值尺度，形成指标间的成对比较。具体如表6.1所示。

表6.1　AHP评价尺度

成对比较标准	定义	内容
1	同等重要	两个要素具有同等的重要性
3	稍微重要	认为其中一个要素较另一个要素稍微重要
5	相当重要	根据经验与判断，强烈倾向于某一要素
7	明显重要	实际上非常倾向于某一要素
9	绝对重要	有证据确定，在两个要素比较时，某一要素非常重要，即一个要素明显强于另一个要素可控制的最大可能
2、4、6、8		用于上述标准之间的折中值
上述数值的倒数		当甲要素与乙要素比较时，若被赋予以上某个标度值，则乙要素与甲要素比较时的权重就应该是那个标度的倒数

6.构造判断矩阵和计算要素重要性

针对分析层次，对构成每一层次的要素的重要性进行两两比较，构造判断矩阵。运用矩阵运算的数学方法，用每个指标评价其下一个层次中各个要素的优劣，并计算其重要度。

7.判断矩阵的一致性检验

判断矩阵的一致性检验是通过计算一致性指标（Consistence Index，C.I.）与一致性比例（Consistence Ratio，C.R.）来衡量一致性的高低。C.I.和C.R.的计算公式如下：

C.I.=$(\lambda_{max}-n)/(n-1)$ （式6—1）

C.R.=C.I./R.I.　　　　　　　　　　　　　　　　　（式6-2）

其中，是判断矩阵的最大特征值，*n*是阶数；R.I.是随机一致性指标（Random Consistency Index），具体如表6.2所示。

表 6.2　随机一致性指标数值

阶数	3	4	5	6	7	8	9	10	11	12	13	14	15
R.I.	0.58	0.89	1.12	1.24	1.32	1.41	1.45	1.49	1.52	1.54	1.56	1.58	1.59

Saaty指出，一致性比例在0.1以下是合理的，若超过此水平，则需要对判断矩阵进行修正以改善一致性比例。在判断矩阵通过一致性检验之后，才可以将之用来确定决策的优先级结果。

8.计算各层次元素对系统目标的合成重要度并进行排序

判断矩阵获得接受后，就可以计算各层次元素对系统目标的合成重要度，然后进行排序。

9.将结果用于决策

根据最后的分析结果，为管理决策提供依据。

综合上述步骤，将AHP流程如图整理如图6.1所示：

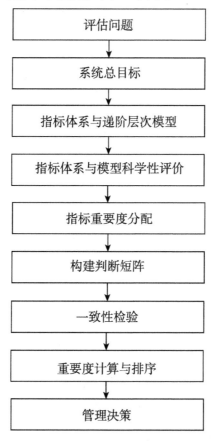

图 6.1　AHP分析步骤

（二）劳动密集型产业集群升级影响因素重要性综合评价

1.密集型产业集群升级评价指标体系

根据产业集群理论、产业集群升级理论以及劳动密集型产业集群特征，本书认为劳动密集型产业集群升级的核心影响因素可以从企业集聚规模、经济产出规模、产业结构和集群网络等四个方面进行探讨。具体见表6.3所示。

表 6.3　劳动密集型产业集群升级评价指标体系

一级指标	二级指标	三级指标	说明
劳动密集型产业集群升级	企业集聚规模（数量）	集群内企业数量	（定量）
		集群内企业密度	集群内企业数量与集群区域面积之比（定量）
		集群资产总额	（定量）
	经济产出规模（质量）	产值区位商	产业集群产值区位商＝（地区该产业产值/地区国内生产总值）/（全国该产业产值/全国国内生产总值），从产值角度反映产业集群在特定区域的相对集中程度（定量）
		区域经济贡献率	集群增加值占地区国内生产总值比重（定量）
	产业结构	产业链部门数	反映产业分工与合作（定量）
		市场集中度	CR10：前十家最大企业所占市场份额的总和，反映集群核心企业活动的影响（定量）
		企业活跃度	一段时间内进入市场的企业净户数与该时段企业平均存活数量的比值，反映产业集群的竞争程度（定量）
		主导产业贡献率	主导产业的增加值在集群中的比重（定量）
		投入产出影响力系数	反映产业后向关联程度（定量）
		投入产出感应度系数	反映产业前向关联程度（定量）
	集群网络	企业间分包外包关系	反映集群交易网络的成熟度（定性）
		产学研合作情况	反映集群产学研合作关系（定性）
		集群开放度	集群成员的多样性，接纳新成员的意愿，集群外组织联系程度等（定性）
		创新环境	如创新机制、鼓励创新政策等（定性）
		集群根植性	经济行为嵌入当地经济社会文化系统的程度，如本地化属性等（定性）

2.影响因素重要性综合评价

为了对劳动密集型产业集群升级影响因素进行客观而全面的评价，课题组采用问卷调查法收集研究所需数据，然后根据层次分析法对各影响因素的重要性进行综合评价。

（1）构建递阶层次模型

在本研究中，决策目标是劳动密集型产业集群升级。根据表6.3中列出的4个二级指标和16个三级指标，我们运用层次分析法软件yaahp 10.5构建的递阶层次模型如图6.2所示。

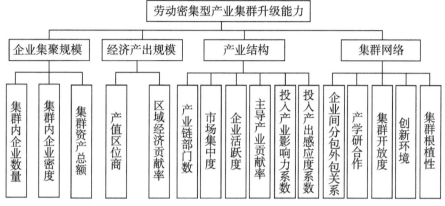

图6.2 递阶层次模型

（2）判断矩阵构建与一致性检验

在研究过程中，我们根据层次分析法的原理，通过相关资料的收集与整理，邀请行业专家、企业家和政府相关人员对《附录劳动密集型产业集群升级各类要素重要性相互比较调查问卷》（见附录一）进行评价打分，构造出以下判断矩阵。其中，准则层判断矩阵设定为C，因子层的判断矩阵分别设定为A1、A2、A3、A4。

准则层的判断矩阵C的调查分析结果如表6.4所示。

表6.4 准则层的判断矩阵

C	经济产出规模	企业集聚规模	产业结构	集群网络
经济产出规模	1	1/3	1/5	1/7
企业集聚规模	3	1	1/8	1/5
产业结构	5	8	1	1
集群网络	7	5	1	1

一致性比例为0.0822，最大特征值为4.2194；对应的特征向量为0.4456、0.4050、0.0941、0.0554。

表6.5 A1的判断矩阵

A1	产值区位商	区域经济贡献率
产值区位商	1	1/3
区域经济贡献率	3	1

一致性比例为0.0000，最大特征值为2；对应的特征向量为0.2500、0.7500。

表 6.6　A2 的判断矩阵

A2	集群内企业数量	集群内企业密度	集群资产总额
集群内企业数量	1	1/4	1/6
集群内企业密度	4	1	1/3
集群资产总额	6	3	1

一致性比例为 0.0516，最大特征值为 3.0536，对应的特征向量为 0.0852、0.2706、0.6442。

表 6.7　A3 的判断矩阵

A3	市场集中度	企业活跃度	产业链部门数	主导产业贡献率	投入产出影响力系数	投入产出感应度系数
市场集中度	1	2	1	1/3	1/4	1/4
企业活跃度	1/2	1	1/4	1/5	1/3	1/3
产业链部门数	1	4	1	1/7	1/2	1/2
主导产业贡献率	3	5	7	1	2	2
投入产出影响力系数	4	3	2	1/2	1	1
投入产出感应度系数	4	3	2	1/2	1	1

一致性比例为 0.0530，最大特征值为 6.3339，对应的特征向量为 0.0798、0.0509、0.1003、0.3728、0.1981、0.1981。

表 6.8　A4 的判断矩阵

A4	企业间分包外包关系	产学研合作	集群开放度	创新环境	集群根植性
企业间分包外包关系	1	2	5	3	2
产学研合作	1/2	1	3	5	1
集群开放度	1/5	1/3	1	2	1/3
创新环境	1/3	1/5	1/2	1	1
集群根植性	1/2	1	3	1	1

一致性比例为 0.0840，最大特征值为 5.3763，对应的特征向量为 0.3721、0.2554、0.0932、0.0932、0.1861）。

（3）计算合成合成重要度并进行排序

递阶层次模型中各层次要素重要度合成权重及排序结果见表 6.9 所示。

表6.9　C层对A层的合成权重表

影响要素	权重	排序
产值区位商	0.0138	13
区域经济贡献率	0.0415	8
集群内企业数量	0.0080	14
集群内企业密度	0.0255	11
集群资产总额	0.0606	6
市场集中度	0.0355	10
企业活跃度	0.0227	12
产业链部门数	0.0447	7
主导产业贡献率	0.1661	1
投入产出影响力系数	0.0883	4
投入产出感应度系数	0.0883	4
企业间分包外包关系	0.1507	2
产学研合作情况	0.1034	3
集群开放度	0.0377	9
创新环境	0.0377	9
集群根植性	0.0753	5

　　分析结果表明，主导产业贡献率、企业间分包外包关系、产学研合作情况、投入产出、集群根植性、集群资产总额、产业链部门数等因素对劳动密集型产业集群升级具有重要影响。此外，在这些影响因素中，企业间分包外包关系、产学研合作、产业链部门数等因素反映了集群本身的产业分工情况，也就是说，集群的分工成熟度和专业化水平将对集群升级具有极为重要的影响。因此，集群升级政策的制定就可以从这些要素的角度出发，提高产业政策制定的科学性和针对性。

第二节　集群升级视角下的陶瓷产业创新能力研究

　　在世界陶瓷产业格局中，中国有着举足轻重的影响力和地位。经过30多年的快速发展，中国已经成为世界上最大的陶瓷生产制造中心，特别是建筑陶瓷的年生产量和年出口量均连续多年居于世界第一位。2016年，中国建筑陶瓷砖产量达到了110.76亿平方米，占世界陶瓷砖总产量的 84.83%；建筑陶瓷砖出口量为 9.93 亿平方米，占世界陶瓷砖出口总量的 35.54%。目前，陶瓷产业在我国很多省份都呈现出蓬勃发展的局面，形成了数量众多、产业特色鲜明的陶瓷产业集群，比如，以传承和创新传统陶瓷文化著称的景德镇陶瓷文化创意产业集群、以产业链最为完整和全国知名品牌数量最多而引领行业发展的佛山建筑陶瓷产业集群、以工艺上乘和风格独特为优势的广东潮州日用陶瓷产业集群，等等。毫无疑问，各种类型的陶瓷产业集群已经成为我国众多陶瓷产区经济发展、就业扩大、区域品牌影响力提升的重要推动力和支撑。

然而，在看到我国陶瓷产业集群快速发展、取得亮眼行业业绩的同时，也要冷静审视陶瓷产业未来发展的趋势。伴随着中国经济进入新常态，我国的经济增长面临着来自于国内和国外市场的双重压力。在国内市场，随着经济发展的速度逐渐放缓，产业结构的调整与转型升级压力日益严峻。在国际市场，随着世界经济发展进入低迷阶段，商品贸易量呈现明显的递减趋势。在这种情形下，中国陶瓷产业的未来发展也随之迎来了新一轮的挑战。随着陶瓷行业制造成本的不断上升，以及环保要求的不断加大，众多陶瓷企业的生产制造能力受到了一定的制约，产能过剩问题较为突出，中国陶瓷产业的产量和规模也由过去的高速增长进入当今的中低速增长。中国陶瓷制品的出口形势也较为严峻，一是在海外市场开拓中经常遭受反倾销调查，二是随着全球经济增长放缓以及需求不振，陶瓷产品的出口量和出口额均出现明显的下滑。2016 年，我国日用陶瓷和建筑陶瓷两大优势产业的陶瓷产品出口量和出口额均出现了非常明显的下滑，其中日用陶瓷出口额大幅下降 25.43%，建筑陶瓷出口额大幅下降 33.57%。总体来看，我国陶瓷制品的出口遭受了重创，产业发展面临着较大压力。一定程度上，我国陶瓷制品出口之所以会出现量价齐跌，除了全球陶瓷产品市场规模出现较明显下降、新兴陶瓷生产国的兴起和发展中国家（比如"一带一路"沿线的印度、伊朗、印尼和越南）陶瓷制品产量的大幅度增加之外，还与我国陶瓷企业资源整合能力和创新能力欠缺、陶瓷产品转型升级进程缓慢、企业和产品品牌知名度低有关。因此，在全球经济复苏乏力和产业发展现实的共同作用下，中国陶瓷产业发展进入了转型升级的关键时期。

从陶瓷产业未来可持续和健康发展的视角来看，探讨陶瓷产业集群转型升级的内在驱动力就是一个尤为值得深入探究的现实问题。对于陶瓷产业集群升级的探讨，学界从多个视角开展了一些较为深入的研究，比如技术创新、全球价值链、出口竞争力、文化、艺术、科技与商业融合、路径依赖与路径创造等。综合现有研究的多个视角可以发现，学界对陶瓷产业集群转型升级的核心内容基本上已经达成较为一致的意见，即陶瓷产业整体创新能力的提升是产业转型升级的关键。然而，现有研究在探讨集群创新这一主题时，大多集中在理论探讨、典型集群案例分析层面，并且部分研究仅仅是探讨了各类因素与陶瓷产业集群升级之间的简单联系，而对陶瓷产业集群创新能力的系统而全面的实证研究则较为少见。鉴于此，本书从产业集群升级的视角对陶瓷产业创新能力的水平进行诊断和梳理，认为集群创新意识、创新资源、创新合作网络、创新绩效、创新活动、创新环境是构成集群整体创新能力的重要构成部分，并且通过陶瓷产业集群调研获得的数据来论证这些构成要素在陶瓷产业集群升级进程中发挥着至关重要的作用。

一、集群创新与产业集群升级

随着外部竞争环境的日益激烈、贸易摩擦的频繁发生，再加上国内企业用工成本的不断攀升，以劳动密集、技术含量较低为典型特征的一系列产业集群将面临巨大的转型升级压力。为有效应对转型升级压力和促进产业集群的持续成长，创新成为集群升级的重要驱动力。对于产业集群升级的路径，学界进行了较为深入的探讨并得到了一些具有现实意义的论断。学者们大多认为，产业集群升级从价值链的角度来看，可以分为产品升级、工艺流程升级、功能升级和链条升级。而无论是哪一种类型的升级，创新在其中发挥的作用都至关重要。特别是集群内形成健全的创新网络和基于产业价值链的核心技术能力是促进劳动密集型产业集群转型升级的重要动力机制。从这里可以看出，创新能力是产业集群升级的内在动力和根本，而集群升级则是集群创新能力提升的外在表现。产业集群升级研究最为根本的问题，就是要确定有哪些决定性因素影响着集群的创新能力，这也是后续实证研究的一个重要基础。

针对这一问题，一些学者从集群构成主体的视角进行分析，认为集群企业自身的创新能力高低决定着集群本身创新和升级潜力的大小；而另外一些学者则从企业间的互动、集群文化、集群学习等视角探讨集群创新绩效的差异。比如，集群企业通过加强内外部纵向合作、内外部横向合作、内外部官产学研合作、内外部公共服务平台合作，能够有效提升其创新绩效，而集群企业的边界交互式学习在集群创新过程中也发挥着重要作用。集群企业结成紧密的关系网络对集群行为主体的协同创新绩效具有显著的正向影响。总体来看，研究产业集群的创新能力无论是从企业的视角还是企业间互动、文化以及社会网络视角都是非常重要的，只有将两种视角进行整合才能对集群创新能力和升级潜力有一个比较全面和客观的认知。相较于高新技术产业集群，劳动密集型产业集群尽管在某些方面形成了自身独特的优势，比如劳动力成本比较低、产业根植性比较强、区域资源丰富等，但整合性的、持续性的创新能力还尚未形成。

在分析产业集群创新能力和升级问题时，除了要挖掘影响集群创新能力和升级的关键解释变量的同时，还需要构建一个能够解释产业集群创新和升级差异，并能够起到一定诊断性作用的综合性分析框架也非常重要。本书就是对这一问题所进行的一次探索和努力。简单来讲，是对产业集群创新能力和升级潜力进行研究，做出的贡献主要不在于实证和理论性研究方面，而是经验性和应用性的。本书认为，创新能力是解释和影响产业集群升级的根本性原因，试图通过"创新能力"这个概念来对产业集群升级做出比较全面而深入的解释。

以创新能力来评价产业集群升级潜力的大小，其理论基础是区域创新网络理论、社会资本理论和企业能力理论。借鉴黄速建、王钦等学者提出的"环境—资源—意识—活动—能力—绩效"的理论分析框架，本书对陶瓷产业这一具有鲜明劳动密集型特征的集群创新能力进行较为客观的评价。

二、陶瓷产业集群创新能力评价指标体系设计

在陶瓷产业集群升级进程中，参与和起到推动作用的主体包括企业、大学、科研机构、中介组织机构、政府等。这些参与主体在培育和提升集群创新能力方面扮演着不同角色，并发挥着不同作用。同时，这些行为主体在纵向和横向形成的互动关系还形成了一个错综复杂的社会网络。为了全面了解陶瓷产业集群的创新能力和升级潜力，本书根据前面的"环境—资源—意识—活动—能力—绩效"的分析框架，从产业链分工与协作的视角出发，以集群中的企业为调查对象，设计了调查问卷。

根据研究需要，调查问卷一共设立六个一级指标，分别是创新意识、创新资源、合作网络、创新活动、创新绩效与创新环境指标。六个一级指标又分别由若干个二级指标来表示。在创新能力评价指标体系确定好之后，我们将这些评价指标转化成一些具体问题，通过发放问卷的方式联系相关企业的管理者和主要人员进行填写。

表 6.10　产业集群创新能力的评价指标体系

一级指标	二级指标
创新意识	公司核心技术在国内同行业中的地位
	公司核心技术面临的竞争环境
	公司未来 5—10 年的技术发展目标
创新资源	公司研究开发费用占销售收入的比重
创新合作网络	公司与本地企业间交往活动的类型
	公司与外地组织机构间的交往合作
	公司与本地组织机构间交往合作的关系类型
	公司从本地组织机构中获得的帮助情况
	公司与本地组织机构间关系建立的方式
创新活动	公司开展技术创新活动的目标
	公司技术创新活动遭受失败的主要原因
创新绩效	公司的销售收入变化情况
	公司新产品销售比重变化情况
创新环境	公司容易在本地获得各种生产要素
	公司容易在本地获得与决策相关的信息
	公司对本地政府优惠政策的依赖程度较高
	区域内提供与公司相同产品或服务的本地企业不多
	区域内企业间良性竞争发生的概率比较大
	原有企业退出或新企业进入集群不容易破坏原有的集群关系
	良好的区域品牌形象便于公司开展业务
	以促进企业间、校企间合作为职能的协调机构运作良好
	公司与合作伙伴对合作内容都有责任感
	服务型政府营造了公平、开放的市场竞争环境

在创新能力评价指标体系确定好之后，我们将这些评价指标转化成一些具体问题，通过发放问卷的方式让相关企业进行填写。具体问卷参见附录二《劳动密集型产业集群升级情况调查问卷》。

三、设计与数据收集

根据研究问题，我们设计了相应的调查问卷。调查问卷主要包括以下两个部分：（1）企业基本情况；（2）集群企业的创新意识、创新资源、创新合作网络、创新活动、创新绩效、创新环境等六个方面。

在数据收集环节，问卷调查采用随机抽样的方式对广东省、江西省、浙江省、湖南省等地区具有代表性的劳动密集型产业集群进行调研。在相关机构的协助下，课题组在2016年9月至12月期间共发放问卷500份，回收问卷375份。按照问卷筛选原则，我们剔除了28份无效问卷，最终获得了347份有效问卷。问卷的有效率为92.53%。

四、数据分析

（一）样本特征描述

本研究调查的陶瓷企业和相关组织广泛分布于全国主要陶瓷产区，包括广东、湖南、江西、浙江等省。在这些主要陶瓷产区中，课题组调查的代表性陶瓷企业包括广东佛山的欧神诺陶瓷和金意陶瓷、广东潮州的松发陶瓷、湖南醴陵的华联陶瓷等。其中，来自广东的样本企业有126家，江西的样本企业有117家，湖南的样本企业有46家，其他区域的企业共计58家；独资企业有43家，股份有限公司有117家，有限责任公司有141家，其他类型的企业共计46家；从产业链的纵向和横向分工来看，从事陶瓷产品制造的企业有249家，从事陶瓷产品批发与零售的企业有30家，为陶瓷产业提供支撑和服务的各类企业、组织机构共计68家。本研究有效问卷的58.7%由企业的中高层管理者填写，其他的41.3%由低层管理者、相关职能部门负责人填写。由对企业运营情况了解比较全面和深入的管理人员填写调查问卷在某种程度上能够提供测量项目评价的质量和可靠性。总体来看，本研究在实际调研中，虽然未做到完全的随机抽样，但经过细致筛选的有效问卷具有很好的代表性，达到了实证研究的基本要求。具体结果见表6.11。

表 6.11　样本基本情况（N=347）

企业情况	类型	样本数	比例（%）
企业的性质	独资企业	43	12.4
	合伙企业	33	9.5
	股份合作企业	13	3.7
	股份有限公司	117	33.7
	有限责任公司	141	40.6
	合计	347	100

企业情况	类型	样本数	比例（%）
企业所属行业	制造业	249	71.8
	建筑业	18	5.2
	采矿业	8	2.3
	农、林、牧、渔业	9	2.6
	交通运输、仓储和邮政业	7	2.0
	批发和零售业	30	8.6
	住宿和餐饮业	14	4.0
	居民服务、修理和其他服务业	12	3.5
	合计	347	100

（二）集群创新能力评价一级指标相关性分析

相关性分析可以考察指标间是否相互影响，初步判断"环境—资源—意识—活动—能力—绩效"的分析框架的合理性。表 6.12 给出了集群企业的创新意识、创新资源、创新合作网络、创新活动、创新绩效、创新环境等六个一级指标的相关分析结果。

表 6.12　一级指标相关分析

	创新意识	创新资源	创新合作网络	创新活动	创新环境	创新绩效
创新意识	1					
创新资源	0.671**	1				
创新合作网络	0.208**	0.117*	1			
创新活动	0.242**	0.179**	0.232**	1		
创新环境	0.238**	0.078	0.642**	0.241**	1	
创新绩效	0.700**	0.601**	0.179**	0.208**	0.219**	1

注：*表示 $p<0.05$，**表示 $p<0.01$。

（三）陶瓷产业集群创新能力总体评价

1.企业创新意识分析

对于集群企业创新意识的分析，本研究主要从三个方面进行反映，分别是（1）企业核心技术在国内同行业中的地位；（2）企业核心技术面临的竞争环境；（3）企业未来 5—10 年的技术发展目标。

根据调查结果来看，在"企业核心技术在国内同行中的地位"方面来看，有 149 家企业的核心技术在同行业中的地位为"一般"（占比 42.9%），表明集群中绝大多数企业拥有核心技术，并且在行业中等水平，存在较大的提升空间。

在"企业核心技术面临的竞争环境"方面，多数企业认为其核心技术所处的环境发生了比较明显的变化，有33.7%的企业认为其核心技术所处的环境出现了减弱的趋势，但也有31.7%的企业认为其核心技术所处的环境呈现出竞争激化的趋势，但更多的企业（34.6%）还是认为技术环境发生的变化还不是特别明显。总体来看，各个企业结合自身核心技术的实际情况，针对外部环境的变化给出了较为明显的不一致判断。这在某种程度上也反映出劳动密集型产业集群的技术环境有着一定的不确定性，但这种不确定性在未来的产业发展中到底会朝哪个方向发展还不明朗。但是，竞争环境的不确定性低、行业竞争环境稳定为企业创造了较大的发展空间，有利于企业依托自身的技术和经验积累，为后续发展或者应对环境变化创造有利条件。

在"企业未来5～10年的技术发展目标"方面，绝大多数企业的技术发展目标非常清晰。有9.2%的企业树立了非常远大并且具有挑战性的技术发展目标，追求国际领先和国际顶尖。也有46.4%的企业追求在国内市场实现领先地位，期望在未来的5～10年的时间里实现国内领先和国内顶尖的水平。但值得注意的是，在调查样本企业中，绝大多数企业还是追求区域领先的技术发展目标，这说明在劳动密集型产业集群中，多数企业的技术发展战略目标还不够具有挑战性，对自身的发展还缺乏足够的自信。因此，集群企业有必要树立长远的战略眼光，加大研发投入水平，向国内和国际领先水平看齐，这样才能增强集群的创新潜力。具体分析结果如表6.13所示。

表6.13　集群企业创新意识统计分析（N=347）

评价指标	类别	样本数	比例（%）
核心技术地位	差距很大	23	6.6
	小幅落后	88	25.4
	一般	149	42.9
	小幅领先	59	17.0
	遥遥领先	28	8.1
核心技术竞争环境	显著减弱	33	9.5
	减弱	84	24.2
	没有变化	120	34.6
	激化	85	24.5
	显著激化	25	7.2
技术发展目标	国际顶尖	10	2.9
	国际领先	22	6.3
	国内顶尖	68	19.6
	国内领先	93	26.8
	地区领先	154	44.4

2.创新资源分析

创新资源用"公司研究开发费用占销售收入的比重"来进行衡量。从调查结果来看，集群中多数企业还是比较重视研发的，调查的样本企业在研发方面都有一定比例的投入。其中，还是有相当数量的企业研发投入比较低。根据调查结果，研发资源投入比重小于1%的样本企业数为119，占比为34.3%，这些企业的研发投入方面明显不足，一定程度上迟缓了集群的创新和升级进程。因此，为推动产业集群的升级和企业创新能力的增强，集群企业还需要进一步加大研发资源的投入，加快创新步伐。

表6.14　集群企业研发投入情况（N=347）

评价指标	类别	样本数	%
研发投入占销售收入比重	<1%	119	34.3
	1%—2%	77	22.2
	2%—3%	79	22.8
	3%—4%	37	10.7
	>4%	35	10.1
合计		347	100

3.创新合作网络分析

对集群中各企业之间创新合作网络的形成，本研究主要从以下五个问题进行度量，分别是①与本地企业的交往关系；②与外地组织的交往关系；③与本地金融机构、科研院所、地方政府部门等发生的交往关系类型；④企业从本地组织中得到帮助的质量；⑤与本地组织之间建立关系的方式。

具体统计分析结果如表6.15、表6.16和表6.17所示。在联系类型上，集群企业与本地企业发生联系的类型主要集中在产业链上游，比如购买原材料、购买零部件、购买机器设备、接受订单、贴牌生产、合作研发等。在与外地组织的联系方面，集群企业与外地的供应商、装备制造商、产品采购商、销售代理商、出口商、品牌大公司、物流企业以及行业协会建立起较为紧密的联系。在关系内容方面，集群企业与本地组织发生联系的内容主要集中在咨询与委托设计、委托产品开发方面。由此可知，在产业链上下游，集群企业之间的分工比较明确，同时企业间的产业协作也居较高水平。而在产业链下游，企业间的分工与协作较好，但仍需进一步加强。在关系建立方面，集群企业与本地供应商、购买商、销售代理商、行业协会、行业管理部门、金融机构、科研院校、咨询机构等组织关系的建立主要是基于彼此间的业务关系，其次是朋友关系。在联系频率上，集群企业与产业上下游相关组织的联系频率处于一般的水平。从产业升级的角度来看，产业升级需要集群各构成主体结成紧密的联系网络，抱团发展，提升产业升级潜力。

表6.15　合作网络统计分析（N=347）

关系	类别	样本数	比例（%）	类别	样本数	比例（%）
与本地企业关系	购买原材料	203	58.5	租用办公场所	60	17.3
	购买零部件	172	49.6	参观考察	65	18.7
	购买机器设备	160	46.1	联合采购	48	13.8
	接受订单	185	53.3	联合营销	54	15.6
	贴牌生产	158	45.5	共享分销渠道	52	15.0
	业务外包	111	32.0	市场竞争	92	26.5
	合作研发	100	28.8	推荐客户	64	18.4
	技术转让	62	17.9	中介服务	50	14.4
	特许经营	57	16.4	物流服务	79	22.8

续表

关系	类别	样本数	比例（%）	类别	样本数	比例（%）
与本地企业关系	企业参股	56	16.1	解决生产难题	82	23.6
	合资建立新企业	43	12.4	获取市场信息	83	23.9
	资金借贷	61	17.6	担任顾问（外部董事）	34	9.8
	管理咨询	64	18.4	捐赠	23	6.6
	员工培训	71	20.5	其他关系	39	11.2
与外地组织关系	供应商	195	56.2	金融机构	75	21.6
	装备制造商	152	43.8	会展机构	77	22.2
	产品采购商	207	59.7	科研院所	71	20.5
	销售代理商	195	56.2	行业协会、商会	101	29.1
	出口商	132	38.0	管理咨询机构	82	23.6
	品牌大公司	133	38.3	政府部门	80	23.1
	物流企业	129	37.2	专业市场管理部门	65	18.7
	电子商务企业	82	23.6	其他组织	51	14.7
与本地交往关系类型	管理咨询	146	42.1	资金借贷	89	25.6
	技术咨询	148	42.7	投资理财	75	21.6
	委托设计	119	34.3	邀请参加会议	70	20.2
	委托产品开发	114	32.9	聘请企业顾问	39	11.2
	委托培训	83	23.9	其他	94	27.1

表6.16 集群企业与本地组织关系建立的方式（N=347）

组织类型	类别	样本数	比例（%）	组织类型	类别	样本数	比例（%）
主要供应商	业务关系	240	69.2	主要购买商	业务关系	252	72.6
	亲戚关系	22	6.3		亲戚关系	12	3.5
	朋友关系	23	6.6		朋友关系	16	4.6
	同学关系	14	4.0		同学关系	11	3.2
	同事关系	8	2.3		同事关系	10	2.9
	其他	40	11.5		其他	46	13.3
主要销售代理商	业务关系	246	70.9	行业协会	业务关系	223	64.3
	亲戚关系	9	2.6		亲戚关系	13	3.7
	朋友关系	23	6.6		朋友关系	27	7.8
	同学关系	10	2.9		同学关系	7	2.0
	同事关系	6	1.7		同事关系	10	2.9
	其他	53	15.3		其他	67	19.3
本地行业管理部门	业务关系	228	65.7	本地金融机构	业务关系	227	65.4
	亲戚关系	14	4.0		亲戚关系	19	5.5
	朋友关系	21	6.1		朋友关系	11	3.2
	同学关系	6	1.7		同学关系	9	2.6
	同事关系	6	1.7		同事关系	7	2.0
	其他	72	20.7		其他	74	21.3

组织类型	类别	样本数	比例（%）	组织类型	类别	样本数	比例（%）
本地科研院校	业务关系	215	62.0	本地咨询机构	业务关系	225	64.8
	亲戚关系	13	3.7		亲戚关系	6	1.7
	朋友关系	18	5.2		朋友关系	21	6.1
	同学关系	18	5.2		同学关系	7	2.0
	同事关系	9	2.6		同事关系	13	3.7
	其他	74	21.3		其他	75	21.6

表 6.17　企业与本地组织联系频率（N=347）

组织类型	类别	样本数	比例（%）	组织类型	类别	样本数	比例（%）
主要供应商	非常少	34	9.8	主要购买商	非常少	26	7.5
	比较少	48	13.8		比较少	44	12.7
	一般	161	46.4		一般	162	46.7
	比较多	85	24.5		比较多	88	25.4
	非常多	19	5.5		非常多	27	7.8
主要销售代理商	非常少	25	7.2	行业协会	非常少	26	7.5
	比较少	43	12.4		比较少	67	19.3
	一般	153	44.1		一般	187	53.9
	比较多	96	27.7		比较多	53	15.3
	非常多	30	8.6		非常多	14	4.0
本地行业管理部门	非常少	28	8.1	本地金融机构	非常少	32	9.2
	比较少	68	19.6		比较少	58	16.7
	一般	170	49.0		一般	183	52.7
	比较多	73	21.0		比较多	59	17.0
	非常多	8	2.3		非常多	15	4.3
本地科研院校	非常少	39	11.2	本地咨询机构	非常少	28	8.1
	比较少	62	17.9		比较少	61	17.6
	一般	176	50.7		一般	175	50.4
	比较多	57	16.4		比较多	70	20.2
	非常多	13	3.7		非常多	13	3.7

4.创新活动分析

对于企业的创新活动，本研究用"公司开展技术创新活动的目标"和"公司技术创新活动遭受失败的主要原因"两个指标进行度量，具体结果见表6.18。

从"企业开展技术创新活动的目标"方面来看，绝大多数企业将目标定位在"开发相对于企业自身的新产品""改进企业既有的产品"和"降低生产成本"三个方面，这说明集群企业对技术创新活动目标有着非常清晰的认识。从技术创新活动的性质来看，我们可以发现，对于陶瓷产业集群中的绝大多数企业来讲，它们在设定技术创新活动的目标时，追求更多的是渐进式创新，比如开发相对于企业自身的新产品（42.7%）、改进企业既有的产品（52.4%），或者提高企业的运营效率［即降低生产成本（66%）、为了满足政府管理部门的生产或产品标准（38.3%）以及降低营销费用（38.6）〕。而追求突破式创新目标的比例则较少，只有27.4%的企业追求开发国内领先的新产品，6.6的企业追求开发国际领先的新产品。

表 6.18　企业的技术创新活动（N=347）

指标	类别	样本数	比例（%）
技术创新活动目标	开发国际领先的新产品	23	6.6
	开发国内领先的新产品	95	27.4
	开发相对于企业自身的新产品	148	42.7
	改进企业既有的产品	182	52.4
	降低生产成本	229	66.0
	为了满足政府管理部门的生产或产品标准	133	38.3
	降低营销费用	134	38.6
	为了满足政府管理部门的环境规制	83	23.9
技术创新活动失败的原因	缺乏人才支持	153	44.1
	缺乏管理组织能力	124	35.7
	缺乏资金	173	49.9
	政策限制	132	38.0
	生产工艺跟不上	136	39.2
	研发成功但没有市场需求	62	17.9
	其他	64	18.4

从"技术创新活动遭受失败的主要原因"来看，企业缺乏人才支持、缺乏资金、生产工艺跟不上是排在前三位的主要原因。毫无疑问，人才、资金与工艺革新是企业创新能力提升的关键，也是决定性因素。如果企业在人才、资金方面存在明显的短板，无疑会阻碍企业创新能力的提升，企业在产业集群升级进程中的主导作用也会受到一定的限制。

5.创新绩效分析

关于集群企业的创新绩效，本研究用"公司的销售收入变化情况"和"公司新产品销售比重变化情况"两个指标进行度量，具体结果见表6.19。

表 6.19　企业创新绩效（N=347）

指标	类别	样本数	比例（%）
公司的销售收入变化情况	显著增加	29	8.4
	小幅增加	98	28.2
	没有变化	87	25.1
	小幅下降	96	27.7
	显著下降	37	10.7
公司新产品销售比重变化情况	显著增加	17	4.9
	小幅增加	84	24.2
	没有变化	114	32.9
	小幅下降	89	25.6
	显著下降	43	12.4

从企业创新绩效情况来看，绝大多数企业的销售收入、新产品销售收入有一定的增加，但也有接近 40% 的企业指出，其销售收入、新产品销售收入出现了一定幅度的下降。造成企业销售收入、新产品销售收入下降的原因可能是多方面的，比如企业在研发投入方面的不足，使得企业新产品的推出速度落后于竞争对手；也有可能是行业整体需求不足，或有效需求不足，从而削弱了企业收入的增长。

6.创新环境分析

在创新环境分析方面，调查问卷一共设计了 10 个问题进行度量。这些问题的主要关注点体现在：生产要素的获得、政府政策的制定、企业间的竞争生态、促进合作的中介组织机构运转，以及集群文化等。为了分析各项环境指标对集群企业创新能力的潜在影响，本研究分别对每一项回答进行赋值，其中，回答"极不符合"得 1 分，回答"完全符合"得 5 分，分值从"极不符合"到"完全符合"依次递增。对于每一项指标的评价，计算所有样本企业的平均分值。具体结果见表 6.20。

表 6.20 集群企业在创新环境指标得分平均值（N=347）

	指标	平均值
政府层面	（1）公司对本地政府优惠政策的依赖程度较高	2.72
	（2）服务型政府营造了公平、开放的市场竞争环境	3.37
	（3）以促进企业间、校企间合作为职能的协调机构运作良好	3.42
产业层面	（4）良好的区域品牌形象便于公司开展业务	3.50
	（5）公司容易在本地获得各种生产要素	3.27
	（6）公司容易在本地获得与决策相关的信息	3.26
企业层面	（7）区域内提供与公司相同产品或服务的本地企业不多	2.75
	（8）区域内企业间良性竞争发生的概率比较大	3.34
	（9）原有企业退出或新企业进入集群不容易破坏原有的集群关系	3.30
	（10）公司与合作伙伴对合作内容都有责任感	3.54

在政府层面上，根据调查结果和计算方法，地方政府为集群企业提供的优惠政策得分为 2.72，低于"一般"水平，这就要求陶瓷产业集群所在区域的地方政府在为集群企业提供产业发展政策时要稍微关注集群企业的真正需求，要注重和强调这些产业政策的有效性、针对性和实用性。政府对市场竞争环境的培育、引导企业与相关组织机构开展合作两个项目得分分别为 3.37 和 3.42，高于"一般"水平，说明政府在创新环境塑造、促进企业间合作等方面还是有一定作为的。当然从产业集群持续健康发展以及升级的角度来看，长期维持一个公平的、开放的市场竞争环境，推进企业与相关组织机构进行横向、纵向合作是集群实现升级的基础性条件。

在产业层面上，区域品牌形象对集群企业运营影响项目得分为 3.50，远高于"一般"水平。这说明我国陶瓷产业集群因其特色化发展已经形成了具有一定区域影响力和市场声誉，成为集群企业开拓市场的重要竞争优势。区域品牌在吸引价值链各环节相关企业进驻集群的同时，也推动了集群企业的专业化分工与协作，有利于企业形成差异化竞争优势，从而使其不断开拓市场并提高市场份额。就企业从集群中获得各项生产要素和决策相关的信息的情况来看，其得分分别为 3.27 和 3.26，均高于"一般"水平。就这两个测量指标来说，在资源和发展机会方面，企业确实可以利用集群本身所带来的外部性，为自身的成长与发展创造条件。

在企业层面，就集群竞争环境和企业间的关联性情况来看，提供与企业相同产品或服务的本地企业项目得分为 2.75，区域内企业间的良性竞争项目得分为 3.34，企业退出或新企业加入对集群关系的影响项目得分为 3.30，企业对合作的责任感项目得分为 3.54。在这四个项目中，第一个项目的得分低于"一般"水平，说明集群内同类企业的集聚效应还不够明显；第二个项目、第三个项目和第四个项目的得分高于"一般"水平，说明集群内竞争处于相对有序的状态，企业间的关联度比较高，彼此相互影响，高度互信的竞争合作关系已经建立起来。这说明陶瓷产业集群升级的创新环境总体上还是比较好的，这为集群升级打下了重要基础。

五、研究结论

第一，陶瓷产业集群中的绝大多数企业具有较强的创新意识。为进一步提升企业未来的创新能力，集群企业在对核心技术环境变化保持高度关注的同时，也苦练内功，力求自身的技术在未来的 5～10 年的时间里得到实质性的提升，因此，结合自身当前的核心技术积累情况，纷纷确定了未来具有一定挑战性的技术发展目标。此外，陶瓷产业集群企业较强的创新意识还有助于推动企业在充分利用内部资源的同时，使其有充分的动力去集群外部寻求创新资源和发展的机会。

第二，陶瓷产业集群企业在研发资源投入方面总体上偏少，有待进一步加强，特别是研发技术人员的引入和培养。尽管在评价指标设计环节未单独考虑企业技术人员的拥有数量，不能对企业的创新人才储备方面有一个较为全面的认识，但从实际调查结果来看，绝大多数企业还是认识到了创新人才的短缺和不足严重制约了企业创新绩效的改善，甚至会导致重大创新活动的失败。因此，解决人才短板成为陶瓷产业集群企业当前不容忽视的重要问题。毫无疑问，企业创新能力的提升离不开创新资源的投入。只有加大创新资源的投入，企业才能有更多的机会吸引外部创新要素向企业集聚，创新性产出才会有更大的机会实现实质性的突破。

第三，陶瓷产业集群内基本上已经建立起稳定的合作网络。众所周知，创新从来都不是个别企业单打独斗的结果。在当前创新要素快速流动、创新进程加快、技术变革日新月异的新经济环境下，企业完全有必要充分利用集群本身所带来的技术、知识和信息的溢出效应，通过自身的吸收能力，实现创新要素的整合和利用，进而培育自身的竞争优势。在某种意义上，企业持续生存与发展的根本就在于与集群内外的组织机构建立起相对稳定的创新合作网络。根据前面的调查结果可知，集群内企业与产业链上下游相关组织间已经建立起紧密的业务合作网络。这些业务网络有助于降低企业的交易成本，有利于企业获得重要的资源和信息。在产业链纵向环节上，集群内的陶瓷产品制造企业与上游的原材料、零部件、机械设备，以及下游的产品分销、渠道建设等相关主体合作较为紧密，增强了企业自身对产业链的掌控能力，同时也提升了企业的价值创造能力；在产业链横向环节，集群企业间、企业与科研院所、企业与中介组织机构间也建立起较为密切的协作关系，这主要体现在参观考察、企业参股、技术转让、业务外包、委托设计、委托产品开发等方面。由此可知，在创新网络构建方面，集群内企业间的创新合作无论是在深度还是在广度上都有一定的提升，为产业集群的升级创造了坚实的创新合作基础。

第四，陶瓷产业集群企业大多拥有清晰的技术创新目标。调查结果表明，大多数集群企业将其技术创新活动目标定位在开发相对于企业自身的新产品、改进企业既有的产品和降低生产成本等方面。毫无疑问，高度清晰和明确的技术创新活动目标能够使企业有限的资源做到有的放矢，同时也能够提高资源的利用效率。但需要注意的是，在调查的样本企业中，确定具有挑战性的技术创新活动目标的企业数量所占的比例还非常低，战略眼光还不够长远。分析这些技术创新活动的内容和性质，我们还可以发现，这些目标更多的是关注企业自身以及对政府管制的应对，对行业技术前沿和国内外的竞争对手关注度则明显不够。在某种意义上，这种过度关注内部而对外部关注不够或明显不足的情况对培育企业长期创新能力和竞争优势是不利的。此外，从技术创新活动的性质来看，集群中的绝大多数陶瓷企业在设定技术创新活动的目标时，追求更多的是渐进式创新而非追求突破式创新目标。实际上，从企业长期持续创新能力提升的角度来看，企业需要平衡好渐进式创新和突破式创新之间的关系，在与高校、科研机构开展深入的产学研合作的基础上，重视培养自身的吸收能力和员工智力资本，从而为提升创新绩效创造良好条件。此外，尽管集群中绝大多数企业比较重视技术创新活动，集群内的创新氛围也相对比较浓厚，但创新的水平和层次还需要进一步提升。因此，为了推动产业集群升级，相关的政府管理部门有必要结合产业发展实际，制定完善的知识产权保护机制，切实保护那些能够给集群升级产生较大推动作用的突破式创新，将集群的创新网络、企业的社会资本转化为集群创新能力与企业学习能力提升的重要源泉，进而为集群升级提供有效的制度保障。

第五，良好的集群创新环境是陶瓷产业集群创新和产业升级的重要保障。创新是嵌入于经济系统中的，而经济系统的构成要素则成为集群创新环境的重要组成部分。创新环境中的各个组成部分，比如同业间的良性竞争、产业链上下游以及横向组织机构间的配套协作、公平开放的市场竞争环境、政府出台的一系列产业发展政策、生产要素的可获得性，等等，会影响到集群企业创新的收益性，从而最终影响到企业的创新活动认知以及创新投入。此外，政府作为集群创新升级不可或缺的主体，其为了从集群发展中获得更多潜在收益，也会通过一系列产业政策对集群的创新资源分布与流动、企业创新活动目标，以及产业根植性产生重要影响，由此可知，政府在集群创新和升级过程中所起到的作用不可或缺。特别是政府对集群创新环境的塑造还在一定程度上决定着资金、技术、人才等要素在集群内的集聚水平，进而影响着集群创新能力的形成与演化进程。所以，本研究在产业集群创新环境中特将政府的优惠政策制定、对市场竞争环境的规范管理、区域品牌形象的塑造等活动纳入研究范围，其主要目的就是要揭示政府在创新环境培育方面的作为还是非常重要的。

第六，企业创新绩效提升是集群创新要素综合作用的结果。根据调查结果，陶瓷产业集群中绝大多数企业的创新绩效水平是有一定幅度增加的，也就是说，在集群中各种创新组成部分一致向好的方向发展或者彼此间产生显著的协同效应时，确实能够对企业的创新绩效产生显著的促进性作用。通过对创新意识、创新资源、创新环境、创新网络与企业的创新绩效做相关性分析发现，集群创新的这几个构成部分与创新绩效显著正相关。也就是说，创新意识、创新资源、创新环境、创新网络等是集群创新能力的构成要件，是影响集群创新绩效和竞争竞争力水平的重要因素。特别是企业的创新意识、创新资源与创新绩效的相关性最高，这表明企业在未来的市场竞争中，不仅要保持高度的创新意识，而且还需要特别重视创新资源的投入，并加强与其他合作伙伴间的直接联系，通过建立有效的产学研合作机制，争取更多创新主体参与到企业的创新活动中来，进而促进企业创新绩效的提升。当然，这些构成要件对创新绩效的影响机制还是比较复杂的，它们既可能是直接影响，也可能是间接影响，同时彼此还是相互影响，协同演进。所以，从长期来看，产业集群升级还需加强这些构成部分间的协同效应，注重它们的均衡发展，从而促进集群更好地发展。

第三节　基于产业分工视角的劳动密集型产业集群升级影响因素研究

当前，产业集群已经成为区域经济发展、就业扩大、产业影响力提升的重要推动力。在我国的珠三角、长三角等区域，大量分布的劳动密集型产业集群，比如佛山的建筑卫生陶瓷产业集群、东莞的服装鞋业产业集群、浙江基于专业化分工而形成的"一乡一品"与"一县一业"等，已经演化成为区域经济发展的重要支撑。探究这些产业集群的形成与演化进程，可以发现，民营企业在绝大多数劳动密集型产业集群中占据着主体地位。这些民营企业因其具有较强的市场导向意识，使得产业集群形成了一种典型的内生型发展模式。它们在为集群带来活力的同时，也帮助集群形成了独特的竞争优势。

然而近年来，随着市场竞争的激烈、技术的日新月异以及各种生产要素成本的上升，劳动密集型产业集群面临的升级压力日趋增大。在产业集群升级进程中，有哪些因素会起到主导性作用，并且这些因素间的关系又是怎样的？这些问题都非常值得进行深入探究。

为此，本书从产业分工的视角对这些因素进行诊断和梳理，认为集群创新网络的形成与发展、社会资本的建立，以及产业根植性的演化都是产业分工和演化的结果。基于此，本研究将构建集群创新网络、社会资本、集群根植性与产业集群升级的概念模型，并通过实际集群调研获得的数据来检验概念模型的合理性和有效性。

一、理论模型与研究假设提出

（一）集群创新网络与产业集群升级

创新是产业集群升级的原动力。从产业升级的三个层次来看，每一个层次的升级都离不开创新。产业集群升级的核心在于集群整体创新能力的提升。作为一个开放性系统，产业集群升级是集群内外各种行为主体共同作用的结果。有效整合集群内外各种创新资源和推动复杂技术发展将为集群升级创造有利条件。而集群创新资源的整合与技术提升则可以通过集群行为主体间结成紧密的协作网络来实现。

集群创新网络是指集群在发展到一定阶段之后，集群内外各种行为主体为促进创新而结成的合作关系的总和。创新网络突出了结网行为主体之间高度的分工与专业化协作，以及由分工与协作而带来的集群企业学习能力和创新能力的增强，并由此最终促进了集群创新效率的提高。在产业集群创新网络中，各行为主体的角色和功能定位相对清晰，通过密集的多边联系、互利和交互式的合作来追求共同目标（鲁开垠，2006）。因此，产业集群可以看作是一种聚集形态的企业网络。

从创新网络形成的过程来看，集群创新网路主要由两类主体构成：中心组织和支撑性组织。其中，中心组织主要是集群企业，而支撑性组织主要包括大学、科研机构、中介组织、创业机构、培训机构、行业协会、金融机构等。在集群创新网络中，支撑性组织的创新参与和集聚推动了知识、技术、信息和人力等资源在集群中的流动，增强了集群企业与支撑性组织机构间正式的与非正式的网络互动关系，从而加快了集群的创新产出。

毫无疑问，在集群创新网络中，最活跃的行为主体一定是企业。企业作为产业集群创新网络的核心以及产业升级的主体，其他行为主体对集群升级的促进性作用往往最终是通过企业的产品创新、工艺流程、功能创新来体现（李文秀，2012）。首先，在各类产业集群中，企业所占的比重最大，同时也是最主要的构成主体，其经营管理行为对集群的发展发挥着极为重要的影响；其次，集群企业自诞生或进入集群以来，为实现不断发展壮大的战略目标，往往需要有效应对来自于集群内外的各种竞争压力和不确定性。为了提高自身的适应能力，集群企业有必要与产业链的纵向和横向组织机构间建立起高度信任的合作关系，获得资源和机会，进而不断增强自身的学习能力和创新能力。从维持生存和追求基业长青的角度来看，集群企业有很强的自我驱动力来搜寻、获取、整合和利用集群内外各种有价值的知识、信息和技术等资源，并与集群内外的知识和技术创造组织机构结成高水平的专业化分工与协作关系。由此可见，以集群企业为核心主体而形成的创新网络促进了创新要素在各行为主体间的流动，加快了创新知识和技术的扩散，既有利于创新活动的进行，又有利于集群企业最终形成自己的创新能力。

从网络架构的形成机理来看，创新网络的主要联结机制就是企业间的创新合作关系（Freeman，1991）。Molina-Morales（2005）认为，产业集群是一个相互联结的、密集的强联系网络。强联系网络加快了信息、技术与知识在集群行为主体间的流动，有利于企业间结成紧密的、专业化分工的合作创新网络，进而提高了集群整体的价值创造能力。Roxenhall（2013）的研究表明，在创新性活动中，相对于那些未参与创新网络建设的行为主体来讲，参与者在创新网络中获得了更为有利的位置，同时也与其他网络成员建立起关系更为密切、合作范围更广的战略性创新网络。

从创新网络对创新能力产生影响的内在机制来看，创新网络可以从行为主体间的联系强度和网络构成的异质性两个维度进行衡量。其中，联系强度反映了集群行为主体间联系的频率、持续的时间长度和信任水平（Granovetter，1973）；网络构成的异质性反映了集群创新网络成员间在各种属性上的差异程度。集群创新网络成员的异质性越大，网络内集聚的资源、信息和知识就越具有独特的价值。在集群创新网络中，各行为主体间的合作时间越长，合作次数越多，彼此间的信任水平就越高，联系强度也就越大。创新网络内在的强联系促进了高质量的技术和知识（特别是那些难以编码化的、有助于创新的隐性知识）在集群行为主体间的传播与扩散，提高了企业成长的潜力和集群整体的创新效率。Bengtsson和Solvell（2004）的研究表明，企业间的合作网络关系强度对其创新绩效具有显著的正向影响。Capaldo（2007）开展的一项纵向研究也表明，创新网络的构建体现了企业独特的关系能力，这种关系构建能力有利于领先企业或居于中心位置的企业形成动态创新能力和获得竞争优势。此外，创新网络的强联系还有助于提高集群企业应对外部环境变化的适应能力，增强企业的生命力。因此，创新网络的联系强度越大，推动集群转型升级的内驱力就越强。

创新网络成员的异质性越高，意味着集群内多元化成员越能够带来更多的新知识和新信息，这不仅给集群增添了新活力，而且也提高了行为主体间的互补性。总体来看，创新网络的异质性有利于集群内创新型企业获取更多有价值、多样化的战略性资源，在增强其应对环境不确定性带来的挑战的同时（Staber，2001），也促进了其创新活动的开展。根据以上分析，本书提出如下假设：

H1：集群创新网络正向影响产业集群升级。

H1a：产业集群创新网络的联系强度正向影响集群升级。

H1b：产业集群创新网络的异质性正向影响集群升级。

（二）社会资本与产业集群升级

产业集群是一种特殊的空间组织形态，在促进企业间合作的同时，也有利于企业积累大量的社会资本（朱建民、史旭丹，2015）。弗朗西斯·福山（2001）指出，社会资本是一种以社会参与网络为载体，以信任、合作、规范、文化认同为核心，具有社会结构资源性质，有助于参与者以更加有效的共同行动追求共同目标的无形资本。而集群社会资本则是指集群企业内部、企业之间、企业与其他相关组织机构之间结成的社会关系的总和（柏遵华、聂鸣，2004）。集群社会资本是企业通过参与集群产业链的横向、纵向、斜向的专业化分工而形成的（张毅、陈雪梅，2005）。根据社会网络理论，集群行为主体间的专业化分工关系嵌入于它们结成的社会关系网络之中。正如Becattini（1991）所指出的，产业集群本身就是一个社会网络，其内部蕴藏着丰富的社会资本。

相较于物质、技术、人力、知识等经济性资源，社会资本（或社会网络）是一种重要的非经济性资源。社会资本促进了集群内信任关系、合作规范以及集群文化的维系，有利于降低交易成本、减少纯粹市场交易关系中的机会主义行为，促进合作与协调，加快技术创新的扩散速度，提升集群企业的创新效率（陈柳钦，2008）。关于社会资本对企业创新效率的促进性作用，主要体现在以下几个方面：第一，企业在运营过程中，通过与其他行为主体之间进行高频次的互动，彼此之间形成了高度的信任与合作关系，有利于企业自身在经营的关键时期获得其他行为主体的帮助和支持；第二，从企业运营的角度来看，企业通常会与集群内外不同的行为主体建立起广泛的联系，这种联系包括基于正式的契约、合同、法律而形成的正式联系，比如上下游企业间的原材料供应、产品销售等，也包括基于个体间的共同价值观、相似的个性特征、相同的感情逻辑等而形成的非正式联系，比如企业家之间、不同企业员工间的交流和互相学习等。刘炜等（2013）的实证研究表明，集群企业间结成的非正式联系促进了知识、技术信息在企业间的流动，进而提高了企业的技术创新效率。

产业集群经过多年的发展与演化，产业内部已经积累了大量的社会资本，这就为产业集群升级奠定了重要基础。社会资本的存量与增量影响着产业集群升级的潜力和动力。在其他因素不变的情形下，集群内社会资本的存量和增量水平越高，产业集群升级的起点也就越高。根据资源基础理论，社会资本嵌入于关系网络中，是可以塑造企业竞争优势的现实的或潜在的资源，当然其也可以成为企业升级和产业集群升级的重要源泉。企业可以通过运用或动员这种网络关系资源而达到获益的目的（张扬，2016）。企业社会资本的多少也反映了其从更为广阔的社会网络结构中获得和利用稀缺资源的能力（张方华，2004）。在一定程度上，集群企业与其他行为主体间建立的联结数量越多，表明彼此间的信任和互惠水平也就越高，企业从高质量的社会资本中获得资源和机会的可能性越大。这种稀缺的、有价值的资源能够有效地帮助企业建立新的市场关系（Tsai，2000），改进营销方式和开发更多的新产品（Chang、Tein、Lee，2010），以及提高物质资本和人力资本投入的收益（李惠斌、杨雪冬，2000），使企业形成独特的能力和竞争优势，最终通过提高企业的创新绩效（Chang、Tein、Lee，2010；朱建民、史旭丹，2015）来实现企业升级，乃至产业集群整体的升级。基于以上分析，本书提出如下假设：

H2：集群的社会资本正向影响产业集群升级。

H2a：集群的横向社会资本正向影响产业集群升级。

H2b：集群的纵向社会资本正向影响产业集群升级。

（三）集群根植性与产业集群升级

根植性是集群成员之间在长期的联系中形成相应的惯例和稳定的关系，并通过这种关系结构影响集群中行为者所采取的行动或采取行动时的行为倾向（张魁伟、许可，2007）。鲁开垠（2006）指出，产业集群具有经济系统与社会系统的双重属性。根植性是集群社会网络的重要特征之一。产业集群社会网络的根植性是指集群的经济行为深深地嵌入于当地社会关系、制度结构与文化土壤之中（鲁开垠，2006）。根植性的高低反映了行为主体间信任水平、关系紧密程度。根植性越高，集群企业及其他相关组织机构间的人际关系和社会联系就会越密切，彼此之间的信任水平也就越高。高度的信任，一方面，有效地抑制了集群内机会主义行为的产生与扩散；另一方面，也有利于降低交易成本，推动集群内外行为主体间结成更为紧密的合作关系网络，进而形成推动产业集群升级的一致性行动。

从社会网络视角来看，集群根植于当地社会或生产网络，较强的根植性对推动产业集群升级具有重要意义。产业集群升级的动力与潜力构筑在集群社会网络根植性基础之上。集群根植性能够促进集群升级的主要原因就在于根植性本身具有一定的文化历史嵌入性和信用嵌入性（符正平、曾素英，2008）。这就使得集群行为主体在建立联系时是站在长远利益而非短期利益的角度，形成了较高水平的信任与互动关系。根植性强化了集群行为主体对集群文化、社会制度和规范的认同，有利于集体性的共同协调行动。某种意义上，集群企业嵌入于当地集群网络中的程度越深，其越有可能对集群的文化、规范、声誉、区域品牌形象形成高度一致的认知，更有可能产生协同一致的行动。从产业集群升级的角度来看，当集群内各行为主体对集群升级的必要性和紧迫性形成一致认知时，推动产业集群升级的合力才更有可能生成。基于以上分析，本书提出如下假设：

H3：集群的根植性正向影响产业集群升级。

综上，本书提出劳动密集型产业集群升级的影响因素框架模型，如图 6.3 所示。

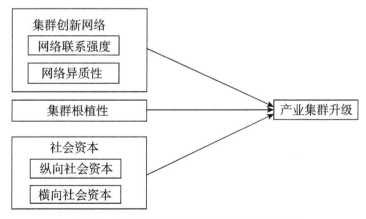

图 6.3　产业集群升级影响因素的概念模型

二、变量测量与数据收集

（一）变量测量

1.社会资本量表

社会资本反映了产业集群中企业与产业链横向、纵向构成主体之间的社会网络关系。因此，本书根据行为主体间的纵向与横向关系将社会资本分为纵向社会资本和横向社会资本。其中，纵向社会资本是指集群内的企业与其上下游相关组织机构（比如原材料和零件供应商、经销商、批发商、客户等）间的关系；横向社会资本是指集群内的企业与同类企业（比如互补性企业、竞争性企业）、中介组织、大学、金融机构等组织间的关系。基于此，本书参考Hsu和Fang（2009）、Edvinsson（1997）、Stewart（1997）、张方华（2004）等学者的研究，并从集群产业链分工的视角，运用集群企业与集群内外各利益相关主体之间联系的广度与深度来衡量企业的社会资本。社会资本具体测量有8个项目，比如"本企业与本地供应商的联系""本企业与本地购买商的联系""本企业与本地科研院校的联系"，等。

2.集群创新网络

集群创新网络是集群内的企业、大学、科研单位、产业链上下游组织，以及中介机构等行为主体在协同创新过程中所形成的、具有一定稳定性的区域性创新网络。在集群创新网络的测量方面，本书主要参照曾素英和符正平（2008）、Hervas & Oliver（2007）、王松和盛亚（2013）、吴波和贾生华（2009）等学者对集群创新网络的研究，分别从网络联系强度、网络异质性两个维度来分析集群创新网络的内在机制。其中对于异质性的测量，可以从行为主体的规模、从事的业务类型、机构性质等方面展开。为了分析的方便，我们以集群行为主体的机构性质来衡量网络异质性。集群创新网络的测量包括11个项目，比如"本地公司间核心技术人员和熟练工人的流动性较大""公司与本地供应商和配套企业间的关系密切""公司与外地供应商或配套企业的关系密切""公司与外地各种技术和商业机构交流频繁"等。

3.集群根植性

集群根植性，包括文化根植性、经济根植性、制度根植性与社会根植性。参考范群林等（2010）、霍苗等（2011）、赵蓓和袁政慧（2011）等学者的研究，拟采用4个项目测量集群根植性，比如"公司信任自己的合作伙伴""公司认同集群中的传统文化""公司与合作伙伴拥有共享的价值观"等。

4.产业集群升级

产业集群升级是指集群通过创新而获得价值创造能力和提升竞争力的过程。为了探究产业集群升级的关键影响因素，明晰产业集群升级的重要路径，本书将围绕着产业集群升级这一整体概念进行研究，对产业集群升级的维度与影响因素间的关系不做深入研究，在不影响产业集群升级概念核心内涵的基础上，对产业集群升级变量的测量进行适度简化处理。在对产业集群升级测量方面，结合Gereffi（1999）、Humphrey和Schmitz（2000）、朱海燕和魏江（2013）等学者的研究，采用10个项目来衡量集群产业升级，比如"企业的产品附加值较高""企业的工艺创新速度加快""企业有较高的市场知名度"等。

（二）问卷设计

1.问卷的表现形式

为保证研究的信度与效度，本研究对主要变量采用若干项目进行衡量，并以5级Likert量表进行标度，分别为"极不符合""稍微符合""一般符合""比较符合""完全符合"进行评分。

2.问卷主要变量测量项目共同度检验

为保证问卷设计质量和简洁性，以及具有较好的内容效度，本书对调查问卷进行了预测试，并对主要变量测量项目的共同度进行检验，结果表明，问卷中主要变量的测量项目与其他项目的共同度都在0.5以上，这说明变量的测量项目具有较高的内容效度，能够较为全面和准确地测量研究变量。

（三）数据收集

根据研究框架模型，我们设计了相应的调查问卷。调查问卷主要包括以下几个部分：（1）企业基本情况；（2）集群企业的创新网络、社会资本、集群根植性，以及产业集群升级。

在数据收集环节，问卷调查采用随机抽样的方式对广东省、江西省、浙江省、湖南省等地区具有代表性的劳动密集型产业——陶瓷产业集群进行了较为深入和全面的市场调研。在相关机构的协助下，课题组在2016年9月至12月期间共发放问卷500份，回收问卷375份。按照问卷筛选原则，我们剔除了28份无效问卷，最终获得了347份有效问卷。问卷的有效率为92.53%。

三、实证分析与结果讨论

（一）样本特征描述

本研究调查的陶瓷企业广泛分布于全国主要陶瓷产区，包括广东、湖南、江西、浙江等省份。其中，来自于广东的样本企业有126家，江西的样本企业有117家，湖南的样本企业有46家，其他区域的企业共计58家；独资企业有43家，股份有限公司有117家，有限责任公司有141家，其他类型的企业共计46家；从产业链的纵向和横向分工来看，从事陶瓷产品制造的企业有249家，从事陶瓷产品批发与零售的企业有30家，为陶瓷产业提供支撑和服务的各类企业、组织机构共计68家。本研究有效问卷的58.7%由企业的中高层管理者填写，其他的41.3%由低层管理者、相关职能部门负责人填写。由对企业运营情况了解比较全面和深入的管理人员填写调查问卷在某种程度上能够提供测量项目评价的质量和可靠性。总体来看，本研究在实际调研中，虽然未做到完全的随机抽样，但经过细致筛选的有效问卷具有很好的代表性，并且347个有效样本也远大于测量项目的5倍（本研究共采用33个项目来测量主要研究变量），达到了实证研究的要求。

（二）偏差检验

鉴于本研究所使用的问卷是由同一个调查对象填写的，可能存在着共同方法偏差问题。为此，本书进一步采用了Podakoff和Organ（1986）提出的Harman单因子检验方法，对所有变量的测量项目运用未旋转的主成分分析程序进行检验，结果表明，没有出现一个主导的单因子能够解释所有测量项目的大部分方差。其中，第一个因子的方差解释度为23.229%，说明本研究在变量的测量中不存在较为严重的共同方法偏差问题。此外，本研究还对28份无效问卷和347份有效问卷进行了t检验，结果显示所有t值均不显著，表明本研究的非回应偏差问题并不显著。

（三）研究量表的信度与效度检验

对于各变量的信度，采用Cronbach's α值进行问卷的内部一致性检验。经过测算，各变量的KMO检验和Bartlett的球形度检验结果均具有显著性，其中社会资本量表的KMO值为0.854，集群创新网络量表的KMO值为0.914，集群根植性量表的KMO值为0.800，集群升级量表的KMO值为0.937，这些量表的KMO值均在0.8以上，表明样本适合进行因子分析；各变量的Cronbach's α值均在0.8以上，大于0.7这一标准，表明这些变量具有较强的一致性。运用验证性因子分析方法对各变量的收敛效度进行检验，结果表明各变量的组合信度值CR也都在0.8以上，各个变量的平均变异萃取量AVE（average variance extracted）也都在0.5以上，表明变量有较高的效度。

表6.21 量表的测量项目、信度与收敛效度检验

潜在变量	项目	因子载荷	AVE	CR	Cronbach's α	累计解释变量
网络联系强度	AS1 AS2 AS3 AS4 AS5 AS6 AS7	0.738 0.786 0.738 0.772 0.752 0.766 0.762	0.577	0.905	0.877	57.648
网络异质性	NH1 NH2 NH3 NH4	0.805 0.829 0.838 0.764	0.655	0.884	0.821	65.506

续表

潜在变量	项目	因子载荷	AVE	CR	Cronbach's α	累计解释变量
纵向社会资本 （vertical social capital）	VSC1 VSC2 VSC3	0.833 0.848 0.856	0.715	0.883	0.800	71.482
横向社会资本	HSC1 HSC2 HSC3 HSC4 HSC5	0.727 0.794 0.751 0.771 0.723	0.568	0.868	0.809	56.793
集群根植性	CE1 CE2 CE3 CE4	0.811 0.891 0.842 0.788	0.695	0.901	0.853	69.541
产业集群升级	CU1 CU2 CU3 CU4 CU5 CU6 CU7 CU8 CU9 CU10	0.773 0.795 0.733 0.832 0.828 0.778 0.780 0.776 0.751 0.793	0.615	0.941	0.930	61.533

（二）模型检验

1. 研究变量的相关性分析

在进行后续的回归分析之前，本书先对研究变量进行相关分析，以确定研究变量间相关性的强弱。采用SPSS 18.0对各变量进行相关性分析，结果见表6.22。表6.22给出了各变量的均值、标准差和相关系数。数据结果表明，各变量的标准差均较小，均值较大，表明数据满足偏分和变异较小的特点。从各变量的相关系数来看，相关系数均达到了显著性水平，表示各变量均正向相关，这既为研究假设提供了初步支持，同时也为后续的回归分析奠定了基础。

表 6.22　各变量的相关分析与描述性统计

变量	均值	标准差	CU	AS	NH	VSC	HSC	CE
产业集群升级（CU）	3.25	0.48	1					
网络联系强度（AS）	3.16	0.74	0.540**	1				
网络异质性（NH）	3.28	0.77	0.536**	0.699**	1			

续表

变量	均值	标准差	CU	AS	NH	VSC	HSC	CE
垂直的社会资本（VSC）	3.11	0.84	0.346**	0.461**	0.331**	1		
水平的社会资本（HSC）	2.89	0.69	0.265**	0.487**	0.351**	0.525**	1	
集群根植性（CE）	3.49	0.79	0.618**	0.593**	0.587**	0.316**	0.244**	1

备注：n=347，**$p<0.01$

2. 假设检验

本书采用层次回归分析的方法来检验集群网络创新、社会资本对产业集群升级的影响效应。回归分析结果见表 6.23 所示。

表 6.23　集群创新网络、社会资本对产业集群升级的回归分析结果

自变量	非标准化系数		标准化系数			共线性分析	
	B	标准误差	Beta	t 值	显著性水平	容忍值	变异膨胀系数（VIF）
模型 1							
常数项	3.455	0.082		42.330	0.000		
企业性质	−0.026	0.018	−0.076	−1.434	0.153	0.984	1.016
行业	−0.049	0.012	−0.220	−4.147	0.000	0.984	1.016
模型 2							
常数项	1.747	0.132		13.255	0.000		
企业性质	−0.011	0.014	−0.031	−0.759	0.448	0.963	1.039
行业	−0.025	0.009	−0.113	−2.774	0.006	0.952	1.051
网络联系强度	0.092	0.042	0.141	2.195	0.029	0.387	2.585
网络异质性	0.099	0.037	0.159	2.704	0.007	0.457	2.188
垂直关系社会资本	0.054	0.028	0.095	1.939	0.053	0.655	1.527
水平关系社会资本	−0.012	0.034	−0.017	−0.339	0.735	0.640	1.561
集群根植性	0.243	0.032	0.400	7.655	0.000	0.579	1.726
调整后的 R2：0.463　F 值：52.094***							

备注：***$p<0.01$

阶层回归分析结果表明，各研究变量之间没有严重的多重共线性问题，各变量的变异膨胀系数均小于经验值 3。集群创新网络的两个维度均对产业集群升级具有显著的正向影响，其中，网络联系强度与产业集群升级有显著的正相关关系（标准化回归系数 β=0.141，$P<0.1$），网络异质性与产业集群升级有显著的正相关关系（标准化回归系数 β=0.159，$P<0.01$），研究假设 H1a 和 H1b 得到支持。集群企业的垂直型社会资本与产业集群升级之间有显著的正相关关系（标准化回归系数 β=0.095，$P<0.1$），水平型社会资本与产业集群升级之间没有显著的正相关关系（标准化回归系数 β=−0.017，$P>0.1$），研究假设 H2 得到部

分支持。集群根植性与产业集群升级之间有显著的正相关关系（标准化回归系数 β=0.400，P<0.01），研究假设 H3 得到支持。

（三）结果讨论

本小节实证研究的主要目的在于探讨产业集群升级的影响因素。本小节首先基于产业分工理论、创新网络理论、社会资本理论文献构建了一个分工视角下的产业集群升级影响因素概念模型，并提出了影响因素与产业集群升级之间关系的研究假设。利用多个劳动密集型产业集群的调研数据，采用阶层线性回归分析方法对研究假设进行了实证检验，回归结果基本上都具有统计显著性，初步支持了研究模型的合理性。其中，假设 H1a 和 H1b 分别讨论了创新网络中的联系强度维度、网络异质性维度对产业集群升级的影响；假设 H2 讨论了社会资本对产业集群升级的影响；假设 H3 讨论集群根植性对产业集群升级的影响。实证研究结果表明，H1a、H1b、H2、H3 均得到了支持，通过检验。现对回归分析结果做出如下讨论：

1. 集群创新网络的联系强度对产业集群升级具有正向影响

回归分析结果表明，集群创新网络对产业集群升级具有显著的正向影响。这种正向影响与集群创新网络本身的特征有着密切的关联。在集群创新网络中，企业与产业链上下游组织机构、横向组织机构间的联系强度越大，集群内的知识、信息等要素就能够更为有效流动和扩散，进而不断提升集群企业的创新效率，这为产业集群升级创造了极为重要的有利条件和基础。

2. 集群创新网络的异质性特征对产业集群升级具有正向影响

根据回归分析结果，集群创新网络的异质性特征对产业集群升级具有显著的正向影响。这种正向影响与创新网络内各行为主体通过专业化的分工与协作而集聚的异质性创新资源有关。集群创新网络的异质性特征越突出，其内部就越可能会集聚有利于促进创新、丰富的互补性资源。相较于较为封闭企业的内部网络，集群创新网络最为突出的特征就在于其开放性和包容性，能够将各类有助于增强产业集群竞争优势的行为主体吸纳进来，降低集群陷入锁定的风险，从而提升了整个集群的长期生存能力，为其实现转型升级的目标打下基础。从产业集群升级的核心驱动力来看，集群企业无疑是最为主要的力量。因此，对于那些在产业集群升级过程中发挥主要作用，在产品创新、工艺创新、流程创新，乃至链条创新方面起引领性作用的中心性企业而言，集群创新网络构成主体的高度异质性为其带来了丰富的战略性资源，同时也增强了其获取与整合高质量的技术、信息和隐性知识的机会，所以，这些居于创新网络中心地位的企业也就更容易建立起更强的环境适应能力和创新能力，从而在产业集群升级进程中扮演更为重要的角色。

3. 集群企业的社会资本对产业集群升级具有正向影响

相关分析和回归分析结果表明，企业的社会资本对产业集群升级具有显著的正向影响。需要指出的是，如果单独分析社会资本的横向和纵向两个维度对产业集群升级的影响效应，发现集群企业与其他行为主体间通过互动而形成的横向社会资本对产业集群升级的正向影响不显著，与研究预期结果不一致，其潜在的原因可能体现在以下两个方面：第一，集群创新网络、纵向社会资本、集群根植性可能削弱了横向社会资本对产业集群升级的影响。第二，劳动密集型产业集群的特征。相较于资本和技术密集型产业集群，劳动密集型产业集群中各行为主体间的关系建立主要集中在物资供应、采购、生产、销售等业务方面，因此，与这些组织机构间的联系强度会更高，联系的频次也就会越多；而与横向组织机构间的关系建立主要体现在咨询、委托设计、产学研合作，并且这种合作倾向于是一次性的，合作项目完成后也就意味着合作关系的结束，因此，其在产业集群升级过程中发挥的作用可能就会相对弱一些，甚至不够明显。

4.集群根植性对产业集群升级具有正向影响

回归分析结果表明，集群根植性对产业集群升级具有显著的正向影响。根据以往研究，集群上下游企业、企业与公共组织机构、企业与中介组织机构之间建立的关系网络越紧密，其嵌入于集群社会网络中的程度就越深，彼此间的信任水平也就会越高，其对集群的文化、制度规范、区域品牌就越容易形成统一的认识，进而倾向于为了集体的共同利益（比如推动产业集群升级）采取集体性行动（张魁伟、许可，2007），比如积极进行创新和学习。特别是，根植性还反映了集群内行为主体间的联系以及联系的密切程度（赵蓓、袁政慧，2011）。因此，从这个角度来看，集群的根植性能够促进企业间的信任与合作，比如降低企业间的交易成本、提高集群企业价值创造能力，最终推动产业集群升级。

四、研究结论与建议

本节的研究目的是为了探究劳动密集型产业集群升级的内在机制。研究发现，集群企业结成的创新合作网络对产业集群升级具有显著的正向影响。特别是在中国经济发展逐渐进入新常态的环境下，劳动密集型产业集群要实现升级，不仅要注重加强集群创新网络的建设，增强网络构成行为主体间的联系强度以及构成主体的多元化，同时还需注重加强集群社会网络关系的治理，除了产业链上下游行为主体间的纵向联系之外，还需进一步增强集群企业同公共组织机构、中介组织机构间的横向联系。此外，实证研究还表明，产业集群升级是集群创新网络、企业社会资本以及产业根植性综合作用的结果，因此，在促进地方劳动密集型产业升级策略方面可重点着眼于以下三个方面：第一，发挥创新网络对产业集群升级的积极性作用。通过加强创新网络各结点间的合作交流来促进创新要素的流动与整合，从而提高创新效率。第二，通过交流、培训、研讨会、担任咨询顾问等形式活动来促进社会资本质量的提升，以此推动集群行为主体间互助、合作、互信的社会环境的形成，最终促进产业集群升级。第三，强化集群的根植性，促进集群集体行动的产生与发展。

第七章　分工与分工演化视角下集群升级过程中的博弈分析

对劳动密集型产业而言，其在集群构建和发展过程中，不论是产业间分工、产品内分工，还是以产业或价值链进行分工，均离不开外部资源的内部转化。只有这样，才能较快地实现资源的优化互补和互相间的通力合作，大幅度帮助集群节省创新时间，提高效率，提升核心竞争力。本部分内容主要立足于在集群升级、进化过程中对分工及其在分工演化条件下合作伙伴选择的博弈进行分析和探讨，以此为基础阐释自我进化过程中的发展与形成过程，力求通过探讨和分析为产业化集群升级效率的提升提供一定的理论依据与实践参考。

第一节　分工与分工演化视角下集群升级过程中的合作伙伴博弈

对集群分工合作伙伴选择博弈的分析对于提升产业集群分工合作的效率有着十分重要的现实意义，对于促进劳动密集型产业集群实现可持续发展提供着基础和保障。笔者基于不完美信息的动态博弈原理对该方面进行了深入的研究，以此来分析了劳动密集型产业集群在发展过程中对合作伙伴选择和筛选的重要过程。

一、劳动密集型产业集群分工合作的理论

劳动密集型产业与其产业集群在国家经济体系中的重要作用不言而喻，它的分工及演化在推动了产业的发展、转型和升级。在企业团结合作、互动共进的前提下，可以促使其形成优势互补的局面，有利于极大地提高工作效率，使技术上的创新向实践中转化，对于收益的提升大有裨益，这也就造就了一加一大于二的效果，使分工合作创造出价值最大化。从管理层面的视角进行分析，这种分工合作的过程是一种创新的过程，也是以分工合作的

方式对资源的最大化的获取、利用，从而创造出巨大的主体竞争优势的过程。在这些劳动密集型产业中，资源是集群分工合作、创新的过程中最为重要的要素。在当下的这个时代，分工合作早已不再是陌生的话题，并且在资源管理的理论研究中形成了一个新的、热门的研究方向。在分工合作的特点方面来看，它的活动种类具有多样性和多层面性，协同研发、生产、销售等一系列不同层次方面的多种活动。这种分工合作的各个分工主体在这样的协同情况下进行创新提高和通力合作，形成竞争优势。根据活动范围的大小不一样，可以分为个体与个体的合作、群体内部的合作、集群内部的合作、集群间的合作等不同种类。

劳动密集型产业集群要想形成自己的竞争优势和扩大竞争力就必须进行创新。但是创新过程中的复杂系统、混沌系统等许多难题亟待解决，这就需要分工合作，只有通过分工合作才能更有效地解决创新过程中出现的各种难题，提高创新的效率以及成功率。所以，劳动密集型产业的集群分工合作需要不同性质的主体共同参与到资源流通的各个环节上来，这种参与是一种相互联系的高效合作和有效创新。通过这种方式来实现"一加一大于二"的那种整体大于部分之和的效果，形成竞争优势。在这个工程中每一主体都十分重要和关键，缺一不可。

二、劳动密集型产业集群分工合作伙伴选择的博弈过程

劳动密集型的产业要进行创新提高自己的竞争力，需要对集体进不同的行分工与合作。通过各个部分主体的积极发挥，优势互补，形成一个更为高效的集群，这将高效地解决创新难题，提高创新效率。

在分工合作中，对合作伙伴进行谨慎选择是最为关键的。他将陪你度过合作的整个过程。所以说一个好的、合适的合作伙伴将极大地提高合作的成功性，反之则很难成功。从已有的文献分析，对选择合作伙伴这一方面的研究还依然停留在选择方法的层面上，其相关的研究却少之又少。这方面的产业大多是制造业，更多是注重市场的信誉，所以劳动伙伴的选择也是如此，合作伙伴的选择受其产业特点的影响。我们都知道，该产业的合作伙伴的选择将直接影响分工合作的成败，影响企业提高创新和竞争力目标的实现。所以，本书主要想研究在劳动密集型产业分工合作的背景下，如何选择能够提高创新效率和企业竞争力的优质合作伙伴的问题。这也是分工合作整个过程中最根本、最关键的问题。

（一）假设条件与模型建立

设A和B分别为劳动密集型产业集群中参与分工的不同主体，双方在是否参与分工合作过程中的作用是交互的。产业链中的分工参与者，对于不同主体而言，由于类型的区别，可能在分工合作中所起的作用不尽相同，与其自身所拥有的资源禀赋有密切联系，也就是说没有先天条件的分工是无法进行的。由此，可以设定B主体的先天条件（资源禀赋）为K_b，也即是企业自身所具备的资源，且$K_b \subset \{高，低\}$，概率可以设定为P和（1-P）。企业A则作为分工合作的另一主体，合作之初可能对企业B的实际资源不是非常清楚，但是能够

根据分工合作的情况做出预判，可以得出的K_b值以及相应概率。但是如果分工合作中企业B出于某种目的不想暴露自身的资源情况则可能存在道德风险，企业A需要采取措施对B进行有效区分，避免分工合作中存在逆向选择，帮助A寻找到有意愿、有资源的合作方，特别是具有较高资源禀赋的合作方。

另外，如果除K_b值之外的其他资源均来自公共渠道，而且假设企业主体A和B不存在明显的风险性偏好，效用函数可以表达为参与分工后的增值。劳动密集型产业集群分工活动中，其中A和B如果参与合作，则会带来增值，若不参与，则无增值。假设B企业主体资源禀赋较高，分工合作双方的资源增值为H_A、H_B；若假设B企业主体资源禀赋较低，分工合作双方的资源增值为L_A、L_B；显然，$H_A > LA$，$H_B > L_B$。也就是说双方资源禀赋较高的分工合作效用要高于与资源禀赋较低的分工合作，强强联合效果会好于其他合作形式。同时，根据实际情况可以假设伪装成本与资源流失风险成本为C_i。在现实中，由于对资源的判定难以非常精准，企业主体A往往难以分辨清楚合作方的资源禀赋，由此设定：$C_{HA} = C_{LA}$。也就是说，A参与分工合作的资源消耗成本C与B的资源禀赋程度无关。但是企业主体B自己肯定清楚，由此设定$C_{HB} > C_{LB}$。也就是说B的资源消耗成本与其资源禀赋程度相关。劳动密集型产业集群分工活动中，往往会出现资源禀赋不高的企业通过各种手段将自己包装为资源禀赋较高的企业，从而获得更多企业合作，伪装成本可设为c。参照黄瑞华等（2004）的研究，我们可以得出博弈分析如图7.1所示。

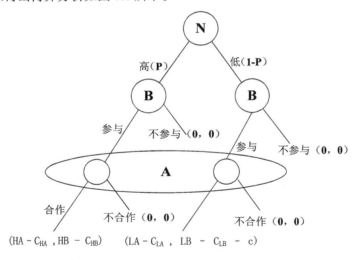

图7.1 劳动密集型产业集群分工合作伙伴选择博弈扩展图

（二）博弈过程与博弈分析

博弈分析来自于对均衡策略的判定，对于分工合作而言，信任极为重要，均衡策略都必须符合信任的前提。在博弈过程中，子博弈完美纳什均衡能够保证均衡策略处于信任之中，而这一问题也是博弈分析的关键问题。劳动密集型产业集群分工合作过程符合完全但不完美动态博弈的特征，但是由于合作过程较多，参与各方影响因素复杂，无法保证全程信任，因此必须建立新的均衡。由于劳动密集型产业集群分工合作的特点符合不完美动态博弈的要求，新的均衡策略可以通过倒推的方式来获得均衡解。

从第三阶段开始：企业主体A的分工合作行为。设定符合条件的概率分别为P（高分工合作，高禀赋概率），P（低分工合作，低禀赋概率），且P（高分工合作）=1-P（低分工合作）。如前所述，禀赋较高的分工合作增值最高，因此概率也大，从而形成良性循环。则企业A的增值表达为：$P(HA-C_{HA})+(1-P)(LA-C_{LA})$。由此可知，若$P(HA-C_{HA})+(1-P)(LA-C_{LA}) > 0$，则企业主体A在第三阶段会参与分工，反之亦然。

从第二阶段开始：企业主体B的分工合作行为。若企业主体B自身资源禀赋较高，则显然符合A的合作需要，则$HB-C_{HB} > 0$，企业主体B在第二阶段就会参与分工合作，否则不参与；而企业主体B若自身资源禀赋较低，只有当$LB-C_{LB}-c > 0$时，B才可能参与分工合作，反之亦然。

博弈论的研究表明，如果要促进分工合作的进行，就必须让企业A在上一阶段中最优策略为进行分工行为，而本阶段中B的资源禀赋较高时参与，而资源禀赋较低时不参与，也就是：

$$\begin{cases} P(HA-C_{HA})+(1-P)(LA-C_{LA}) \\ HB-C_{HB} > 0 \\ LB-C_{LB}-c < 0 \end{cases} \tag{1}$$

由于博弈过程符合不完美博弈的特点，因此，在第二阶段时企业主体A的后验概率P（高分工合作）=1，同时P（低分工合作）=0，为此，公式（7-1）可以变为：

$$\begin{cases} HA-C_{HB} > 0 \\ HB-C_{HB} > 0 \\ LB-C_{LB}-c < 0 \end{cases} \tag{2}$$

若公式2出现交集，则均衡结果将变成资源禀赋较高的B与A开展分工，而低资源禀赋则不参与分工，这就使得劳动密集型产业集群中的企业分工合作质量较高，也就是要求公式2有解。

为此，对于自身具有较高资源禀赋的企业而言，由于其自身的优势地位，能够在参与分工中获得更多收益，劳动密集型产业集群中此类企业参与分工合作的意愿较为强烈，而且其伙伴亦能获得增值。所以，实际上，劳动密集型产业集群中的分工是建立在利益共同体基础上的，这就提出了新的思考，也就是对分工合作伙伴的选择较为关键，这一问题若能得到较好解决，将能有效提高产业集群分工绩效，降低风险和负效应的产生。

三、劳动密集型产业集群分工合作伙伴选择的有效筛选

企业在发展的过程中正确地选择合作伙伴是非常重要的，尤其对于劳动密集型产业来说，为了增加自身的市场竞争力，提高企业的经济效益，必须慎重选择合作伙伴。为此，必须建立科学的合作伙伴筛选机制。在进行合作伙伴筛选的时候必须充分地考虑多方面的

因素，如双方的经济实力、发展方向、技术运用以及合作之后可能会产生的一些问题等。需要注意的是，企业合作虽然可以促进企业双方提高市场竞争力，但是如果处理不好双方的合作关系，不仅达不到双赢的效果，还极其容易产生一系列的矛盾，导致双方关系破裂，造成巨额的经济损失。

在筛选合作伙伴时，需要遵循一定的程序：第一，先对自己要进行合作的伙伴设定一定的标准，然后根据自己的标准进行筛选，这样就能在很大程度上过滤掉一些企业，为自己企业更好地选择合作伙伴打下基础；第二，在按照基础标准选择部分合作伙伴之后，再将这些企业按照更高的标准进行对比，将相对来说效率较低的企业排除出去，以便选择更合适的合作伙伴；第三，将筛选出来的企业进行优化组合，最终筛选出最有利于企业发展的合作伙伴。

从以上分析中可以看出，合作伙伴的选择对劳动密集型产业的发展是必不可少的。合作伙伴的选择贯穿整个劳动密集型产业的发展过程，它不仅包括在产业发展初期合作伙伴的选择，还包括在发展过程中合作伙伴的动态调整。因此，为了能够实现企业的最大经济效益，劳动密集型产业必须根据自身的实际情况，科学地调整合作伙伴选择的标准，以保证企业得到更好的发展。在选择合作伙伴时，除了要考虑以上几点之外，还要注意到资源的确认是合作伙伴选择的关键因素。劳动密集型产业之间的集群分工合作说到底就是企业间的合作创新，因此，若是企业不能对资源进行科学的确认，不管是对资源的价值低估或者高估，都有可能会导致分工合作的目标无法达成，或者不能如期达成。此外，若是资源的实际价值没有能达到企业对其进行确认的价值，那么企业间合作的成本以及风险就会大幅度提升，这样不仅会导致企业经济损失增大，严重时还会造成企业间的合作关系破裂。与此同时还需要保证资源的真实性以及可靠性，为此，在合作之前还要对合作伙伴的情况进行全方位、准确的确认，只有这样才能不断促进集群分工的合理化。鉴于在集群发展过程中往往会受到市场状况、信任度、政府干预等情况的影响，对合作伙伴的筛选和把握极有可能在集群分工过程中变得相对弱化。

第二节　分工与分工演化视角下集群升级过程中的自我进化博弈

在资源经济背景下，资源如今已经变成了相当关键的一种资源，成为了集群改变、财富形成的驱动力。Wu Sheng 和 Cathy S. Lin（2006）等提出为使得资源有效增值，公司还需基于价值链有效分工得到竞争优势，唯有基于共享资源方能最高限度发挥效用。分工和演变探究如今早就变成了一大课题；集群过程的分工协作通常必须基于正式或者隐含契约方能达成。

一、劳动密集型产业集群分工合作的特征

第一，长期性，也就是分工合作过程中主体间持续重复交易并且互动。就此角度来讲，分工合作在此集群内是动态过程而非静态过程。第二，独立性，也就是指此分工合作公司都具备独立产权，此外本特征内含正式及隐含两种契约，证明分工合作的各种成员方能保护并有效协调合作关系缔结和运行机制，其中不仅包含能够获得法律保障的一类正式契约，同时还包含非正式的社会协调及控制机制。正式契约与隐含契约两者存在互补关系。其中前者对隐含契约效力的发挥起到了极大作用，后者对前者有所弥补。

可是，人们认为，集群分工合作的关键就是集群分工合作。所以，此种合作还具备下述根本特性。

（1）具备集群协作形态，这也是其根本特性之一。具体来讲，就制度视角分析，此种合作属于创新合作，也是传统企业间存在的中间性集群；就能力视角分析，此种合作属于资源网络，即强调企业间分工合作的资源型网络集群。本特性充分意味着此类研究对象即全新集群形态，绝非集群内构成成员企业间分工合作情况为其主要研究客体。

（2）以企业间资源共享和互补为其主要目的（或核心目标），也就是说经此合作促成企业间分工协作，继而获得更好更多资源，充分优化公司运行绩效目标，最后实现"双赢"或者"多赢"。

二、自我进化博弈分析

在集群分工合作缔结过程方式中，自我进化也是一种，本方式的内涵在于资源网络在特定背景下，历经特定周期逐步进化并上升演化成为集群分工合作。

（一）导入进化博弈的必要性

首先，资源和分工合作过程本身都相当复杂，因此人并不完全理性，分工合作同时还具备资源交易特性；其次，由于人类并非完全理性，所以分工合作缔结过程也必然是动态学习以及调节过程。传统博弈论一般假设投入此合作者完全理性，不但要求主体一直具备确定与非确定性条件内促使自身获利达到最优的决策及判断力，同时要求其在存在交互特性的博弈环境内做出完美预判；因此不仅对人们有完全理性的要求，还有双方互信的理性，在高度一致的理性资源。所以，如果使用传统博弈论体系内的完全理性思想来对分工合作过程中的非完全理性展开研究，同时尽量抽象、简化博弈规则，把每次博弈看成孤立行动，完全忽略相似博弈之间存在的交互影响，所以矛盾才会产生。

进化博弈理论体系提出，各投入此合作关系者均随机从群体内调取同时匿名反复博弈，

他们并无特定对手。在此状况下，参与者不但能够经其特有经验获取决策信息，能够经观察类似环境内别种参与者决策，自己通过模仿而间接得到决策信息，同时还需经对博弈历史进行观察而从群体分布中得到决策过程所需信息。就参与者而言，对群体行为既往历史进行细致观察，预估群体分布过程相当关键。群体分布首先包含对手如何做出策略选择所需信息。对群体分布展开观察能够促使参与者辨别策略优劣，模仿其中优者，并淘汰劣者。所以在学习过程中，模仿是其中重要构成，有成功结果的行动不但以说教形式存在并得以传递，同时易于模仿。参与者因为深受理性限制所以活动必然幼稚，但是决策并非经快速的最优化核算所获，但是必须经过调整最终适应，参与人在此过程中深受所在背景环境的确定或随机要因影响。进化博弈理论强调，基于有限理性背景，博弈方策略均衡通常为学习过程中调整结果而非一次选择结果。

从博弈的传统和进化理论的假设及经过分析，不难得知，因为企业间分工合作颇为特殊，运用进化博弈理论对分工合作过程中的自我形成展开剖析更加合适。本部分主要使用类似于与分工合作缔结过程中学习较慢的大群体反复博弈—复制动态进化博弈理论对分工合作的自我形成博弈过程展开分析。

（二）地位相同情况下集群分工合作的形成

所谓地位相同，是指参与分工的主体资源、收益等均相等，没有差别，双方之间完全信任，互利互惠，尊重契约精神。

1.假设条件与模型建立

在劳动密集型产业集群分工中，企业主体往往面临两种路径，也就是参与分工或不参与分工（隐藏）。在地位相同的情况下，若都不参与，则都无法增值（即等于0）；如果都参与，则资源增值相等（设等于a）。而如果一方参与，而另一方不参与分工，此时可以看作资源转移，显然，加入分工的资源增值为$-b$，这一增值到了另一方则变为b。由此博弈的收益矩阵如表7.1所示。

表7.1 地位相同情况下的收益矩阵

博弈方2 ＼ 博弈方1	参与分工	不参与分工
	a, a	$-b, b$
	$b, -b$	$0, 0$

显然，地位相同情况下的收益矩阵中$a > b$。

若劳动密集型产业集群中参与分工的博弈方占比为x，则不参与的占比$1-x$。由此可以判断参与分工的企业主体期望值：

$$U_1 = x \times a + (1-x) \times (-b) \tag{7-3}$$

采取不参与策略的企业主体的期望值：

$$U_2 = x \times b + (1-x) \times 0 \tag{7-4}$$

平均企业期望值：

$$\overline{U} = x \times U_1 + (1-x) \times U_2 \qquad (7-5)$$

根据进化博弈的原理，只要期望值不同，则博弈方策略就会从低向高转变，从而导致企业比例发生变化，其变化可以表达为：

$$F(x) = \frac{dx}{dt} = x \times (U_1 - \overline{U}) \qquad (7-6)$$

如果将（7-3）（7-4）（7-5）式分别计入（7-6）则可以计算出：

$$\frac{dx}{dt} = x(1-x)(ax-b) \qquad (7-7)$$

在（7-7）中，设 $\frac{dx}{dt}=0$，则得到均衡点为 $x_1=0, x_2=1, x_3=\frac{b}{a}$。

均衡点的计算表明采取分工合作的企业比例在这一水平上不会再出现变动。较为稳定的均衡点往往（记为 x^*）具有稳健性特点（对于微小的变化而言）。还必须对微小的扰动具有稳健性。为此，$F(x)=\frac{dx}{dt}$ 的导数小于 0（稳定点），也就是说当 $F'(x^*)<0$ 的条件满足情况下，稳定点 x^* 才是进化稳定策略，企业参与分工的比例会在这个点附近浮动。

2.博弈过程与博弈分析

复制动态点最终收敛于 x_1, x_2, 或者 x_3, 与 $F'(x_1)<0$, $F'(x_2)<0$, $F'(x_3)<0$ 的条件有关。

根据 $F(x)=x(1-x)(ax-b)$ 可以发现：

$$F'(x) = -3ax^2 + (a+b)x - b \qquad (7-8)$$

将 $x_1=0, x_2=1, x_3=\frac{b}{a}$ 等值计入以上公式可得：

$$F'(0) = -b \qquad (7-9)$$

$$F'(1) = -2a \qquad (7-10)$$

$$F'(\frac{b}{a}) = -\frac{b^2}{a} \qquad (7-11)$$

针对三种情况进行分析：

（1）企业均不参与分工合作

若 $b>0$, $F'(0)=-b<0$，则均衡点 $x_1=0$ 为稳定策略，也就是系统收敛于 $x_1=0$ 处，这说明不参与分工合作其期望值 U_2 大于参与分工所获取的期望值 U_1 时，企业终将选择都不参与，如图 7.2 所示。

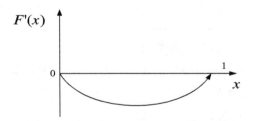

图 7.2　全部不参与策略的复制动态相位图

（2）企业均参与分工合作

若 $a > 0$，$F'(1)=-2a < 0$，则均衡点 $x_1=1$ 为稳定策略，这说明若参与分工所获取的期望值 U_1 大于不参与策略的期望值 U_2 时，则企业将全部参与分工合作，如图 7.3 所示。

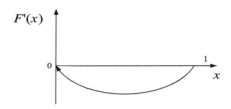

图 7.3　全部参与策略的复制动态相位图

（3）部分企业参与，而另一部分企业不参与

若 $a > 0$，$F'\left(\dfrac{b}{a}\right) = -\dfrac{b^2}{a} < 0$，则状态不稳定，则可以认为 $\dfrac{b}{a}$ 比例的集群企业参与分工，而 $1-\dfrac{b}{a}$ 比例的集群企业不参与分工。

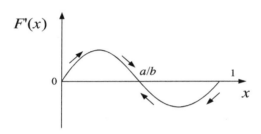

图 7.4　部分参与策略的复制动态相位图

（三）地位不相同情况下集群分工合作的形成

以上分析了地位相同情况下的劳动密集型产业集群企业分工，然后在实际情况中，企业的资源禀赋不尽相同，地位不对等的情况更为常见。

1.假设条件与模型建立

当劳动密集型产业集群中资源禀赋不同的企业进行分工合作时，若两个主体均参与分工，则其增值表达为 $V_g=a$ 和 $V_d=b$，V_g 和 V_d 分别说明其增值情况，如果其中只有一方参与，则可以表达为两种不同的组合 g（高，低）=（参与，不参与），g（低，高）=（不参与，参与），其对应的期望值分别设为 $V[g（高，低）]=(-c, c)$，$V[g（低，高）]=(d, -d)$，显然，$c > d$；若两者均不参与，则增值为 0。由此所得的收益矩阵如表 7.2 所示。

表 7.2　地位不相同情况下的收益矩阵

博弈方2 ＼ 博弈方1	参与分工	不参与分工
	a, b	$-c$, c
	d, $-d$	0, 0

表 7.2 中，博弈方 1 为资源禀赋较高的一方，而博弈方 2 为资源禀赋较低的一方，其中 $a > d$，$b > d$，$c > d$。

2. 博弈过程与博弈分析

若博弈方 1 中参与分工的比例设为 x，则不参与的比例为 $1-x$，同样，在博弈方 2 中参与分工的比例设为 y，则不参与的比例为 $1-y$。由此可知，博弈方 1 的参与者和不参与者期望值为 U_{11}，U_{12} 以及博弈方 1 参与者的混合策略的期望值为 U_1：

$$U_{11} = y \times a + (1-y) \times (-c) \tag{7-12}$$

$$U_{12} = y \times d; \tag{7-13}$$

$$U_1 = x \times U_{11} + (1-x) \times U_{12}; \tag{7-14}$$

博弈方 1 的博弈公式为：

$$F(x) = \frac{dx}{dt} = x \times (U_{11} - U_1) = x(1-x)[(a+c-d)y-c]; \tag{7-15}$$

同样，博弈方 2 的期望值为：

$$U_{21} = x \times b + (1-x) \times (-d); \tag{7-16}$$

$$U_{22} = x \times c; \tag{7-17}$$

$$U_2 = y \times U_{21} + (1-y) \times U_{22}; \tag{7-18}$$

博弈方 2 的博弈公式为：

$$F(y) = \frac{dy}{dt} = y \times (U_{21} - U_2) = y(1-y)[(b+d-c)x-d]; \tag{7-19}$$

令 $\frac{dx}{dt} = 0$，得 $x = 0$；$y = c/(a+c-d)$；

令 $\frac{dy}{dt} = 0$，得 $y = 0$，1；$x = d/(b+d-c)$；

由此得到 $S = (|(x,y)|0 \leqslant x, y \leqslant 1)$ 的局部均衡点为（0，0），（0，1），（1，0），（1，1），$(d/(b+d-c), c/(a+c-d))$。上述博弈系统的雅克比矩阵为：

$$J = \begin{pmatrix} \dfrac{\partial F(x)}{\partial x} & \dfrac{\partial F(x)}{\partial y} \\ \dfrac{\partial F(y)}{\partial x} & \dfrac{\partial F(y)}{\partial y} \end{pmatrix} = \begin{pmatrix} (1-2x)[(a+c-d)y-c] & x(1-x)(a+c-d) \\ y(1-y)(b+d-c) & (1-2y)[(b+d-c)x-d] \end{pmatrix}$$

根据博弈稳定性计算之后得到结果如表 7.3 所示：

表 7.3　地位不相同情况下的稳定性分析

均衡点	J 行列式符号	J 的迹符号	稳定性
（0，0）	$cd > 0$	$-(c+d) < 0$	稳定
（0，1）	$(a-d)d > 0$	$a > 0$	不稳定
（1，0）	$(b-c)c > 0$	$b > 0$	不稳定
（1，1）	$(d-a)(c-b) > 0$	$d-a+c-b < 0$	稳定
$[d/(b+d-c), c/(a+c-d)]$	$-\dfrac{cd(a-d)(b-c)}{(a+c-d)(b+d-c)} < 0$	0	鞍点

由表 7.3 的分析可以发现，均衡点（0，0）和（1，1）是稳定的，也就是这个博弈系统的进化稳定策略，同时，该系统还存在两个不稳定的均衡点（0，1）和（1，0）以及一个鞍点 $[d/(b+d-c), c/(a+c-d)]$。博弈系统中的微小扰动均会影响博弈过程的演化，如果鞍点值设定为 x^*，y^*，若 $x < x^*$，$y < y^*$，则系统将完全收敛于不参与策略；若 $x > x^*$，$y > y^*$，则系统将完全收敛于参与分工策略；若 $x < x^*$，$y > y^*$ 或 $x > x^*$，$y < y^*$，则进化将出现较多不确定因素，影响进化的过程和结果，劳动密集型产业集群中的分工合作将处于动态变化之中。

一般而言，劳动密集型产业对于国民经济发展的重要作用不言而喻。劳动密集型产业集群的发展、创新和转型往往可以通过不断优化的分工合作呈现出效率的大幅度提升。与此同时，在多数情况下，产业集群中的企业相互之间的交流、合作和分工一方面可以降低交易成本，另一方面还可以在关键性技术上互通有无，使得资源供给方设置的壁垒弱化。除此之外，伴随着不同企业社会责任和资源结构上的不同，其进行技术创新的条件、目的及运行方式均呈现出一定的差异性。就产业集群的分工而言，其既影响着企业的科技创新和资源获取，还影响着相互之间的交流与合作，与此同时，资源的特性对集群的发展也有着一定的反作用。这种差异性导致着集群活动和分工上的复杂性，即使在分工过程中存在自身发展和进步的倾向性，也有可能会由于自我形成过程中的不确定性与长期性产生变化和波动。正因如此，在产业集群进行分工合作的过程中理应加强对合作伙伴的选择问题分析和研究。

第八章　对策建议

劳动密集型产业集群升级已经成为经济发展、产业结构调整的"瓶颈"，是当前迫切需要解决的问题。从现有的文献来看，针对集群升级的政策建议连篇累牍、汗牛充栋，大多是狭义的集群升级政策，根据集群不同发展时期、不同升级途径而制定的中短期辅助性、刺激性政策，当集群完成某阶段或某类型的升级之后，该政策的效用就逐渐递减、衰退，甚至成为集群下一阶段升级的障碍。本书所涉及的劳动密集型产业集群升级政策，是广义的产业集群升级政策，从宏观到微观，分政府、集群与企业三个层面展开论述。

第一节　政府层面

目前，我国劳动密集型产业集群发展水平参差不齐，我国的产业集群主要集中在东部沿海地区，东、中、西部的产业集群数量比例约为 79∶12∶9（刘世锦，2008）。随着产业聚集程度的不断增强，东部地区形成了一个非常重要的"后天优势"，即建立在高度专业化分工基础上的产业配套条件。凭借产业聚集、分工协作网络、专业化市场、公共基础设施、区域品牌、融资渠道等方面的优势，能有效降低企业的生产成本、交易成本及制度成本，提升规模经济与范围经济效益。与东部地区相比，中西部地区劳动力平均工资、劳动力素质、劳动效率的差异并不大，但存在集群化水平不高、产业配套能力弱、基础设施不完善、物流体系发育不足、政府办事效率低下等因素，使交易成本大幅度上升，将严重削弱企业的竞争优势。面对日趋激烈的全球性的竞争，地方政府应着力改善产业集群的共生环境，促进产业集群不断升级发展，防止产业集群衰退消亡。政府应在以下几方面提供支持和指导。

一、制定地方产业集群发展规划，打破区域垄断

积极转变政府职能，力争从"跑项目，争指标"等直接干预产业转移的事务中摆脱出来，建立服务型政府；充分发挥市场在资源配置中的基础地位，发挥企业在产业转移过程

中的主体地位；按照市场运行规律来制定和实施合理的产业政策，有效纠正地方政府在经济职能上的"越位"，防止过度规制本身成为重复投资、产能过剩的根源。依据劳动密集型产业集群的"地方根植性"与现阶段的特点，制定集群发展的中长期规划，重点扶持能够做大做强的成长性企业，能够延伸产业链的配套性产业，能够丰富主导产业组合条件的关联性产业，能够带动战略新兴产业发展的高新技术产业和先进适用技术产业，能够为经济发展提供各类要素服务的生产性服务行业，能够促进本地融入东部分工协作网络的交通、通信等基础性产业，不断夯实集群企业发展的产业基础条件。

加强投资环境建设，有目的、有重点地开展产业承接和招商引资活动。坚持产业承接与本地区生产力布局、产业发展规划相结合，利用自身的资源优势、行业优势，选择承接与本地产业基础相适应、与本地产业规划重点相匹配的产业，确保引进资本能够尽快促成本地主导产业的形成，打造新的经济增长极。通过产业聚集效应带动其他关联企业成长，促进集群结构优化升级，最终形成具备核心竞争力、特色鲜明的专业化集群。

将集群纳入政府财政预算，对集群企业和集群创新活动提供资金支持，设立集群升级促进机构，培养具备项目整合管理、组织机构网络化、政策指引和评估、国际经验交流等方面能力的职业经理人，协调集群升级过程中面临的各种公共选择问题。针对相邻行政区域之间集群同质化的现象，按照区域"组群"式发展的思路，建立政府间集群引导发展的协调机制，打破行政分割，促进要素自由流动，共享优势资源，进行合理的价值链分工，遏制低层次的同质化竞争，避免扭曲价格机制。

二、完善市场服务体系，提升集群运行效率

产业集群能否持久发展，与其所在环境能否提供完善的、专业化的和多样化的市场服务体系密切相关。政府的作用在于，以公共管理者的身份，通过信息、技术和基础设施的外部性，为本地企业创造公平的竞争和创新环境，促成和调整集群企业和公共机构之间的各种联系机制，提高企业间的合作效率，以保证产业集群持续发展，加快分散化的工业自组织进程。通过培育专业市场、生产资料交易租赁市场等，促进中间品市场体系的建立，完善产业配套能力；通过加大投入，完善基础设施建设，加强信息化建设，构筑高效便捷的现代物流服务体系；通过规划、协调、提供优惠信贷和税收政策等措施，促进中介组织及其网络服务体系的形成；通过建立健全信用担保制度，拓宽融资渠道，建立激励和约束机制等，解决集群内中小企业融资难的问题；通过构建区域创新服务体系与创新平台，增强集群创新能力；通过提供社会保障服务、教育培训服务、信息咨询服务等，完善政府公共服务体系，营造有利于产业集群发展升级的软环境。

任何企业都不能脱离分工协作网络而孤立地存在和发展，区域产业链越长，意味着企业可以参与的价值链越长，产生的附加值越多，能够更加高效地整合利用资源、降低成本、增强自身竞争力，因此延长产业链、完善产业配套能力，是提升集群运行效率的必要条件。

三、构建区域创新平台，提升集群创新能力

劳动密集型产业集群能否实现向价值链高端攀升，取决于集群创新能力。因此对政府而言，首要任务是消除一切有碍企业创新、集群创新的做法与限制，优化有利于集群创新的政府工作环境，积极构建区域创新平台服务地方经济发展。

区域创新平台由政府牵头组建，结合本区域创新资源禀赋与产业发展特色，依托网络平台及信息技术，促进创新体系内部的各个行为主体之间的交互作用、协同创新，促使创新中的潜在不确定性收益向现实收益转化的制度架构。区域创新平台是支撑区域内企业进行创新活动的基础条件的集合，包括企业创新运行的物质基础设施、信息保障、人才支持、资金支持，以及与区域协同创新有关的制度支持，如表8.1所示。

表8.1　区域创新平台的构成要素

构成要素	构成因子	解释变量
主体性要素	平台管理方	创新活动的指导者、监管者；创新资源的整合者、协调者
	核心企业	创新资源的供应者，创新活动的实施者
	边缘关联企业	创新资源的需求者，创新成果的需求者
可控性支持要素	硬件基础设施	网络通信设备、实验室（含大型仪器设备、实验生物物种资源、实验矿物资源）、生产示范基地等
	软件基础设施	科技基础条件服务系统、专业性技术系统、成果转化系统等
	公共服务机构	地方政府科技主管部门、大学、科研机构等
	中介服务机构	非营利性中介服务机构（行业协会、标准化机构、科技园、企业孵化器、技术中心、生产力促进中心等）
		营利性中介服务机构（人力资源培训机构、会计事务所、律师事务所、管理咨询公司、金融机构等）
不可控性支持要素	正式制度	税收政策、财政政策、金融政策、知识产权保护制度、与技术交易有关的法律制度等
	非正式制度	创新氛围、道德伦理、社会规范、人际关系等
	外部资源	外部技术供应者、外部产品需求者、其他区域创新平台等

资料来源：根据有关资料（曹学，2011）和本书观点综合整理

区域创新平台的构成要素，主要包含创新活动主体、技术基础设施与环境因素等三个方面。其中，创新活动主体是区域创新平台的核心要素，包括平台的管理方、核心企业及关联企业所组成的网络；技术基础设施包含硬件基础设施和软件基础设施，以及中介服务机构与公共服务机构，是创新平台的可控性支持要素；环境因素包括正式制度、非正式制度、外部资源等，属于不可控性支持要素。由此可见，区域创新平台是一组由各种规则制度和主体间的结构组成的虚拟平台，并不真正拥有所有的创新资源与要素，而是科技资源的"配置器"与"转化器"，协调解决集群创新过程中的市场失灵与系统失灵现象。

四、建立合理有序的政府退出机制

在市场经济环境不成熟、民间组织协调能力弱的情况下，地方政府要替代民间组织，发挥直接促进企业集群成长的主导作用，在民间组织不能单独作用的领域与其共同进行协调，发挥"市场增进"的功能。政府在集群形成和发展中的行为空间应限定于社会条件的培育和完善，而随着约束条件的逐步解除，地方政府应从直接扶持企业集群成长的功能中逐渐"退出"。要破除计划经济时代形成的"政府干预"思维惯性，地方政府必须学会向市场分权、向企业让利，并致力于构建友善的商业环境。

市场竞争需要规则，而大多数政府规范都着眼于维持现有垄断格局、设置产业门槛、实施价格管制，对提升企业竞争优势作用不明显，甚至存在抑制创新与竞争的双重负效应。当企业得知在政府的帮助下可以避免改善时，基本上都是厌恶改善的，这将削弱它们在创新方面的爆发力，对引进高级或精细的零件材料毫无兴趣，带给客户或下游产业的仍是缺少创新的过时产品与服务，从而长期停留在原本缺乏竞争优势的产业环节上。以保护企业成长空间为由的政策措施，或许不是产业衰退的主要原因，但它会延滞产业构建竞争优势的过程。人为设限的市场秩序通常缺乏效率，还会造成消费者采购成本的大幅增加。政府舍弃促进产业加速创新的事不做，而对缺乏效率的企业进行市场保护，只会钝化价格竞争，干扰"看不见的手"在社会资源配置中的基础性作用。

政府作为理性的"经济人"，其行为通常具有双重目标：一方面试图降低交易费用，促进社会产出最大化，从而获得税收的增加；另一方面还向不同的势力集团提供不同的产权，获取垄断租金的最大化。这两个目标之间存在着深刻的冲突，如果政府追求"垄断租金"，不关心有效的制度创新与交易费用的节约，则难以促进企业发展与集群升级。与西方成熟的市场经济体制相比，我国的市场化改革还有许多不完善之处，尤其在有效维护市场机制、提升经济绩效方面，仍然处于"摸着石头过河"的探索阶段。

在此可适当借鉴自由市场的积极不干预政策。1980年，香港财政司司长夏鼎基提出积极不干预政策，该政策主张"自由竞争"，认为在一个消费者统治的经济体中，企业可以依据"货币投票"的数量，迅速掌握社会消费变化的动向，进而配置人力、物力、财力组织生产，满足消费者对某种商品及服务的需求。香港政府倡导"小政府、大市场"，实行自由贸易政策，保障货物、无形资产和资本的自由流动；保护私有产权，保障自由竞争，维持低程度的监管，对行业及市场准入的限制也很少；税基窄、税种少，若有盈利按公司净利润的16.5%征收利得税（没有增值税和营业税）。政府致力于维护法律和秩序，建设必要的公共事业和公共设施，缔造最能支持企业发展的商业环境，经济活动和资源配置则完全由市场机制来推动。积极的不干预主义一直被理论界视为"香港奇迹"产生的重要原因，值得内地政府吸收并灵活采用。

我们相信市场的力量，宽容看待"市场试错"过程的负面影响与消极作用，也应为政府留下一定的时间与空间，使其在"试错"过程中不断地学习、不断总结、不断矫正，更好服务于企业发展、集群升级，服务于社会进步。

五、动态的知识产权政策

在全球化背景下，通过参与国际垂直专业化分工，从而拓展业务范围实现价值链升级的，不乏成功范例，如20世纪50～60年代的日本，70～80年代的亚洲四小龙。在出口导向型战略的推动下，通过实施三角制造策略（triangle manufacturing strategy），在承接欧美订单的同时，将标准化生产环节逐渐转移至亚洲的低工资国家，以便节约人力资本与资金用于承接技术含量更高、附加值更高的订单，在此过程中完成了从OEM→ODM→OBM的升级转化。其间，这些国家无一例外地都经历了从吸收、模仿先进技术到自主创新的发展过程。

纵观那一段历史，国际上还没有形成统一的知识产权保护标准。WTO知识产权保护协议（TRIPS）于1995年通过，《瓦森纳协定》于1996年11月才开始实施，而日本从1951年到1984年，共签署了约4.2万项技术引进协议，仅花费170亿美元的微小代价就获取了通往高科技时代的通行证。如果说，模仿先进技术是后发国家走向自主创新的必经之路，那么它们的模仿没有受到严厉的经济制裁应当是一个不可或缺的重要条件。Linsu（2003）指出，在工业化的早期阶段，本土企业通过反求和复制来学习国外的成熟产品，此阶段严格的知识产权保护不利于技术转移。换句话说，国际意义上相对较弱的知识产权保护，是促进后发国家实现技术进步、集群升级、产业结构高级化的必要条件。只有当一国科技能力、科技基础设施达到一定的水平，并从事创造性的经济活动时，才需要较严格的知识产权制度来保证创新者的"先驱者利润"，以激励创新，推动技术进步。因此，一国的知识产权政策应与经济、技术水平相适应，政策制定者应根据工业发展不同阶段的不同要求，动态地制定知识产权政策，而不能一味迎合发达国家关于加强知识产权保护的经济诉求。

第二节　集群层面

从内部视角寻求劳动密集型产业集群升级的路径，可以说，每个集群对应着不同的地方性知识和特质，它们不仅决定集群的起源与发展，还影响着集群的未来走向与生命周期。探讨产业集群升级不在于借鉴其他集群的实践经验，更多的是到集群内部寻找根植于地方的知识体系和组织创新能力。经济社会学用"根植性"来说明社会文化因素对经济行为的强大作用，意会性知识的扩散与创新深深地嵌入于集群之中，这是研究研究集群升级与未来演进方向的一个重要思路。

一、加强对传统劳动密集型产业集群的识别、认定与评估

加强对传统产业集群的识别、认定和绩效评估的研究，建立量化指标体系，逐步完善产业集群统计。一是在定性分析的基础上建立量化的评估指标，评估一个产业集群是否合理完善，可以对集群企业集聚规模、集群经济产出规模、集群产业结构、集群网络结构等几个主要指标进行细分，形成可以量化的指标体系。集群企业集聚规模可以分解为集群企业数量、集群企业密度、集群资产总额等三个指标进行度量；集群经济产出规模从产值区位商、区域经济贡献率等两个指标测量；集群产业结构从产业链部门数、同类企业平均数、主导产业贡献率、主导产业比较集中率、投入产出影响力系数、投入产出感应系数等六个指标衡量；集群网络结构从集群根植性、企业间分包外包关系、产学研合作、创新环境等四个方面估量。二是统一产业集群的统计口径，跨行业的产业集群统计与我国当前《国民经济行业分类》（GB/T4754-2002）的行业分类不一致，从而影响了产业集群有关数据的准确性和可比性。三是逐步加强我国产业集群的统计工作，促进产业集群比较研究的规范性和统一性。传统产业集群的识别、认定和绩效评价的根本目的是根据评价结果，分析劳动密集型产业集群存在的问题，剖析问题产生的根源，以制定有针对性的集群升级发展策略，提升集群竞争能力。

二、分阶段推进劳动密集型产业集群升级

中国区域经济发展极不均衡，生产力水平虽然呈东、中、西三级梯度分布，但这并不意味着产业布局和技术开发必须遵循从"东部—中部—西部"的梯度次序推移。中西部地区的优势主要体现在与东部地区的资源互补性，具有较强竞争力的产业集群要么位于原材料主产区，要么位于环境容量大、环保成本低的地区，要么是劳动力资源丰富、工资成本低的地区，较低的要素成本使得产品综合成本有效下降。在经济全球化的大背景下，伴随价值链分工在不同空间范围内的持续整合，中国劳动密集型产业集群从低级到高级将依次经历区域一体化整合、价值链全球整合、价值链虚拟整合三个阶段。

（一）区域一体化整合

产品内分工极大地拓展了专业化分工的深度与广度。从生产工序的角度看，任何产品都同时存在着劳动、资本、知识、技术相对密集的生产环节，随着信息成本、运输成本的不断降低，垂直专业化分工可以实现将要素密集度不同的各价值环节布局于相应要素充裕的区域，以保证每一环节均获得最低的要素投入价格，进而降低最终产品的平均成本，最大化获取专业化生产与分工利益。要素相对价格与规模经济因而成为产业链分解、生产零散化的重要推手，分离出去的各生产环节一般呈现高度地理聚集的特征。地理上的临近性降低了交易成本与生产费用，专业化分工催生了集群的规模经济，学习效应加速了知识积累、新技术的推广，并通过集群内各种正式和非正式的网络联系实现区域一体化整合。目

前，我国大多数传统劳动密集型集群都属于这种模式。

然而集群发展始终处于动态的演化中，若集群地区不能在其主要的技术领域或公司和机构方面构建其能力，就有可能由于外部的威胁或者内部的僵化而失去竞争力。我国传统劳动密集型产业集群面临的外部威胁主要来自出口市场需求大幅下降、技术中断、政策干预、信贷紧缩等方面，外部威胁会诱发集群衰退，但真正决定集群命运的还是内部自稳性风险：地理上的临近一方面会降低交易成本与生产费用，另一方面又会导致集群自我封闭；专业化分工一方面会产生集群的规模效应，另一方面也增大了集群内部的协调风险；示范效应与学习效应一方面有利于集群知识积累、技术扩散，另一方面也容易造成群体思维和战略趋同现象；协同溢出效应一方面使集群内企业享受到外部经济的好处，另一方面却助长了企业的创新惰性。风险汇聚到一定程度，来自内部与外部的压力、威胁会迫使劳动密集型集群产生变革，重新构建新的竞争优势，或者进入价值链全球整合阶段。

（二）价值链全球整合

随着经济全球化进程的加快，产业活动的分离与整合日益在更大的空间尺度上演，作为区域经济发展载体的传统劳动密集型产业集群正在以不同方式快速嵌入全球产业价值链。通过频繁的外部联系获取丰富的信息和知识，根据自身的特点和优势，逐渐专注于价值链高端环节，弱化或放弃部分非核心经济活动，进而出现集群整体产业活动基于全球价值链的垂直整合，逐步融入全球生产体系。众多发展中国家和地区产业集群演进经验表明，与全球价值链中的领导企业建立起紧密的、重复性的生产和交易关系，能够为发展中国家集群企业提升其国际分工地位提供重要的支持。在这种紧密的、重复性的生产和交易联结中，供应商与全球领导企业之间的关系距离更短、交流更直接更频繁，交易中蕴含的知识和信息也更丰富，因此可以更快、更有效地获取有关技术发展和全球市场变化的新资讯、新知识，逐步积累创新升级所必需的能力。

在全球化背景下，中国产业集群只是全球价值链上的一个子系统，然而无论嵌入什么样的价值链，也不管嵌入能给集群带来何种升级机会，利益都不会从嵌入中自动产生、升级，也不会自发实现，甚至连价值链治理者促进发展中国家产业集群升级的意愿都值得怀疑。集群升级的动力源自集群内部，重视本地联系和地方层面的治理（Helmsing，2002），通过集群要素间的互动学习提高区域创新绩效对于集群升级至关重要。经过 30 年高速发展，中国已成为第二大经济体，国内市场无论是规模，还是多样性，都成长为全球最重要的新兴市场，可以为本土企业提供持续投资和创新的拉力。然而在缺乏本地市场联系的情况下，代工企业无处借力培育自己的品牌，无法形成对自身附加价值的攫取能力，甚至连国内迅速成长的高级要素也无法充分利用。若要扭转目前的被动局面，必须重视基于国内市场空间的国内价值链的培育，通过构建国内品牌和销售网络渠道的终端集成，摆脱对国际市场的过度依赖，才能在价值链博弈中争取到更有利的地位和更好的发展前景。

（三）价值链虚拟整合

中国在追赶国际技术前沿的过程中，存在着重技术轻市场的倾向，"以市场换技术"正是这种倾向的体现。从过去30年的情况来看，我们让出了市场，却没有走上"引进→消化→吸收→创新"之路，反而陷入"引进→淘汰→再引进→再淘汰"的恶性循环。究其原因，技术进步只是手段，产业升级才是目的，产业升级必须依靠技术进步，而技术进步不一定会带来产业升级。嵌入GVC的传统产业集群容易获得工艺升级与产品升级，但是在功能升级上遭到纵向封锁，实际上产业升级的周期是被拉长了。而让出市场、失去对销售渠道的控制权才是影响集群发展的"致命伤"，市场范围扩大受限阻碍了集群分工的深化，企业内部分工不足与集群内缺乏大企业的协调治理导致"分工限制分工"，大量企业做着同样的事情，便产生了诸如战略趋同、同质化竞争等问题，企业只能依靠不断降低价格来取悦价值链治理者。若要保持较高的收益，要么该行业进入壁垒很高，潜在竞争者无法突破；要么进入壁垒在不断发生变化，即企业的创新和生产能力在动态发展，不断在该领域形成新的经济壁垒，从而抵御潜在竞争者。这些进入壁垒被形象地称作产业集群的"堤防"，若集群在构筑进入壁垒方面无作为或不作为，则会面临竞争者过度进入而导致的贸易条件恶化及租值耗散。

随着信息技术、网络技术、计算机科学的发展，信息不对称的情况逐渐转变为信息对称，在全球性供给普遍过剩的商业环境中，价值链的控制权正不断从卖方过渡到买方，还给消费者带来了虚拟的活动空间和数字化的商品需求，企业的经营范围和规模经济因此被重新定义。在区域一体化整合阶段与价值链全球整合阶段中相对稳定的产业结构和关联方式正在逐渐被打破，逐渐形成了以因特网互联为基础、以投入产出关系为纽带的创新网络，为最终客户提供完整统一的解决方案，即价值链虚拟再整合模式。信息技术成为传统产业集群虚拟再整合的重要推手，全球联系和交叉投资则是传统产业集群虚拟再整合的主要机制。与此同时，以支付宝、微信支付为代表的支付革命已席卷全球，深刻地影响消费者的行为模式，引发客户需求的多样性，社会生产模式由以往的"少品种、大批量"的规模经济向"多品种、小批量"的范围经济转型。消费者在生产领域的地位逐步上升，成为与企业同等重要的价值贡献者，顾客参与价值共创已经触发了新的商业革命，对企业供应链管理正在进行着"润物细无声"式的逆向整合。

总之，传统劳动密集型产业集群要借助信息技术革命的浪潮，大力拓展生存空间，通过虚拟价值链整合改变传统资源配置方式与投入产出比例，通过产品升级、工艺升级、功能升级、价值链升级等途径提高中国传统产业集群参与国际分工的层次，同时解决国内制造业产需不匹配、供求失调的深刻矛盾，建设高价值产业体系，促进发展方式战略转型。

三、要素禀赋积累与集群技术能力提升

众所周知，以技术进步促进集群向全球价值链高端攀升，是一项复杂系统工程，需要多方面的基础条件予以支持。无论是技术引进，还是自主创新，都是后发国家为缩小与发

达国家经济差距而采取的措施，目的相同，路径不同。技术引进基于静态比较优势，而自主创新则基于动态竞争优势的培育，其实质是一种"赶超战略"。在技术跟随背景下，后发国家产业集群如何从技术模仿向自主创新飞跃，实现"惊险一跳"，避免陷入标准化生产低水平均衡，是一个值得长期深入研究的问题。

国与国之间的要素禀赋差异、技术差别，导致不同国家或地区生产同一产品或零部件的机会成本不同，因而比较优势不同，起始点的比较优势决定了集群初次参与产品内国际分工的层级。对发展中国家的劳动密集型产业集群而言，只有参与国际分工，人力资本才有机会接触到更多的先进技术，并在较短的时间内完成消化和吸收，促进人力资本向现实的科技生产力转化，这个过程可以是开发新产品、改进产品质量、增加产品种类、改进生产工艺、提高劳动效率、降低成本等。然而，唐海燕、张会清（2009）的研究表明，只有强化资本、技术密集型生产阶段的分工合作，才能真正有助于制造业集群升级、产业结构优化；以劳动密集型生产阶段为主的加工组装，虽然可以扩大就业，但对集群向价值链高端攀升的贡献相当有限。某些后发区域忽视对要素禀赋的培育，一味压低要素价格的粗放型生产方式，虽然可以获取低成本竞争优势，却只能参与同低要素禀赋相匹配的技术含量较低的国际垂直专业化分工环节。若形成过度依赖低层次分工的局面，将使社会资源固化在价值链底端，严重损害资源配置的效率，进而阻碍集群升级。

（一）要素禀赋积累

要素禀赋是指一个经济系统内部诸要素及要素的有机结合所形成的特性，是决定国家或企业技术能力、发展能力及竞争优势的各种内在因素的总和。Porter（1990）将要素划分为基本要素和高级要素两大类。基本要素包含地理区位、气候条件、自然资源、非技术工人、债务资本等，具有先天性；高级要素包含受高等教育的人力资源、专业研究机构、高精尖技术、专用的软硬件设施、现代化通信网络等，具有动态性。高级要素需要通过长期投资和后天开发才能形成，一旦形成足以弥补基本要素禀赋的劣势，建立强大而持久的竞争优势，对集群升级的重要性毋庸置疑，图8.1精练地表明了要素禀赋积累、技术能力提升与集群竞争力之间的关系。

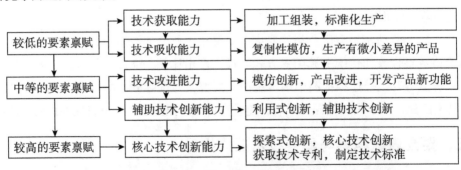

图8.1　要素禀赋积累、技术能力提升与集群竞争力之间的关系

就集群高端升级的约束条件而言，人的因素远远大于物的因素，因为机器设备等物质资本可以通过进口渠道来迅速积累，而科研人员、熟练劳动力等人力资本积累的则要困难得多，只能通过本国的长期培育来满足。资本技术与熟练劳动力是互补的（Ethier，2005），而与非熟练劳动力则是高度替代的，一国的人力资源禀赋、制度环境若不利于发展高附加值经济活动，就只能作为廉价劳动力和原材料的供应地，只能从事低收入的"苦力活"（陈志武，2004）。在技术导向的全球价值链下，人力资本短缺已成为制约后发国家技术升级、集群升级的"瓶颈"，政府和企业应尽快转变观念，将投资重点向人力资本领域倾斜，而不是继续强调机器设备投资。

（二）培育集群技术创新能力

即使绕开发达国家的技术封锁，在进口渠道下，后发国家依然无法模仿发达国家的全部技术。Keller（2004）指出，一项产品的技术分为显性技术和隐性技术两部分。显性技术能够用文字、符号说明，如制造图纸、材料配方等，后发国家通过反求工程获得的通常是显性技术。隐性技术则指的是那些非正式的、难以掌握的"诀窍"，如研发经验、生产经验、特种工艺等。现代管理学之父彼得·德鲁克认为学习隐性技术的唯一方法是领悟与练习，发展中国家由于缺乏熟练劳动力（大学教育程度的工人），对隐性技术的吸收能力相对不足，产生了从技术接受方发生的技术差距。此外，后发国家还存在着科研与生产活动相脱离，技术激活能力、市场化能力差等问题，导致R&D效率低下，不仅没有形成"引进→消化→吸收→创新"的正向反馈，反而陷入"引进→淘汰→再引进→再淘汰"的恶性循环。为了规避"低水平技术循环引进"的陷阱，郭克莎（2004）提出"逆比较优势战略"，建立和培育自主创新体系，在重大核心技术以及关键零部件方面通过自主创新突破经济发展中的技术瓶颈，加速摆脱关键技术受制于人的困境。

持续推进传统产业集群技术创新，改造传统生产方式，走出低成本竞争依赖陷阱。依赖低成本无法维持竞争优势，势必带来传统产业集群的衰弱。持续推进技术创新，用高新技术改造传统产业集群粗放的生产方式，提高生产效率，降低生产成本，不仅有助于传统产业集群走出低成本竞争优势陷阱，还可以从根本上转变经济增长方式，有效解决传统产业集群面临的资源与环境约束。推进技术创新的具体举措包括，完善传统产业集群行业技术创新平台和共性关键技术平台建设，形成技术信息和知识的开发转移、应用、扩散能力，为中小企业技术创新提供支撑条件和公共服务；完善传统产业集群内部创新组织网络建设，强化行业协会、商会、中介金融机构以及政府等组织对技术创新的协作关系，形成协同效应和推进合力；完善外部创新支撑网络建设，鼓励与高校科研院所合作培养人才、建立企业工程技术中心，积极争取上级政府和国家级行业协会的支持和资源，协助申报高技术企业、各类科技攻关计划、产业基地和示范基地、合作举办行业年会等。

四、基于创意价值链嵌入的劳动密集型产业集群升级

随着社会分工的不断深化和信息技术的高速发展，创意活动逐渐从其他产业中分离出来成为智力型投入要素，成为向不同产业提供创意服务的第三方。创意资本正逐渐取代土地、劳动、货币等传统生产要素，成为经济发展的核心资本，其资产专用性弱、融合力强，价值创造途径更加多元化，广泛地存在于各种与生产、再生产有关的经济活动中，因此容易实现价值链的横向跨越，收获新的经济增长点。Romer（1986）指出，新创意是推动一国经济成长的原动力，它会衍生出无穷的新产品、新市场和财富创造的新机会。经过 30 年高速发展，中国已成为全球第二大经济体，本书认为国内市场可以为企业提供持续投资和创新的拉力，因而从产业融合的角度提出向实体产业嵌入创意价值链，以摆脱低技术锁定的困境，有效支撑地方产业集群实现价值链升级。

创意价值链是指从创意源到创意产业化的过程中，由创意主体通过系列创意活动形成增值链条的集合体（刘友金，2009）。它是一个非常复杂的网络系统，着眼于创意如何转化增值，涉及企业、大学、文化机构、研发机构、设计中心、投资机构以及推广机构等一系列创意主体的价值增值活动。一条基本的创意价值链包含五个环节，即内容创意、生产制造、营销推广、传播渠道和消费者，如图 8.2 所示。

图 8.2　创意价值链示意图

根据马斯洛的需求层次理论，随着居民收入水平的提高，消费结构也不断发生变化，从衣食住行等基本生存方面逐渐转向文化体验和精神消费。人们不仅仅追求商品的使用价值，同时也追求商品的观念价值。所谓观念价值，即消费者、社会群体的精神追求或文化崇尚，它是被产品或服务所包含并能产生"共鸣"的无形附加物，如品位、意味、情趣、满足感、认同感等。消费者的心理需求有极大的潜力与空间，因此处于价值链末端的消费者才是产业链真正的价值源泉。顾客需求的多样性使得创意价值链中的任何一个环节都有可能成为价值创造的起点，从而带动全产业链的价值增值。如图 8.2 所示，通过创意价值实现体系的锻造过程，即"价值创造→价值开发→价值捕捉→价值挖掘→价值实现→价值最大化"，形成一次投入，多次产出的价值转换机制。观念价值的"一意多用"是价值倍增、财富迅速积累的主要方式，因此创意价值链具有显著的规模报酬递增的特征。

创意经济本质上是一种注意力经济。在注意力经济视角下，最重要的资源不再是土地、资本、信息，而是文化体验者的注意力，只有消费者对某种创意产品关注了，才能成为潜在顾客。为了获得注意力竞争优势，企业会加强市场调研、持续不断地进行创意活动，而持续的创意活动将使企业在应用新材料、采用新工艺、培养创新团队等方面实现突破，最

终提升企业的核心竞争力。创意因此成为创新活动的先导，它不仅专注于研发等源头环节，而且还贯穿于产品及过程的中间环节与终端，甚至会对创新系统的广义组织架构产生变革性影响，具备引致地方产业集群沿着横向和纵向两个维度不断升级的潜能。

（一）基于创意价值嵌入的集群横向拓展

根据斯密－杨格定理，市场范围与社会分工之间存在着互动关系，市场范围的扩大会提升社会分工与专业化水平，而分工的深化与细化又会促进市场范围进一步扩大。基于创意价值链的嵌入，分工与专业化会伴随着市场范围的扩大周而复始地进行着，由此良性循环就是一种正向反馈。地方产业集群产生"规模经济"的源泉仍是分工，即分工带来的专业化水平提高以及参与主体增多所形成的网络效应。随着创意价值链的嵌入，围绕研发、设计、制造和销售等价值链环节，形成若干个横向产业（林民盾等，2006），通过对客户需求的创造性把握，提供多样化的定制生产与服务，获取异质竞争的利润。除了满足消费者个体的需求，还将产生大量以中间投入品为存在形式的创意产品，它们面对的是整个地方产业集群的需求。集群产业链的中间环节越多，分工越细密，专业化水平越高，协同创新的机会成本越低，学习效应、范围经济效应就越显著。除此之外，还会产生意想不到、基于不同价值链"创意组合"的乘数效应。新兴古典理论模型认为专业化程度越高，迂回生产的链条越长，企业组织结构越复杂，最终产品的全要素生产率越高（杨小凯，2000）。当然，市场要经过试错过程才能搜寻到最有效的迂回生产组织模式。

（二）基于创意价值嵌入的集群纵向拓展

根据历史经验，发达国家的工业化经历了从单一品种、大规模生产到小批量、多品种生产的转变（Toffler，1980）。如果处在传统工业化阶段，规模经济是"好"的，在一个给定的技术水平上，随着规模的扩大，产出增加则平均成本下降，会带来价格竞争优势。如果处在信息化阶段，则范围经济是"好"的，多项活动共享一种核心专长，从而降低产品多样化的成本，获得差异化优势、品种经济性。从目前来看，我国地方产业集群尚不属于范围经济，规模经济特点比范围经济更突出，企业创新绩效在很大程度上取决于外部资源，而非调配内部资源（陈钰芬等，2009）。仅仅依靠GVC的底端切入，如果无法掌控内容创意、营销等价值创造环节，地方产业集群升级并不会自发实现，也很难登上能力增长的"自动扶梯"，Humphrey和Schmitz（2002）强调升级的来源主要是在集群的内部。本书认为，地方产业集群升级、转变经济增长方式的实质是从外延增长模式转变为内生增长模式，而内生增长的关键要点就是处理品种经济性问题，即在相同范围内共享资源，在不同品种间分摊成本，降低产品多样化的成本。

依托创意价值链的渗透力和融合力，将技术、商业、制造与文化融为一体，能增强产业间横向协作，有效降低协同创新成本，促进范围经济的形成，使地方产业集群获得向价值链高端环节攀升的主动权，从而实现价值链升级，最终扭转由美欧发达国家主导高端研发设计、中国进行低端加工制造的窘迫局面。事实上，创意转化、跨行业协同创新还会受到外部经济、知识互补、人力资本投入、网络效应、协同商务、政府效率、金融支持、知识产权保护等多个方面的影响。发达国家创意经济之所以兴盛，与其强大的"创意性社会结构"不无关系（厉无畏，2006），因此还需要不断完善、优化城市功能设施体系与制度支持体系。

第三节　企业层面

对发展中国家而言，问题不在于是不是、要不要加入全球经济，而是如何以实现收入增长的方式加入经济全球化。Gereffi（1999）在针对东亚服装产业集群的研究中提出，融入GVC将帮助发展中国家产业集群顺利实现阶梯式升级，从工艺流程升级→产品升级→功能升级→价值链升级，与此同时，集群将逐步放弃低附加值的活动，转向高附加值的活动（Kishimoto，2001）。事实上，发展中国家产业集群在GVC中的升级是一种受治理的升级，不仅没有能力登上增长的自动扶梯，反而时刻演绎着升级与反升级的较量。

发达国家的领导厂商利用其在核心技术与市场上的先发优势，占据了价值链上高附加值的战略性环节，通过制定和监督规则、标准的实施，牢牢掌握了价值链治理权，对发展中国家的跟随厂商实施纵向控制：凭借工业制成品与初级产品、中间产品的价格剪刀差，攫取了"要素合作"生产链条中的绝大部分经济利益；利用不同发展中国家之间及同一国家内部不同供应商之间的可替代性，不断更换供应商，制造激烈的代工竞争；利用代工所形成的专用性生产投资锁定，持续压低采购价，不断剥夺代工企业的经济剩余。利用不断升级的质量标准、安全标准以及环境标准等技术壁垒，迫使代工企业不断动态地淘汰生产设备，向发达国家购买更为先进的生产设备，致使发展中国家始终处于大规模固定资产投资期（刘志彪，2007）。全球价值链从总体上形成了一种瀑流效应（Nolan et al.，2008），对后发国家集群升级产生阻力。

后发国家的代工企业要获取更多的经济剩余权，以收入增长的方式加入经济全球化，首先要了解全球生产体系中经济租金的来源与分类、全球价值链的利益分配机制。

一、全球生产体系中经济租金的来源及分类

在经济学中，经济租金（economic rents）是指要素所有者凭借其垄断地位所获取的要素收入中，超过要素机会成本的那部分经济剩余。从单一企业的角度观察，经济租金是企业创造的超额利润；但在全球价值链中，则泛指一切超额利润的来源：由于企业控制了某

种特定资源，能够通过创造和利用对竞争者的进入壁垒而免于竞争（Kaplinshy，2004），避免出现租值耗散与贸易条件恶化。Peteraf（1993）认为，企业的动态竞争优势不仅依赖于租金的创造，更有赖于租金的保持。具有战略前瞻性的全球领导厂商早已领悟这一点，通常会有意识地构筑各种进入及退出壁垒，限制竞争、维持长期超额利润，其价值链治理目标不再是获取要素回报或企业家回报，而是基于"进入壁垒和垄断条件"索取各种类型的经济租金。在全球生产体系中，经济租金产生的来源与种类比较复杂，依据形成机制的不同可分为两大类：一类是外生于全球价值链的租金；另一类是内生于全球价值链的租金，如表 8.2 所示。

表8.2　全球生产体系中经济租金的来源及分类

		租金	来源
全球价值链外生租金		要素租金	自然资源与要素禀赋的天然差异
		政策租金	有差别的进入机会、产业集聚及价值链效率提升
		基础设施租金	国家层面上基础设施（质量与价格）的差异
		金融租金	融资条件与融资成本的差异
全球价值链内生租金	企业内	李嘉图租金	企业获取独特的资源禀赋和知识能力
		熊彼特租金	由企业动态创新能力（创新引擎）带来的超额回报，可细分为技术租、人力资源租、组织机构租、品牌营销租
		垄断租金	通过自然垄断或行政垄断，使消费者成为价格接受者，从而增大的生产者剩余
	企业间	网络租金	网络资源的互补效应、学习与创新的外部效应、市场控制势力与外部规模经济的放大效应
		标准租金	将企业标准转化为行业标准、全球标准，从而拥有"构架特权"
		关系租金	专有资产投资、知识共享惯例、互补资源与能力的协同性组合

资料来源：根据Kaplinsky（2004）与本书观点综合整理

（一）外生于全球价值链的租金

由价值链外生因素产生的经济租金，成因各有不同，主要可分为要素租、政策租、基础设施租与金融租等四类。自然资源与要素禀赋的天然差异，是传统国际分工、国际贸易活动的基石，跨国公司进行海外直接投资，实施产品内分工，将劳动密集型生产环节外包，都是为了获取这种要素租金。作为一种先天优势，它的性质类似于地租理论中的绝对地租，不需要付出额外努力就能获取的要素溢价收益。不过，在高额租金的激励下，大多数物质资源都有新的蕴藏被发现，技术进步与合成材料替代品的出现，使得以自然禀赋为基础的要素租金出现消散；而化石能源由于可替代性较小，租金依旧丰厚。政策租金来自于有差别的市场进入机会，各种贸易政策（壁垒）形成的经济租，曾经是对全球收入分配影响最大的租金形态，但在全球政治的强大压力下，贸易配额与关税壁垒在WTO多边谈判中不断削减，地区性互惠贸易协定逐渐增多，不仅降低了政策租金水平，而且还改变了潜在利益的分配格局。成本结构与产能结构的异质性是全球生产平台的重要特征，中国的劳动力价格已不再便宜，在逐渐丧失比较优势的同时助推产业结构由"劳动密集型→资本密集型→技术密集型"转型升级；而国家层面上良好适用的基础设施（达到国际采购商所要求的基本水准），不仅减少了物质资料的运输成本，且成为全球产业链分解、价值链重构的重要推手，日益增长的制造业集群竞争实力因而全面显现。有效的金融服务体系，能为企业和创新者提供发展性的融资服务，若还款期限较长、融资利率较低、风险规定相对较灵活的话，融资者同样会获得明确无疑的竞争优势。

这些外生性经济租金，在宏观层面上会影响全球生产力布局、人口就业及国家收入分配，在微观层面上影响企业的政商关系及寻租行为。对企业来说，外部环境是一种既定的约束条件，构建友善的商业环境属于政府的分内之事，而商业环境的优劣程度将直接影响外生租金的国别差异与地域差异。若政府关注于交易费用的节约及有效的制度创新，企业获取外生租金的能力会大大增强，这将激励它们进行各种创新尝试，不断发现新的商业机会。

（二）内生于全球价值链的租金

在全球价值链体系中居于核心地位的是价值链内生租金，凭借企业自身努力构筑一定的进入壁垒而获得租金溢价：不仅提升链内单个企业的效率会产生经济租金，链内众多企业参与的追求共同利益的群体性行动，也会带来惊人的价值回报。

1.改善企业个体效率可获取的租金

通过企业个体行为的改善，至少可以获取三种租金：一是企业获取异质性资源及知识而产生的李嘉图租金；二是凭借企业动态创新能力而产生的熊彼特租金；三是不断增强企业市场势力而产生的垄断租金（Teece，1997），下面分别进行论述。

经济史上，大卫·李嘉图（1815）第一个识别了"租"的重要意义，在动态的视角下地租不再是大自然固定不变的恩赐，对土地进行改良将会获得级差租金。要素同质，则无租金溢价可言，企业获取李嘉图租金的意义旨在说明通过持续投资获取异质资源、异质能力的重要性。在不完全竞争市场中，利用别人没有的资源、能力及知识构筑进入壁垒，把自己同竞争对手隔离开来，于事前限制竞争，企业将获取高于市场正常回报的价值增值，这个溢价收益就是李嘉图租金。

从时间维度上看，企业资源的异质性很短暂，竞争对手会通过复制性模仿与模仿性创新来打破现有格局，级差租金会随着资源异质性减弱、同质性增强而耗散。要维持超额利润的获取能力，除了持续改进要素质量，企业还需要主动进行"创造性破坏"（creative destruction），不断放弃自身的资源优势与能力优势，让过去的固定资产设备和资本投资贬值、过时，通过创新产生大量新利润来弥补这些沉没成本，从而获取熊彼特租金。熊彼特租金，又称为企业家租金，来源于不确定环境下，由于企业预见和风险偏好所产生的各种创新活动。

在市场经济下，企业总是尽可能地寻求独占或接近独占某个市场，凭借垄断地位，无须付出更多努力就能把价格提升到市场出清的价格水平之上，从而获取不属于机会成本或技术租金的溢价收益。垄断的成因决定了垄断租金的可持续性与社会合意性，在可竞争的环境中，只要垄断优势是企业凭借自身经济力量获取的，提供给员工的福利不论有多高，都会计入经营成本，竞争性的市场过程会对企业形成预算硬约束，因而不会侵害社会福利；而依靠行政权力限制市场进入，获得对市场的排他性独占、创造垄断租金进而垄断福利的企业，是没有积极性去改善产品与服务的，这会妨害经济效率与技术进步，有悖于社会公共福利。

2.改善企业群体效率可获取的租金

技术上的复杂性意味着企业必须专业化，同时也意味着创新不再是单个企业能够承担的事情，涉及多个领域、区域的团体共同参与。在全球价值链中（不论是横向还是纵向），单个企业的竞争优势已不再重要，竞争的前沿从企业扩展到产业集群或整个价值链，即时供货、全程质量控制、多个工程同时操作等，成为改善企业群体行为获取经济租金的重要方式。但价值链效率提升，并不意味着所有参与企业都能从中分取"一杯羹"，经济租的攫取能力，要视企业的市场势力、学习能力、创新能力及议价能力而定。

（1）网络租金

中小企业的优势在于充满创新活力，而劣势在于创新缺乏规模经济性。以集群为基础的创新网络，不仅可以保持中小企业创新活力，还可集成众多企业的创新能力形成规模经济，从而获取网络租金。企业在局部空间上呈现出一定规模的集中，以及由此带来的交互外部性（interactive externalities），既是一种规模经济，又是一种外部经济。一方面，企业可以通过共用能源、交通、通信等基础设施与公共设施，减少由分散布局所带来的额外投资，利用地理接近性节省物流和信息流的移运费用，降低企业经营成本；另一方面，企业集聚后会形成各类配套服务的专业化市场，如人才市场、原材料市场、中间品市场、资金市场、技术市场等，使单个企业够能分享各种辅助性服务的规模经济。正如杨小凯（2000）指出的，聚集有利于分工，而分工具有网络效应，可以改进交易效率。此外，网络还能把许多高科技人才与管理人才聚集在一起，通过他们之间的正式与非正式交流，促进技术、管理信息的交流传播，使每个企业都有可能迅速获得行业信息，及时调整经营策略和科研方向，或借助他人的成功经验、失败教训为自己探索新的发展道路。

（2）标准租金

"一流企业卖标准，二流企业卖产品，三流企业卖苦力"，一语道破天机，也揭示了价值链领导厂商做标准的高额利润。通过建立标准，在标准使用者和标准体系内部建立起一种游戏规则与秩序，决定了产业链中权力分配、利益分配的价值导向。标准的构建者、主宰者拥有"架构特权"，既是市场竞争的参与者，又充当产业发展的仲裁者，通过监督规则、标准的实施，牢牢掌握着价值链治理权，利用其在技术上、市场上的先发优势，占据了价值链上高附加值的战略性环节。强势、动态、多变的终端市场迫使生产者加入受控制的价值链，在满足消费者对产品"新奇感"与质量要求的同时，还要持续从整个供应链中削减成本。控制标准，为领导厂商带来了巨大的经济利益：授权使用标准的收益，对技术发展方向的主导和把握，更大的网络效应提升产品需求与消费者支付意愿。领导厂商还会利用不断升级的质量标准、安全标准以及环境标准等技术壁垒，迫使供应商不断动态地淘汰生产设备，始终处于大规模固定资产投资期、技术追赶期，从而维持竞争优势，长期获取来自"架构特权"的租金收益。

（3）关系租金

受限制的国际贸易、灵活的生产与零售体系、活力充沛而又易变的市场、集中化采购巨头是左右价值链博弈的四大主导力量。全球化生产网络中，留给独立生产者的空间越来越狭小，降低交易成本与规避风险日益重要，企业遂倾向于构建更为紧密的、内部化的价值链关系。每一条价值链中都有数个关键性厂商，操控着供应商加盟的技术标准，选择并监测供应商，提供必要的技术支持、人力资源培训帮助供应商达到采购要求。事实上，真正想推动供应商升级的领导厂商很少见，这么做多半是情非得已，否则供货者会懈怠，导致整个价值链效率下滑。在一个弱供货者的世界里，价值链驱动者拥有"坐山观虎斗"的特权，利用供应商之间的可替代性来制造竞争，加盟供应商获益的多寡并不取决于它们在价值链内的"黏附"关系，而仅仅取决于自身的不可替代性及谈判能力。领导厂商还会利用工业制成品与初级产品的价格差，掠夺代工企业的经济利润；利用代工形成的专有资产投资锁定，持续压低采购价，将缺乏核心技术与自主创新能力的供应商锁定于价值链底端。

以上分析表明，在全球价值链中，生产效率提升只是企业收入提高的充分条件，而充要条件是其控制经济租金的能力。厂商须具备三种核心能力才能将经济租金收入囊中：第一，这种能力必须是别人没有的，或者只是少数厂商掌握；第二，这种能力必须对顾客有价值；第三，新开发的产品或服务难以被复制。

二、全球价值链视角下企业动态竞争优势的培育

（一）有限的政府保护

竞争需要规则，而大多数政府规范都着眼于维持现有垄断格局、设置产业门槛、实施价格管制，对提升企业竞争优势作用不明显，甚至存在抑制创新与竞争的双重负效应。当企业得知在政府的帮助下可以避免改善时，基本上都是厌恶改善的，这将削弱它们在创新方面的爆发力，对引进高级或精细的零件材料毫无兴趣，带给客户或下游产业的仍是缺少创新的过时产品与服务，从而长期停留在原本缺乏竞争优势的产业环节上。以保护企业成长空间为由的政策措施，或许不是产业衰退的主要原因，但它会延滞产业构建竞争优势的过程。20世纪60年代，日本Komatsu公司（小松）在产业政策保护之下，虽然效率低下、质量不佳，国内地位却稳若泰山。当美国的Caterpillar公司1963年与Mitsubishi公司（三菱）合作进军日本建筑机械市场时，局势跌宕起伏使小松公司进入密集创新的努力阶段，最终成为全球第二大工程机械生产商。可见，人为设限的市场秩序通常缺乏效率，还会造

成消费者采购成本的大幅增加。政府舍弃促进产业加速创新的事不做，而对缺乏效率的企业进行市场保护，只会钝化价格竞争，干扰"看不见的手"在社会资源配置中的基础性作用。复杂、残酷的市场竞争，是一个优者胜、劣者汰的生存检验过程，要求企业精明、警觉与富有远见，善于发掘迄今为止尚未被注意到的机会，实施新的、增值的生产方式，以创造新增值价值（技术租、人力资源租、组织机构租、品牌营销租）的方式利用资源要素，获取超越竞争对手的先发优势。

根据 Kirzner（1995）和 Harper（1998）的研究，企业家活动主要可分为三种类型：套利（arbitrage）、投机（sepculation）和创新（innovation）。套利活动，需要发现同一商品存在的价格区际差异，需要发现错误，但不涉及创新；投机活动，是跨时期的套利活动，同样也不涉及创新，但需要承担相应的风险；而创新活动，则是一项内容涉及方方面面的系统工程，牵涉新的产品与服务、新的生产方式、新的管理方式、新的营销方式、新的交易方式、新的产业组织形式等。只有当创新活动产生了成本与收益之间的实际差异，才能形成企业利润。毋庸置疑，正是由于微观层面的企业家行动，不断发现利润机会，实施新的、增值的生产方式，以创造新增价值的方式利用资源要素，才引发了经济增长现象。在 North（1995）看来，企业成长过程与经济增长过程具有统一性。因此，有效率的社会制度应当保障企业家创新活动的合理利润，充分激发企业家的创新动力，促使其将稀缺的企业家才能配置到生产性用途上，推动科技发展、社会进步，而不是热衷于进行非生产性的寻利活动。

（二）构筑动态的进入壁垒

作为最佳制造业发展战略，历时一个世纪的大规模生产不仅推动了西欧北美的工业化，也推动了中国和其他发展中国家的工业化进程。截至目前，这种生产模式的推动力已近枯竭，日益挑剔的消费者不再偏好标准化产品，转而追求新奇与个性化，大数据商业时代随之到来。时代要求企业理解市场并迎合消费者需求，适时抛弃那些历史上曾经起过作用，但现在阻碍生产力发展的旧模式、旧观念；要求生产体系更加灵活有弹性，能快速应对高度差异化的小规模订单，遵守"即时－准时"的原则，从而将存货保持在最低水平。企业的竞争实力不仅体现在租金的创造力上，更有赖于维持这种租金攫取能力，才能摆脱竞争的压力，持续从稀缺性中获益。对价值链跟随企业而言，最重要的不是推动技术创新的前沿，而是如何成功地向领先者学习，借助一些相互重叠或相互关联的战略，识别可以凭借进入壁垒（barriers to entry）获取溢价收入的那些活动，学习如何超越竞争对手设置的壁垒而构筑新的进入壁垒，并且动态地延续这些竞争优势。

构筑行业进入壁垒的方法有多种，传统的规模经济、必要资本量、专有设备投资、埋没费用等与大量生产相关的进入壁垒，已逐渐失去作用；而核心技术、全面质量管理、集成的供应链管理、延迟生产技术、精益物流，以及对稀缺资源的垄断、本行业专家及技术工人的拥有、区域性或全国性销售服务网络的建立，都能被在位企业策略性地用于威慑、阻止低效率的潜在进入者。构筑动态的进入壁垒，有助于提高产业集中度，避免出现由重复投资带来的产能过剩、恶性竞争现象，有助于保障在位企业经营活动的稳定性，又能在全社会范围内降低资源转移的频率，对提升资源配置及利用的效率大有裨益。

（三）以创新为引擎，有效地对"变革"进行管理

在后福特主义时代，全球市场所表现出来的动态性和易变性，要求企业以客户需求为中心，识别什么活动创造价值，什么活动不创造价值；以创新为引擎，开发有效的管理程序对"变革"进行管理，一方面要管理企业内部价值流活动，另一方面还要有意识地参与价值链管理，不断谋求向价值链高端环节持续升级，争取更多的经济话语权。

顾客需求是价值的源泉，也是价值流运动的驱动力。对于需求稳定、可预测性较强的功能型产品，按照预测进行生产；而对需求波动较大、可预测性不强的创新型产品，则要采用精确反应、延迟技术、缩短反应时间等方式，及时为客户创造价值。价值流运转覆盖了企业价值创造活动的所有过程，涉及信息流、产品流、资金流和物流等四大领域。保证价值流运转顺畅，获取熊彼特租金的关键在于，如何消除浪费，如何让某一项工作的具体步骤以最优方式连接，形成无中断、无绕流、排除等候的连续流动。通过对价值流活动的每一个环节进行分析（如研发设计、材料采购、生产制造、品牌营销、传播渠道、物流管理等），识别多余的库存、无需求的产品积压、不必要的物料移动、不必要的生产流通程序、不必要的客户服务，以及上游不能及时交货而造成的等待……优化行动方案，消除不必要的活动、不必要的损耗与浪费，减少"无用功"，达到提升效率的目的。通过对产品构造差异的分析，将产品构成单元区分为通用部件和差异化部件，把不同产品需求中通用部件的生产集中起来，尽可能地实现最大化；而反映个性化需求的差异化部件的生产，则尽可能延迟，直到获得足够的市场需求信息，才进行最后的生产和集中装配。大规模定制的生产问题转为批量生产问题后，才能降低由市场需求瞬时性、多变性带来的经营风险。价值流管理与延迟技术的应用，都是动态的、循环的。每一次改进，消除一批浪费，会形成新的价值流运动，新的情况又会造成新的问题而需要不断改进。

除了立足于自身情况，企业的任何改进活动，还应着眼于整个价值链系统，争取更大的发展空间。许多成功的亚洲厂商都经历了"生产过程升级→产品升级→功能升级→价值链升级"的过程，为代工企业、中小型供应商提供了很多值得借鉴的经验。从简单的零配件组装到代工生产别人的注册产品，需要增强研发力量，不断改进产品与服务，建立学习型组织，同时加强质量管理、物流管理与供应链管理，缩短产品到达市场的时间，逐步提高企业的盈利能力。当制造业竞争激烈、租金稀释时，企业应调转船头，转向自主设计、开发自己的商标，扩大设计、营销部门，推进新的价值工程，学习如何与供货商、消费者合作，开发新产品的动作比竞争对手更快；此时，企业还应专注于培育核心竞争力，主动承担价值链内的关键性功能，转包不具备竞争力的低附加值环节，凭借不可替代性获取议价能力。若市场需求瞬息万变，行业无可避免地进入衰退期，所有的努力都无法保住经济租金时，企业应果断放弃原来的价值链，打入新的价值链，或在新价值链中融入新的项目，

作为报酬，它将获得更高的盈利率。当然，如前文所述，它首先得突破在位企业"有意识"构建的各种进入壁垒而存活下来。

　　当无形知识超越单纯的生产技术变得越来越重要时，竞争法则已不再是"大鱼吃小鱼"，而是"快鱼吃慢鱼"，企业不必占有大量资金，哪里有机会，资本就在哪里聚合，快速反应将带来市场份额、利润率及经验等丰厚回报，所以企业需要保持创新活力，有效地对"变革"进行管理，才能抓住短暂而有限的市场机遇。

参考文献

1. A. Amighini. China in the International Fragmentation of Prodiction: Evidence from the ICT Industry [J] . The European Journal of Comparative Economics, 2005, 2 (2) .

2. A. Hijzen, H. Gorg, R. C. Hine. Internation Outsourcing and the Skill Structure of Labor Demand in the United Kingdom [J] .The Economic Journal, 2005, 115 (506) .

3. A. J. Yeats. Just How Big is Global Production Sharing? [EB/OL] . http://ideas.repec.org/p/wbk/ wbrwps/1871.html, 2011-01-200.

4. Amiti M. Location of Vertically Linked Industries: Agglomeration versus Comparative Advantage [J] . European Economic Review, 2005, 49: 809-832.

5. Amiti M, Javorcki B. S. Trade Costs and Location of Foreign Firms in China [R] . IMF

6. Akerman A. Industry Location in Export Processing Zones with Vertical Linkages and Agglomeration [J/PL] . http://people.su.se/~ank/EPZ.pdf, 2009.

7. A. V. Deardorff. Fragmentation in Simple Trade Models [J] .The North American Journal of Economics and Finance, 2001, 12 (2) .

8. A.V.Deardorff. Gains from Trade and Fragmentation [EB/OL] . http://ideas.repec.org/p/mie/ wpaper/543.html, 2011-01-20.

9. Bathelt, H., Malmberg, A., and Maskell, P. Clusters and knowledge: Local buzz, global pipelines and the process of knowledge creation [J] . Progress in Human Geography, 2004, 28 (1) : 31- 56.

10. Becattini, G. The Marshallian Industrial District as a Socioeconomic Notion [A] , in Frank Pyke, Giacomo Becattini and Werner Sengenberger, eds.,Industrial District and Interfirm Cooperation in Italy [C] . Geneva International Institute for Labour Studies, 1991: 10-19.

11. Bengtsson, M., & Solvell, O. Climate of competition, clusters and innovative performance [J] . Scandinavian Journal of Management, 2004, 20 (3) : 225-244.

12. B. Meng, N. Yamano, C. Webb. Vertical Specialization Indicator Based on Supply-driven Input-output Model [EB/OL] . http//www. ide. go. Jp/English/Publish/Download/Dp/270. html, 2011-01-20.

13. Capaldo, A. Network structure and innovation: The leveraging of a dual network as a distinctive relational capability [J] . Strategic Management Journal, 2007, 28 (6) : 585-608.

14. Chang, S. C., Tein, S. W., & Lee, H. M. Social capital, creativity and new product advantage: An empirical study [J] . International Journal of Electronic Business Management, 2010, 8 (1) : 43-55.

15. Chang, S. C., Tein, S. W., & Lee, H. M. Social capital, creativity and new product advantage: An empirical study [J] . International Journal of Electronic Business Management, 2010, 8 (1) : 43–55.

16. Chen Zhao , Jin Y., Lu M. Economic Opening and Industrial Agglomeration in China [J/OL] . http://129.3.20.41/eps/io/papers/0511/0511012.pdf, 2005.

17. C. T. Hsieh，K. T. Woo. The Impact of Outsourcing to China on Hong Kong' s Labor Market [J] . The American Economic Review, 2005, 95 (5) .

18. D. Hummels, J. Ishii, K. M. Yi. The Nature and Growth of Vertical Specialization in World Trade [J] . Journal of International Economics, 2001, 54 (1) .

19. Edvinsson, L., & Malone, M. S. Intellectual Capital: Realizing Your Company' s True Value By Finding its Hidden Roots [M] . Happer Collins, USA, 1997.

20. Elias G. Carayannis, Jeffrey Alexander, Anthony Ioannidis. Leveraging knowledge, learning, and innovation informing strategic government–university–industry (GUI) R&D partnerships in the US, Germany,and France [J] . Technovation, 2000, 20 (9) :477–488.

21. E. Koskela，R. Stenbacka. Equilibrium Unemployment with Outsourcing and Wage Solidarity under Labour Market Imperfections [J] .European Economic Review, 2010, 54 (3) .

22. Freeman, C. Network of innovators: A synthesis of research issues [J] . Research Policy, 1991, 20 (5) .

23. Fujita M，Krugman P. R.，Venables A. J. The Spatial Economy：Cities，Regions and International Trade [M] . Cambridge:MIT Press, 1998.

24. Gao T. Economic Geography and the Department of Vertical Multinational Production [J] . Journal of International Economics, 1999, 48: 301–320 .

25. G. Calabrese，F.Erbetta. Outsourcing and Firm Performance：Evidence From Italian Automotive Suppliers [EB/OL] . http://www2.ceris.cnr.it/homedipendenti/calabrese/Calabrese_ publications/Calabrese27. pdf，2011–02–20.

26. Gereffi, G., Humphrey, J., & Sturgeon, T. The governance of global value chains [J] . Review of International Political Economy, 2005, 12 (1) : 78–104.

27. Gereffi, G. International trade and industrial upgrading in the apparel commodity chain [J] . Journal of International Economics, 1999, 48 (1) : 37–70.

28. Ge Y. Globalization and Industry Agglomeration in China [J] .World Development, 2009, 37 (3) : 550–559.

29. Grannovetter, M. S. The strength of weak ties [J] . American Journal of Sociology, 1973, 78 (6) : 1360–1380.

30. H.Chen, M. Kondratowicz, K. M. Yi. Vertical Specialization and Three Facts about U.S. International Trade [J] . The North American Journal of Economics and Finance, 2005, 16 (1) .

31. He C. F, Wei Y. D, Xie X. Z. Globalization, Institution Change and Industrial Location：Economic Transition and Industrial Concentration in China [J] . Regional Studies, 2008, 42 (7) : 923–945.

32. H. Egger, H. U. Kreickemeier. International Fragmentation:Boon or Bane for Domestic Employment［J］. European Economic Review, 2008, 52（1）.

33. Heidenreich, M. The renewal of regional capabilities experimental regionalism in Germany［J］. Research Policy, 2005, 34（5）: 739–757.

34. Hervas–Oliver, J. L. Do clusters capabilities matter? An empirical application of the resource–based view in clusters［J］. Entrepreneurship& Regional Development, 2007, 19（2）: 113–136.

35. H. Gorg, A.Hanley, E. Strobl. Productivity Effects of International Outsourcing: Evidence from Plant Level Data［EB/OL］.http://www.oecd.org/dataoecd/54/38/35562537.pdf, 2011–02–20.

36. Humphrey J., Schmitz H. How does insertion in global value chains affect Upgrading industrial clusters［J］. Regional Studies, 2002, 36（9）: 1010–1027.

37. Humphrey J., Schmitz H. governance and upgrading: linking industrial cluster and global value chain research［J］. Institute of Development Studies, Inglaterra, 2000,（120）.

38. Hsu, Y., & Fang, W. Intellectual capital and new product development performance: The mediating role of organizational learning capability［J］. Technological Forecasting and Social Change, 2009, 76（5）: 664–677.

39. I. Geishecker, H. Gorg. Do Unskilled Workers Always Lose from Fragmentation［J］. The North American Journal of Economics and Finance, 2005, 16（1）.

40. I. Geishecker, H. Gorg. International Outsourcing and Wages: Winners and Losers［EB/OL］. http://ideas. re–Pec. org/p/cpr/ceprdp/6484.html, 2011–01–20.

41. J. Amador, S. Cabral. Vertical Specialization across the World: A Relative Measure［J］. The North American Journal of Economics and Finance, 2009, 20（3）.

42. J. Campa, L. S. Goldberg. The Evolving Exterbal Orientation of Manufacturing: A Profile of Four Countries［J］. Economic Policy Review, 1997, 3（2）.

43. J. Ishii, K. M. YI. The Growth of World Trade［EB/OL］. http://ideas.repec.org/p/fip/fednrp/ 9718. html, 2011–02–20.

44. J. Jung, J. Mercenier. Offshore Oursourcing, Technology Upgrading and Welfare in a Two–sector North–South Model［EB/OL］.http://www.etsg.org/ETSG2010/papers/Jung. pdf, 2012–01–20.

45. J. M. Dean, K. C. Fung, Z. Wang. Measuring the vertical Specialization in Chinese Trade［EB/OL］. http//www. Apea web. Org/econl/doc/EC200701A. pdf, 2011–01–20.

46. J. M. Dean, K. C. Fung, Z. Wang. How Vertically Specialized Is Chinese Trade?［EB/OL］. http// ideas. repec. Org/p/hhs/bofitp/2008–031. html, 2011–01–20.

47. J. R. Boudeville. Problems of Regional Economic Planning, Edinburgh University Press,1966.

48. J. S. Ehmcke. The Impact of Outsourcing on Total Factor Productivity–evidence from Matched Firm Level Data［EB/OL］. http://www.eea–esem.co,/files.papers/EEA/2010/1714/TFP_ Outsourcing_Schmidt Ehmcke.pdf, 2011–02–20.

49. Lawson, C. Towards a competence theory of the region［J］. Cambridge Journal of Economics, 1999, 23（2）: 151– 66.

50. Lawson, C., and Lorenz, E.Collective learning, tacit knowledge and regional innovative capacity ［J］. Regional Studies, 1999, 33（4）:305– 317.

51. L. Jabbour, J. L. Mucchiellli. Technology Transfer through Backward Linkages:The Case of the Spanish Manufaturing Industry［EB/OL］.http://ideas.repec.org/p/mse/ wpsorb/bla04073.html，2011-02-20.

52. L. Jabbour. Determinants of International Vertical Specialization and Implication on Technology Spillovers［EB/OL］.http://www.dse/unibo.it/EUROPAEUM/jabbour.pdf，2011-02-20.

53. M. Amiti, S. J. Wei. Service Offshoring, Productivity and Employment: Evidence from the US［EB/OL］. http://ideas.repec.org/p/cpr/ceprdp/5475.html, 2011-02-20.

54. McKelvey M., Almb H., Riccaboni M. Does co-location matter for formal knowledge collaboration in the Swedish biotechnology-pharmaceutical sector［J］. Research Policy, 2003, 32 : 483-501.

55. Molina-Morales, F. X. The territorial agglomerations of firms: A social capital perspective from the Spanish Tile industry［J］. Growth and Change, 2005, 36（1）: 74-99.

56. Kaplinsky, R., & Morris, M. A. Handbook for Value Chain Research［R］. Institute of Development Studies, 2001.

57. K. B. Olsen. Productivity Impacts of Offshoring and Outsourcing: A Reviewp［EB/OL］. http://ideas.repec.org/p/oec/stiaaa/2006-1-en.html，2011-02-20.

58. Keeble, D., and Wilkinson, F. Collective learning and knowledge development in the evolution of regional clusters of high technology SMEs in Europe［J］. Regional Studies, 1999, 33（4）: 295– 303.

59. K. M. Yi. Can Vertical Specialization Explain the Growth of World Trade ?［J］. Journal of Political Economy, 2003, 111（1）.

60. Krugman P. R. Scale Economices, Product Differentiation and the Pattern of Trade［J］. American Economic Review, 1980, 70（5）: 950-959.

61. Krugman P. R.，Venables A J. Guarterly Journal of Economics, 1995, 110: 857-880.

62. Krugman Paul. Increasing Returns and Economic Geography［J］. Journal of Political Economy, 1991, 99（11）.

63. Pak-Wai Liu, Xiaokai Yang. The Theory of Irrelevance of the Size of the Firm. Journal of Economic Behavior & Organization, 2000, Vol.42:145-165.

64. P. A. Samuelson. Where Ricardo and Mill Rebut and Confirm Arguments of Mainstream Economists Supporting Globalization［J］. Journal of Economic Perspectives, 2005, 19（3）.

65. P. Egger, H. Egger. International Outsourcing and the Productivity of Low-skilled Labor in the EU ［J］.Economic Inquiry, 2006, 44（1）.

66. Porter M. Clusters and New Economics of Competition［J］. Harvard Business Review, 1998. November– December: 77– 90.

67. Raphael K, Mike M. A handbook for value chain Research［J］. Institute of Development Studies, Inglaterra, 2000.

68. R. C. Feenstra, G. H. Hanson. Globalization, Outsourcing, and Wage Inequality［J］. The American Economic Review, 1996, 86（2）.

69. R. H. Coase. The Nature of the Film. Econimics, 1937, Vol.4, NO.16:386–405.

70. R. Helg, L. Tajoli. Patterns of International Fragmentation of Production and Implications for the Labor Markets［J］.The North American Journal of Economics and Finance, 2005, 58（1）.

71. R. Jones, H.Kierzkowski，C.Lurong. What Does Evidence Tell Us about Fragmentation and Outsourcing?［J］. International Review of Economics and Finance, 2005, 19（3）.

72. R. Koopman, Z. Wang, S. J. Wei. How Much of Chinese Exports Is Really Made in China? Assessing Domestic Value–added When Processing Trade Is Pervasive［EB/OL］. http//ideas. repec. Org/p/nbr/nberwo/14109. html, 2011–01–20.

73. Roxenhall, T. Network structure and innovation in strategic innovation networks［J］. International Journal of Innovation Management, 2013, 17（2）: 1–20.

74. Staber, U. The structure of networks in industrial districts［J］. International Journal of Urban and Regional Research, 2001, 25（3）: 537–552.

75. Stewart, T. A. Intellectual Capital: The New Wealth of Organizations［M］. Nicholas Brealy Publishing, London, 1997.

76. Thomas J. Holmes, Localization of Industry and Vertical Disintegration, Research Department: Federal Reserve Bank of Minneapolis, April 1995.

77. Tichy G. Clusters:Less Dispensable and More Risky than Ever［A］. SteinerM.（Eds）. Clusters and Regional Special–ization［C］. Published by Pion Limited, 207 Brondesbury Park, London NW 25JM, 1998.

78. Tsai,W. Social Capital, Strategic Relatedness, and the Formation of Intra–Organizational Strategic Linkage［J］. Strategic Management Journal, 2000, 21（9）: 925 –939.

79. Tura, T. and Harmaakorpi, V. Social capital in building regional innovative capability［J］. Regional Studies, 2005, 39（8）: 1111–1125.

80. Venables A. J. Equilibrium Locations of Vertically Linked Industries［J］.International Economic Review, 1996, 37: 341–359.

81. Visser, E. J, and Boschma, R. Learning in districts: Novelty and lock–in in a regional context［J］. European Planning Studies, 2004,12（6）: 793– 808.

82. Wen M. Relocation and Agglomeration of Chinese Industry［J］.Australian National University, Arndt–Corden Department of Economics Working Paper, 2001–07.

83. Wu Sheng, S. Lin cathy, LinTung–Ching. Exploring Knowledge Sharing in VirtualTeam: ASocial Exchange Theory Perspective［J］. System Sciences, 2006, 1（1）:26–36.

84. Y. S. Hwang，J. Song，S. E. Kim. Vertical Specialization and Trade Growth in Northeast Asia［J］.

China and World Economy, 2011, 19（2）.

85. Z. Wang, W. Powers, S. J. Wei. Value Chains in East Asian Production Networks: An International Input-output Mode Based Analysis［EB/OL］. http//www. usitc. gov/publication/332/ working-papers/ EC200910C. PDF, 2011-01-20.

86. 阿伦·杨格，贾根良. 报酬递增与技术进步［J］. 经济社会体制比较，1996（2）：52-57.

87. 奥利弗·威廉姆森. 市场与层级制：分析与反托拉斯含义［M］. 上海：上海财经大学，2011.

88. 北京大学中国经济研究中心课题组. 中国出口贸易中的垂直专业化与中美贸易［J］. 世界经济，2006（5）：3-11+95.

89. 白永秀，惠宁. 产业经济学基本问题研究［M］. 北京：中国经济出版社，2007.

90. 曹群. 产业集群的升级：基于动态能力的观点［J］. 学术交流，2006（9）：121-123.

91. 陈佳贵，王钦. 中国产业集群可持续发展与公共政策选择［J］. 中国工业经济，2005（9）：5-10.

92. 陈柳钦. 专业化分工理论与产业集群的演进［J］. 北华大学学报（社会科学版），2007（8）:23-30.

93. 陈莎莉，张纯. 全球价值链、两难困境与低成本集群发展路径转换研究［J］. 科技管理研究，2013（1）：154-157.

94. 陈莎莉，张纯. 基于技术标准的全球价值链治理框架下集群升级阻滞研究［J］. 科技管理研究，2013（4）：185-188.

95. 道格拉斯·诺斯. 交易成本、制度和经济史［J］. 杜润平译. 经济译文，1994（2）：23-28.

96. 方德英.校企合作创新——博弈，演化与对策［M］. 中国经济出版社，2007.

97. 冯艳丽. 略论全球价值链外包体系与中国产业升级的动态关系［J］. 经济问题，2009（7）：27-29.

98. 符正平，曾素英. 集群产业转移中的转移模式与行动特征——基于企业社会网络视角的分析［J］. 管理世界，2008（12）：83-92.

99. 洪银兴. WTO条件下贸易结构调整和产业升级［J］. 管理世界，2001（2）：21-26.

100.胡晓鹏. 产业结构变迁下经常增长的系统性研究［J］. 财经科学，2004（1）：87-91.

101.黄瑞华，祁红梅，彭晓春. 基于合作创新的知识产权共享伙伴选择分析［J］. 科学学与科学技术管理，2004（11）：24-28.

102.黄艳，徐维祥，朱剑等. 我国典型劳动密集型产业的分布现状及近年来的转移趋势［J］. 产业集群研究，2009（9）：98-101.

103.黄速建，王钦，沈志渔. 中国产业集群发展报告2011—2012——集群网络中的学习机制［M］.北京：经济管理出版社，2014.

104.李海东，黄弘. 技术创新与产业升级研究：基于佛山陶瓷产业集群重点企业的调查［J］. 企业经济，2014（2）：128-131.

105.李惠斌，杨雪冬. 社会资本与社会发展［M］. 北京：社会科学文献出版社，2000.

106.李江帆. 服务消费品的生产规模与发展趋势 [J]. 经济理论与经济管理, 1985 (2): 28-31.

107.李江帆, 曾国军. 中国第三产业内部结构升级趋势分析 [J]. 中国工业经济, 2003 (3): 34-39.

108.李秋容. 虚拟研发企业知识产权管理 [D]. 华中科技大学博士学位论文, 2006.

109.李文秀. 产业集群升级研究——基于链网耦合的视角 [M]. 北京: 经济管理出版社, 2012.

110.李晓华. 产业组织的垂直解体与网络化 [J]. 中国工业经济, 2005 (7): 28-35.

111.刘冰峰. 产学合作知识共享研究 [D]. 武汉理工大学博士学论文, 2010.

112.刘传志, 张彩云, 余兴发. 全球生产网络视角下我国企业国际化战略——以劳动密集型产业为例 [J]. 国际贸易, 2017 (5): 39-43.

113.刘炜, 李郇, 欧俏珊. 产业集群的非正式联系及其对技术创新的影响——以顺德家电产业集群为例 [J]. 地理研究, 2013 (3): 518-530.

114.刘怡君, 唐锡晋. 一种支持协作与知识创造的"场" [J]. 管理科学学报, 2006, 9 (1): 79-85.

115.刘志彪. 中国贸易量增长与本土产业升级: 基于全球价值链的治理视角 [J]. 学术月刊, 2007 (2): 80-86.

116.刘志彪, 刘晓昶. 垂直专业化: 经济全球化中的贸易和生产模式 [J]. 经济理论与经济管理, 2001 (10): 5-10.

117.刘志彪, 张杰. 从融入全球价值链到构建国家价值链: 中国产业升级的战略思考 [J]. 学术月刊, 2009 (9): 59-68.

118.罗勇, 张倩倩. 劳动密集型产业转移与承接的实证研究——以东中西部为例 [J]. 软科学, 2015 (3): 97-101.

119.马歇尔. 经济学原理 [M]. 北京: 商务印书馆, 1965.

120.马中东. 分工·市场·制度与产业集群升级研究 [M]. 北京: 中国社会科学出版社, 2016.

121.迈克尔·波特. 竞争论 [M]. 北京: 中信出版社, 2003.

122.迈克尔·波特. 国家竞争优势 [M]. 北京: 华夏出版社, 2002.

123.梅丽霞, 柏遵华, 聂鸣. 试论地方产业集群的升级 [J]. 科研管理, 2006, 26 (5): 147-151.

124.孟祺, 隋杨. 垂直专业化与全要素生产率——基于工业行业的面板数据分析 [J]. 山西财经大学学报, 2010 (1).

125.乔治·斯蒂格勒. 产业组织与政府管制 [M]. 上海: 上海人民出版社, 1996.

126.任志安. 企业知识共享网络理论及其治理研究 [D]. 西南交通大学博士学位论文, 2006.

127.盛洪. 分工与交易——一个一般理论及其对中国非专业化问题的应用分析 [M]. 上海: 上海三联书店, 上海人民出版社, 1994.

128.宋维佳, 王军徽. ODI对母国制造业产业升级影响机理分析 [J]. 宏观经济研究, 2012 (11): 39-45.

129.孙佳. 中国制造业产业升级研究——基于分工的视角 [D], 吉林大学, 2011.

130.陶良虎, 张道金. 论我国劳动密集型产业的优化 [J]. 湖北社会科学, 2004 (6): 73-75.

131.汪斌, 贾赞. 从古典到新兴古典经济学的专业化分工理论与当代产业集群的演进 [J]. 学术月刊，2005（2）：29–36.

132. 王德文，王美艳，陈兰. 中国工业结构调整、效率与劳动配置［J］. 经济研究，2004（4）：41–49.

133. 王峰. 农业科技型企业"走出去"问题研究［D］. 华中农业大学博士学论文. 2005.

134. 王中华，梁俊伟. 中国参与国际垂直专业化分工的收入差距效应［J］. 经济评论，2008（4）：58–64.

135. 王中华，赵曙东，王雅琳. 中国工业参与国际垂直专业化分工的技术进步效应分析［J］. 中央财经大学学报，2009（9）：67–72.

136. 王中华，王雅琳，赵曙东. 国际垂直专业化与工资收入差距——基于工业行业数据的实证分析［J］. 财经研究，2009（7）：122–133.

137. 王松，盛亚. 不确定环境下集群创新网络合作度、开放度与集群增长绩效研究［J］. 科研管理，2013（2）：52–61.

138. 文嫮，曾刚. 嵌入全球价值链的地方产业集群发展——地方建筑陶瓷产业集群研究［J］. 中国工业经济，2004（6）：36–42.

139. 吴波，贾生华. 网络开放、战略先行与集群企业吸收能力构建［J］. 科学学研究，2009，27（12）：1845–1852.

140. 谢识予. 经济博弈论［M］（第三版）. 复旦大学出版社，2006.

141. 徐康宁，冯伟. 基于本土市场规模的内生化产业升级：技术创新的第三条道路［J］. 中国工业经济，2010（11）：58–67.

142. 亚当·斯密. 国民财富的性质和原因的研究［M］. 商务印书馆，1975.

143. 杨坚白，李学曾. 论我国农轻重关系的历史经验［J］. 中国社会科学，1980（3）：19–40.

144. 杨小凯，张永生. 新兴古典经济学和超边际分析［M］. 中国人民大学出版社，2000.

145. 赵蓓. 产业集群嵌入性与供应链协同——基于泉州鞋服产业的实证研究［J］. 福建论坛，2011（8）：139–144.

146. 赵林海. 劳动密集型产业转型升级与持续竞争优势［M］. 北京：社会科学文献出版社，2012.

147. 张方华. 知识型企业的社会资本与技术创新绩效研究［D］. 浙江大学博士学位论文，2004.

148. 张辉. 全球价值链下地方产业集群的转型和升级［M］. 北京：经济科学出版社，2006.

149. 张魁伟，许可. 产业集群的社会资本运行机制［J］. 经济学家，2007（4）：59–64.

150. 张耀辉. 产业创新：新经济下的产业升级模式［J］. 数量经济技术经济研究，2002（1）：14–17.

151. 张永生. 厂商规模无关论：理论与经验证据［M］. 中国人民大学出版社，2003.

152. 张扬. 社会资本和知识溢出对产业集群升级的影响研究［M］. 北京：中国科学技术出版社，2016.

153. 郑健壮. 产业集群转型升级及其路径选择［M］. 杭州：浙江大学出版社，2013.

154. 周泯非，魏江. 集群创新能力的概念、要素与构建研究［J］. 外国经济与管理，2009（9）：9–17.

155. 中国产业信息网数据库. http://www.chyxx.com/.

156. 中华人民共和国国家统计局工业统计司. 2004—2016中国工业统计年鉴［Z］. 北京：中国统

计出版社，2005-2016.

　　157. 中商情报网数据库.http://www.askci.com/news/sjzx/.

　　158. 朱海燕，魏江．知识型服务业与产业集群升级——基于"关系—结构"嵌入的分析［M］.北京：科学出版社，2013.

　　159. 朱建民，史旭丹．产业集群社会资本对创新绩效的影响研究——基于产业集群生命周期视角［J］.科学学研究，2015（3）：449-459.

附录一
影响劳动密集型产业集群升级各类
要素重要性相互比较调查问卷

您好！我们是景德镇陶瓷大学"分工与分工演化视角下劳动密集型产业集群升级研究"调查小组，本调查旨在了解影响劳动密集型产业集群升级各类要素重要性相互比较，为促进中国劳动密集型产业集群转型升级提供政策建议。非常感谢您能抽出宝贵的时间，帮助我们完成此次调查任务。

填写说明：请各位专家对以下相关要素之间的重要性进行判断，并在相应的选项下打"√"。

1. 影响产业集群升级重要性比较

序号	对促进产业集群升级而言，各要素间重要性比较	很重要	比较重要	稍微重要	同样重要	稍微不重要	比较不重要	很不重要
1	集群规模成熟度 VS 集群结构成熟度							

1.1 产业规模成熟度两要素重要性比较

序号	对促进集群规模成熟而言，各要素间重要性比较	很重要	比较重要	稍微重要	同样重要	稍微不重要	比较不重要	很不重要
1	企业集聚规模 VS 经济产出规模							

1.1.1 企业集聚规模三要素重要性比较

序号	对促进集群内企业集聚规模而言，各要素间重要性比较	很重要	比较重要	稍微重要	同样重要	稍微不重要	比较不重要	很不重要
1	集群内企业数量 VS 集群内企业密度							
2	集群内企业数量 VS 集群资产总额							
3	集群内企业密度 VS 集群资产总额							

1.1.2 经济产出规模两要素重要性比较

序号	对促进集群内经济产出规模而言，各要素间重要性比较	很重要	比较重要	稍微重要	同样重要	稍微不重要	比较不重要	很不重要
1	产值区位商 VS 区域经济贡献率							

1.2 集群结构成熟度两要素重要性比较

序号	对促进集群结构成熟而言，各要素间重要性比较	很重要	比较重要	稍微重要	同样重要	稍微不重要	比较不重要	很不重要
1	产业结构 VS 集群网络							

1.2.1 集群产业结构六要素重要性比较

序号	对推进集群产业结构合理化而言，各要素间重要性比较	很重要	比较重要	稍微重要	同样重要	稍微不重要	比较不重要	很不重要
1	产业链部门数 VS 市场集中度							
2	产业链部门数 VS 企业活跃度							
3	产业链部门数 VS 主导产业贡献率							
4	产业链部门数 VS 投入产出影响力系数							
5	产业链部门数 VS 投入产出感应度系数							
6	市场集中度 VS 企业活跃度							
7	市场集中度 VS 主导产业贡献率							
8	市场集中度 VS 投入产出影响力系数							
9	市场集中度 VS 投入产出感应度系数							
10	企业活跃度 VS 主导产业贡献率							
11	企业活跃度 VS 投入产出影响力系数							
12	企业活跃度 VS 投入产出感应度系数							
13	主导产业贡献率 VS 投入产出影响力系数							
14	主导产业贡献率 VS 投入产出感应度系数							
15	投入产出影响力系数 VS 投入产出感应度系数							

1.2.2 集群网络五要素重要性比较

序号	对推进集群网络成熟而言，各要素间重要性比较	很重要	比较重要	稍微重要	同样重要	稍微不重要	比较不重要	很不重要
1	企业间分包外包关系 VS 产学研合作情况							
2	企业间分包外包关系 VS 集群开放度							
3	企业间分包外包关系 VS 创新环境							
4	企业间分包外包关系 VS 集群根植性							
5	产学研合作情况 VS 集群开放度							
6	产学研合作情况 VS 创新环境							
7	产学研合作情况 VS 集群根植性							
8	集群开放度 VS 创新环境							
9	集群开放度 VS 集群根植性							
10	创新环境 VS 集群根植性							

部分要素说明：

产值区位商：从产值角度反映产业集群在特定区域的相对集中程度
投入产出影响力系数：反映产业后向关联程度
投入产出感应度系数：反映产业前向关联程度
企业间分包外包关系：反映集群交易网络的成熟度
集群根植性：反映经济行为嵌入当地经济社会文化系统的程度

您辛苦了，谢谢！

附录二
劳动密集型产业集群升级情况调查问卷

N0.＿＿＿＿＿＿

亲爱的企业界朋友：

您好！我们是景德镇陶瓷大学"分工与分工演化视角下劳动密集型产业集群升级研究"调查小组，本调查旨在了解劳动密集型产业集群升级的基本情况，为促进中国劳动密集型产业集群转型升级提供政策建议。非常感谢您能抽出宝贵的时间，帮助我们完成此次调查任务。我们希望课题成果能为贵企业的发展提供参考。

依据《中华人民共和国统计法》，有关企业的信息和资料我们将严格保密，否则，我们愿承担由此发生的全部责任。

一、企业的基本情况

下面请您在认同的"□"处打上"√"（本地指企业所在的市或县）。

1.贵企业的性质：

□ 独资企业； □ 合伙企业； □ 股份合作企业； □ 股份有限公司； □ 有限责任公司

2.贵企业是否由国有企业、集体企业改制而来：

□ 是； □ 否

3.贵企业所属行业：

□ 制造业； □ 建筑业； □ 采矿业； □ 农、林、牧、渔业；

□ 交通运输、仓储和邮政业； □ 批发和零售业； □ 住宿和餐饮业；

□ 居民服务、修理和其他服务业

4.与前年相比，贵企业去年的销售收入有何变化：

□ 显著增加； □ 小幅增加； □ 没有变化； □ 小幅下降； □ 显著下降

5.与前年相比，贵企业去年的新产品销售比重有何变化？

□ 显著增加； □ 小幅增加； □ 没有变化； □ 小幅下降； □ 显著下降

6.贵公司的核心技术或核心产品在国内同行业中处于什么地位？

□ 遥遥领先； □ 小幅领先； □ 一般； □ 小幅落后； □ 差距很大

7.贵企业研究开发费用占销售收入的比重：

□ > 4%；　　□ 3% ～ 4%；　　□ 2% ～ 3%；　　□ 1% ～ 2%；　　□ < 1%

8.与去年相比，贵企业核心技术或产品面临的竞争环境有何变化？

□ 显著激化；　　□ 激化；　　□ 没有变化；　　□ 减弱；　　□ 显著减弱

9.贵企业未来5 ～ 10 年的技术发展目标是什么：

□ 国际顶尖；　　□ 国际领先；　　□ 国内顶尖；　　□ 国内领先；　　□ 地区领先

10.贵企业与本地企业有如下哪些交往（可多选）：

□ 购买原材料；　　□ 购买零部件；　　□ 购买机器设备；　　□ 接受订单；

□ 贴牌生产；　　□ 业务外包；　　□ 合作研发；　　□ 技术转让；

□ 特许经营；　　□ 企业参股；　　□ 合资建立新企业；　　□ 资金借贷；

□ 管理咨询；　　□ 员工培训；　　□ 租用办公场所；　　□ 参观考察；

□ 联合采购；　　□ 联合营销；　　□ 共享分销渠道；　　□ 市场竞争；

□ 推荐客户；　　□ 中介服务　　□ 物流服务；　　□ 解决生产难题；

□ 获取市场信息；□ 担任顾问（外部董事）；　　□ 捐赠；　　□ 其他关系

11.贵企业与哪些外地组织有交往（可多选）：

□ 供应商；　　□ 装备制造商；　　□ 产品采购商；　　□ 销售代理商；

□ 出口商；　　□ 品牌大公司；　　□ 物流企业；　　□ 电子商务企业；

□ 金融机构；　　□ 会展机构；　　□ 科研院所；　　□ 行业协会、商会；

□ 管理咨询机构；　　□ 政府部门；　　□ 专业市场管理部门；　　□ 其他组织

12.贵企业与本地金融机构、科研院所、地方政府部门等发生了如下哪些交往关系（可多选）：

□ 管理咨询；　　□ 技术咨询；　　□ 委托设计；　　□ 委托产品开发；

□ 委托培训；　　□ 资金借贷；　　□ 投资理财；　　□ 邀请参加会议；

□ 聘请企业顾问；□ 其他

13.过去三年中，贵企业已经开展的技术创新活动目标是（可多选）：

□ 开发国际领先的新产品；　　　　□ 开发国内领先的新产品；

□ 开发相对于企业自身的新产品；　　□ 改进企业既有的产品；

□ 降低生产成本；　　　　　　　　□ 为了满足政府管理部门的生产或产品标准；

□ 降低营销费用；　　　　　　　　□ 为了满足政府管理部门的环境规制；

14.贵企业如果有重大创新失败的经历，请问主要原因是什么（可多选）：

□ 缺乏人才支持；　　□ 缺乏管理组织能力；　　　　□ 缺乏资金；　　□ 政策限制；

□ 生产工艺跟不上；　　□ 研发成功但没有市场需求；　　□ 其他

15.在过去两年中，贵企业从下列本地组织中得到帮助的是（请在选项中打"√"）：

组织	非常少	比较少	一般	比较多	非常多
主要供应商					
主要购买商					
主要销售代理商					
行业协会					
本地行业管理部门					
本地金融机构					
本地科研院校					
本地咨询机构					

16.贵企业与下列本地组织是由什么关系而建立联系的（可多选，请在选项中打"√"）：

组织	业务关系	亲戚关系	朋友关系	同学关系	同事关系	其他
主要供应商						
主要购买商						
主要销售代理商						
行业协会						
本地行业管理部门						
本地金融机构						
本地科研院校						
本地咨询机构						

二、企业运行状况

根据贵企业的现状，请您将下列每个条款与贵企业的现实情况进行对比，根据两者的符合程度逐题在选项中打"√"。

序号	题项	极不符合	稍微符合	一般符合	比较符合	完全符合
17	我们企业推出新产品速度较快					
18	我们企业产品附加值较高					
19	我们企业产品生产成本较低					
20	我们企业工艺创新速度加快					
21	我们企业的生产设备自动化水平较高					

续表

序号	题项	极不符合	稍微符合	一般符合	比较符合	完全符合
22	我们企业生产组织合理					
23	企业国家级商标数量增长					
24	我们企业很好地开发了中高端产品市场					
25	我们企业专利申请大幅增长					
26	我们企业有较高的市场知名度					

三、集群网络发展状况

下面请您在认同的选项处打上"√"（本区域指企业所在的市或县）。

序号	题项	极不符合	稍微符合	一般符合	比较符合	完全符合
27	我们与本地大学科研机构间的关系紧密					
28	我们与当地政府部门间关系的密切					
29	本地企业间核心技术人员和熟练工人的流动性较大					
30	我们与本地供应商和配套企业间的关系密切					
31	我们与本地客户企业间关系紧密					
32	产业链节点企业关联紧密					
33	我们与中介服务机构关联紧密					
34	我们信任自己的合作伙伴					
35	我们与合作伙伴有共享的价值观					
36	我们认同产业集群中的传统文化					
37	我们与合作伙伴间的非正式交往频繁					
38	我们与外地供应商或配套企业的关系密切					
39	我们与外地同行企业间交流频繁					
40	我们与外地各种技术和商业机构交流频繁					
41	我们与外地高校科研机构合作关系紧密					

四、集群升级对企业发展的影响

下面请您在认同的选项处打上"√"（本区域指企业所在的市或县）。

序号	题项	极不符合	稍微符合	一般符合	比较符合	完全符合
42	我们容易在本地获得各种生产要素					
43	我们容易在本地获得各种与决策相关的信息					
44	我们对本地优惠政策的依赖程度不高					
45	提供与我们相同产品或服务的本地企业不多					
46	区域内企业间良性竞争发生的概率比较大					
47	企业退出或新企业加入不容易破坏原有的集群关系					
48	良好的区域形象便于我们开展业务					
49	促进企业间、校企间合作为职能的协调机构运作良好					
50	我们和合作伙伴对合作内容都有责任感					
51	服务型政府营造了公平、开放的市场竞争环境					

再次感谢您抽出宝贵的时间协助我们完成此次调查！